HARVARD
SECRETS

HARVARD SECRETS

하버드 시크릿

하버드 시크릿

초판 1쇄 발행 · 2024년 9월 30일

지은이 · 강치원
펴낸이 · 김동하

마 케 팅 · 정세림, 김서현
디 자 인 · 김수지
펴 낸 곳 · 책들의정원
출판신고 · 2015년 1월 14일 제2016-000120호
주　　소 · (10881) 경기도 파주시 산남로 5-86
문　　의 · (070) 7853-8600
팩　　스 · (02) 6020-8601
이 메 일 · books-garden1@naver.com
인스타그램 · www.instagram.com/thebooks.garden

ISBN · 979-11-6416-226-0(03370)

이 책은 저작권법에 따라 보호받는 저작물이므로 무단 전재와 무단 복제를 금합니다.
잘못된 책은 구입처에서 바꾸어 드립니다.
책값은 뒤표지에 있습니다.

··· 우리 아이 다중지능을 키우는 토론의 힘 ···

하버드 시크릿
HARVARD SECRETS

강치원 지음

책들의 정원

추천사

흔히 토론이라고 하면 방송토론을 많이 떠올릴 수 있으나 그 경우 순기능 못지않게 역기능도 있어서 한창 토론을 배우는 세대에게는 선뜻 추천하기가 꺼려질 때도 있다. 강치원 교수가 추구해온 것은 일상에서의 토론이다. 하긴 따져보면 우리는 늘 토론하고 또 토론한다. 강 교수를 통해서 얻는 것은 그것이 그리 어려운 것도, 두려운 것도 아니라는 것이다.

— **손석희** MBC 손석희의 질문들 진행자

지금 우리 아이들 교육에서 가장 필요한 것이 바로 토론이다. 공교육에서도 강의식 수업을 탈피해 토론식 수업을 지향하는 혁신학교를 시도하고 있지만, 실상 토론은 가정에서부터 시작되어야 한다. 그런 점에서 강치원 교수의 책이 무척 반갑다. 무엇보다 토론을 가까이 느끼고 실생활에 쉽게 접목해볼 수 있는 방법을 제시해 주고 있기 때문이다.

— **김상곤** 전 사회부총리 겸 교육부장관

다른 이의 주장과 견해를 보고 듣고 질문을 통해 내 생각을 다듬어 가는 과정이 배움이다. 추격산업화 시대의 우리 교실은 일방적인 주입식 가르침으로 일관했고, 질문과 토론이 없는 교육은 우리 시대 사유의 빈곤을 가져왔다. 지난 서울교육의 10년은 '질문과 토론이 있는 교실'을 만들기 위해 경주했으며, 다양성과 복잡성이 가득한 요즘 시대에 맞춰 '역지사지 공존형 토론' 모델을 만들기도 했다. 이는 서로 다른 견해를 이해하고 다름을 포용하는 공존의 사회로 나아가기 위함이다. '토론은 일상이다.'라는 강치원 교수의 이 책은 또 다른 토론 교육의 이정표를 제시하고 있다.

— **조희연** 전 서울특별시 교육감

세계적으로 가장 질문이 많고 토론을 즐기기로는 유대인을 따라갈 민족이 없다. 그들이 믿는 신이 토론을 강력하게 장려하기 때문이다. 수천 년 동안 강고하게 뿌리내린 질문과 토론의 문화를 통해 유대 민족은 세계적으로 뛰어난 인재들을 무수히 배출하고 있다. 유대인들의 질문과 토론의 교과서로 손꼽히는 것이 바로 5세기경에 완성된 탈무드다. 탈무드는 토라를 이해하고 실천하기 위해 역대 랍비들이 펼친 토론의 기록이다. 토론은 2000년 유대 민족 생존의 비밀이기도 하다. 이러한 토론의 힘을 아는 강치원 교수의 책을 강력히 추천한다.

— **김정완** 한국탈무드연구소 소장

프롤로그

공부만 잘하는 아이, 공부도 잘하는 아이

미국 명문대는 유대인 학생으로 채워졌다고 해도 과언이 아니다. 유대인은 전 세계인의 0.2%밖에 되지 않지만 하버드 대학교 학생의 30%, 노벨상 수상자의 20%를 차지한다. 학계는 물론이고 글로벌 정치·경제·사회 전반에서 유대인이 보여주는 위력은 대단하다. 그 기반에는 유대인 특유의 교육이 숨어 있다.

대표적 사례가 논쟁 방식의 교육인 하브루타다. 하브루타는 우리말로 짝꿍, 친구, 우정을 뜻하는데, 쉽게 말해 옆 사람과 말을 나누며 공부하는 모습을 떠올리면 된다. 어느 유대인 학교에서는 새로운 학기가 시작될 때면 전교생을 운동장에 모아두고 스스로 토론할 짝

꿈을 찾도록 한다고 한다.

성적이나 토론 실력이 나와 비슷한 친구를 고를 수도 있지만, 잘하거나 못하는 친구를 만날 수도 있다. 어떤 친구가 좋은 상대일까? 사실 누구를 고르든 전부 훌륭한 학습이 된다. 나와 실력이 비슷한 친구라면 논쟁하고 부딪히는 과정에서 사고력이 향상된다. 나보다 잘하는 친구에게는 가르침을 얻을 수 있고, 나보다 못하는 친구에게는 가르치는 경험을 통해 지식을 다시 한번 점검하게 된다.

논쟁과 토론을 통한 교육은 하버드와 같은 명문대에 진학하는 데도 도움이 되지만 이후 학업을 이어가는 데도 필수적이다. 한국에서 미국으로 떠난 유학생 가운데 상당수가 적응을 어려워한다. 전교 1등을 놓친 적 없는 아이조차 글로벌 명문대에서는 실력을 발휘하지 못한다. 이는 교육 방식의 차이에서 기인한다. 한국은 시험에서 100점 맞는 아이를 똑똑하다고 말한다. 하지만 성적을 높이는 데 쓰이는 지능은 빙산의 일각에 불과하다.

1983년 미국 하버드대 심리학과 하워드 가드너 교수는 이렇게 주장했다. "인간은 IQ와 같은 한 가지 지능만 가지고 있지 않다. 다른 여러 가지 지능을 동시에 가지고 있다." 이를 다중지능이론이라고 하는데 크게 아홉 가지 지능으로 구분된다. 가드너가 제시한 아홉 가지 지능을 나는 다시 네 가지로 정리했다. 우선 지성 지능이다. 흔히 말하는 IQ를 떠올리면 되는데 여기에 세부적으로는 언어 지능과 논리수학 지능이 포함된다. 다음으로 EQ라고 불리는 감정 지능이 있다. 음악 지능, 공간·미술 지능, 신체 운동 지능 등이 속한다. 인성 지능^{HQ}도 중요하다. 인간 친화 지능, 자연 친화 지능, 자기 성찰 지능을 말하는데 대인관계를 원만하게 유지하고 자기 자신을 잘 이해하며 자연과 교감할 수 있는 능력이 된다. 마지막으로 종교와 인간의 실존을 감지하는 영성 지능이 있다. 무교라고 할지라도 영성은 중요하다. 사람은 누구나 자신의 존재에 대해 고민한다. 영성 지능은 삶과 존재에 대해 근본적인 의문을 품고 그 답을 깨닫는 데 주도적인 역할을 한다.

내 아이가 시험만 잘 보는 헛똑똑이로 자라기를 바라는 부모는 없다. 다양한 능력을 통해 행복한 삶을 살기 위해서는 이 네 가지 지능이 조화롭게 발달해야 한다. 그러려면 토론만큼 적합한 교육 방식이 없다. 우리 사회에서 가장 쉽게 접할 수 있는 토론은 논쟁(디베이트)이다. 대통령 선거 후보자끼리 벌이는 토론을 떠올리면 된다. 다음으로 토의(디스커션)도 중요하다. 학급 회의나 회사에서 벌어지는 각종 회의처럼 어떤 결론이나 합의점을 이끌어 내기 위한 과정이다. 마지막으로 문답형 토론이 있다. 질문과 답변을 주고받으며 의견을 정리하고 생각을 나누는 토론이다.

유대인 부모는 아이에게 항상 "마따호쉐프(네 생각은 뭐니)"라고 묻는다. 우리도 아이에게 다음과 같이 질문하고 자연스러운 토론을 벌여야 한다.

- **사실 인식** - 오늘 배운 것 중 **기억**나는 것은 무엇이니?
- **가치 판단** - 너의 **생각**은 어떠니?
- **실천 의지** - **앞으로** 어떻게 활용할거니?
- **문제 제기** - 엄마/아빠한테 묻고 싶은 것, **궁금**한 것은 무엇이니?

　아이와 말을 나누다 보면 답이 뻔한 문제를 가지고 이야기해야 할 때가 있다. "하늘은 왜 파란색일까?" "강물은 왜 바다로 흐를까?"와 같이 작은 질문에서 시작된 대화는 "너의 생각은 무엇이니?" "왜 그렇게 생각하니?"라는 질문을 거쳐 깊은 토론으로 나아간다. 토론을 학교나 학원에서만 하는 거창한 활동이라고 여겨서는 안 된다. 가정과 일상에서 토론하는 습관을 들인 아이는 책상에 앉아 있는 시간 외에도 항상 성장한다.

　높은 성적은 아이가 언젠가 꿈을 펼치는 데 훌륭한 밑받침이 된다. 그렇지만 '공부만' 잘하는 아이보다는 '공부도' 잘하는 아이로 길러야 한다. 오로지 머리만 좋은 아이가 커서 어떤 어른이 되는지 우리는 온갖 뉴스를 통해 보고 들었다. 심지어 수년 내로 인공지능이 인간을 대체할 것이 확실해진 이 시점에 우리 아이를 주입식 학습만으로 가르쳐서는 안 된다.

　우리는 누군가와 마음이 맞았을 때, 혹은 일이 술술 풀릴 때면 흔히 '주파수가 맞았다'고 표현한다. 이같은 주파수의 일치를 다른 말로 '동조 공명 진동'이라 한다. 한다. 소프라노가 초고음의 노래를 불러 와인 잔을 깨는 영상을 기억하는가. 이는 노래로 발생한 음파와 와인 잔의 주파수가 맞아떨어지며 벌어진 과학 현상이다. 겨우 고막을 울리는 정도의 힘을 가졌을 음파가 공명을 통해 파괴적인 물리력을 발휘한 셈이다.

공명이 엄청난 에너지인 이유가 여기에 있다. 앞으로의 세상에서는 인간과 인간 사이의 공명이 가장 중요한 능력으로 떠오를 것이라고 모든 전문가가 입을 모아 강조한다. 나와 타인의 동조를 이끌고, 집단과 집단이 가진 에너지의 증폭을 일으키는 사람이 미래가 바라는 인재다. 사람 사이의 공명은 언어와 토론을 통해 일어난다. 말의 힘, 토론의 힘을 가진 아이로 기를 때 하버드를 넘어 세계를 무대로 활약하게 될 것을 확신한다.

2024년 9월

강치원

HARVARD SECRETS

차례

- 추천사　　　　　　　　　　　　　　　　　　　　　　　　4
- 프롤로그 | 공부만 잘하는 아이, 공부도 잘하는 아이　　　　6
- 토론의 여러 이름　　　　　　　　　　　　　　　　　　　14

1장
시험 치는 기계가 된 아이들

01 하버드에서 무너진 주입식 교육의 천재　　　　　　　　20
02 말 많은 아이는 자기주장이 강하다?　　　　　　　　　　29
03 좁은 시험지 밖으로 시야를 넓혀라　　　　　　　　　　38
04 잠재력을 깨우는 하루 15분　　　　　　　　　　　　　　49

2장
생각은 말이 되고 말은 생각이 된다

01 친구를 공격하는 말하기와 존중하는 말하기　　　　　　66
02 학교 수업이 재미없다면 '듣는 연습'이 부족하기 때문　　75
03 사고력과 창의력은 질문에서 시작된다　　　　　　　　95
04 웅변 학원 다니면 말을 잘할까?　　　　　　　　　　　110
05 논리보다 감정이 앞서는 아이에게 '왜냐하면'을 가르쳐라　120
06 말투를 바꾸면 아이의 자신감이 자란다　　　　　　　　126
07 토론에서 배우는 인간관계의 기본　　　　　　　　　　138

3장
육각형 인재는 책상에서 만들어지지 않는다

01 1일 4문 토론_매일 이것만 질문해도 아이는 성장한다   150
02 문답형 토론 : 스스로 생각하는 힘을 기른다   162
03 버츄카드 토론 : 놀이처럼 즐기며 자기 감정을 배운다   180
04 밥상머리 토론 : 다름을 인정하고 같음을 지향한다   193
05 독서토론 : 종합적인 사고력을 높인다   201
06 체험 학습 토론 : 보고, 느끼고, 판단하는 힘을 키운다   214
07 가족회의 : 갈등을 풀고 더불어 사는 방법을 경험한다   223

4장
더 넓은 세상을 살아갈 내 아이를 위해서

01 어릴 때 꼭 배워야 할 설득과 합의   238
02 반대 의견을 주고받으면 생각이 넓어진다   247
03 "나와 다르다고 해서 틀린 것은 아니잖아요"   257
04 교육 과정과 연계하기 좋은 세다CEDA 토론   267
05 원탁에서는 아이와 어른이 평등하다   280

• 에필로그 | 모든 교육은 '5+3의 법칙' 속에 있다   305

토론의 여러 이름

토론은 형식과 절차에 따라 다양한 이름으로 불린다. 포럼, 세미나, 워크숍, 심포지엄, 패널 모두 토론을 지칭하는 용어다. 각 용어의 뜻을 알아두면 토론을 좀 더 폭넓게 이해할 수 있다.

디베이트 Debate
우리말로 토론 혹은 논쟁으로 번역할 수 있다. 찬반토론, 즉 양자 간 논쟁뿐 아니라 선거 후보 토론 같은 다자 간 논쟁도 디베이트라 한다.

디스커션 Discussion
우리말로 토의 혹은 토론으로 번역할 수 있다. 보통 토의에서 논쟁을 거쳐 토의로 나가는 게 좋다.

포럼 Forum
'포럼Form'이라는 단어는 라틴어로 '광장'이라는 뜻이다. 그리스에는 '아고라'라는 광장이 있었다. 이탈리아에 가면 '포로 로마노(로마의 광장)'가 있다. 이곳은 고대 로마의 중심지로, 사람들이 이곳에 모여 물건도 팔고 논쟁도 해, 이후 포럼이 토론을 의미하는 단어로 발전했다. 포럼은 여러 가지 상황에서 쓰인다. 예를 들어, 영화를 보고 토론하는 것이라면 '필름 포럼', 비디오일 경우에는 '비디오 포럼', 강의를 듣고 토론하는 것이라면 '렉처 포럼'이라 부른다.

세미나 Seminar

세미나는 원래 '묘상(묘를 키우는 못자리)'이란 의미다. 독일을 비롯한 유럽에서 세미나 수업 방식이라고 하면 교수 지도하에 대학생 공동 연구 훈련이라는 뜻이다. 원래 연구는 교수가 하는 것이다. 대학생도 교수처럼 연구할 수 있도록 훈련시키는 것이 세미나라고 생각하면 된다. 독일 대학생들은 세미나로 학점을 딴다. 그러기 위해 포어레중 Vorlesung이라는 강의를 듣는다. 포어레중은 교수가 일방적으로 강의를 하는 수업 방식인데, 이 강의로는 학점을 딸 수 없다.

심포지엄 Symposium

심포지엄이란 그리스어로 '잔치', '향연'이라는 뜻이다. 잔치를 하다 보면 말이 많아져 논쟁으로 번지는 경우가 많다. 그래서 심포지엄도 토론의 한 형식으로 발전했다. 오늘날에는 '전문가 학술 연구 발표회'를 심포지엄이라 한다.

콜로키움 Colloquium

콜로키움은 '함께 말하다'는 의미다. 즉, 전문가가 함께 모여 말하는 것이다. 독일에서는 박사 과정에 있는 연구생이 지도 교수와 동료 연구자 앞에서 자기의 주제를 발표하는 것을 콜로키움이라 하지만, 일반적으로 '전문가 연구 회의'를 의미한다.

워크숍 Workshop
조직의 역량 강화를 위한 내부적인 자체 연수 훈련을 의미한다.

패널 토론 Panel Discussion
패널이란 대표단, 전문가단을 의미한다. 구성원이 많아 모든 사람이 토론에 참여할 수 없을 때, 대표자를 뽑아 공개적으로 토론을 하는 형식이다. 선발된 토론자들은 단상에서 특정 주제에 대해 자유토론을 하고, 청중은 적당한 기회에 질문을 하거나 의견을 말하는 방법으로 토론에 참여할 수 있다.

공청회/청문회 Hearing
공청회와 청문회는 둘 다 '듣기'에 초점이 맞추어져 있다. 공청회는 국회나 행정기관에서 국민적 관심도가 높은 중요한 안건을 처리할 때 신중을 기하기 위해 학자, 경험자 또는 이해 당사자들의 의견을 듣는 공개회의이다. 청문회는 어떤 문제에 대해 내용을 듣고 그에 대해 물어보는 회의를 의미한다. 대표적인 예로 국회청문회가 있다.

원탁회의 Round table conference
참가자 모두가 같은 거리와 높이에서 이루어지는 회의로, 발언의 시간과 횟수와 순서를 고려하는 공정한 토론을 의미한다.

HARVARD SECRETS

1장

시험 치는 기계가 된 아이들

HARVARD SECRETS

01

하버드에서 무너진 주입식 교육의 천재

언어와 사고와 세계는 표상과 대리의 관계다.
말할 수 있는 만큼 세상이 보인다.

"엄마, 저 더 이상 버티기 힘들어요. 한국으로 돌아가고 싶어요."

2년 전, 보란 듯이 하버드대에 입학해 부모를 자랑스럽게 했던 준수는 어렸을 때부터 전교 1등을 놓치지 않았던 아이였다. 중학교 때 이미 토플 점수가 120점 만점에 115점이었고, 고등학교 때는 기어코 만점을 받았다. 뭐든 스스로 열심히 했기 때문에 지금까지 잔소리 한 번 한 적이 없을 정도로 대견한 아이였다.

그런데 어렵게 입학한 하버드대를 포기하겠다니, 도무지 이해할 수가 없었다. 한달음에 비행기를 타고 미국으로 건너가 설득을 해봤지만, 준수는 꿈쩍도 하지 않았다.

"오랫동안 신중하게 고민하고 결정한 거예요. 죄송해요."

준수뿐만 아니라 하버드대를 비롯한 해외 명문대에 진출한 한국 학생들 중 졸업을 하지 못하고 중도 하차하는 사례가 많다. 대체 무엇 때문일까? 컬럼비아대학교 김승기 박사가 뉴욕 중앙일보에 발표한 논문에 따르면, 아이비리그에 진학한 한국 학생 중 중도 하차한 학생이 무려 44%에 달한다고 한다. 거의 절반에 가까운 한국 학생들이 해외 명문대에 적응하지 못해 스스로 학업을 포기한다는 얘기다.

글로벌 시대가 되면서 대부분의 교육열이 높은 부모들은 자녀가 한국에서뿐만 아니라 해외에서도 능력을 발휘할 수 있기를 바란다. 그래서 초등학교에 들어가기 전부터 자녀가 글로벌 리더로 성장할 수 있도록 지원을 아끼지 않는데, 정작 아이들은 해외로 나가면 맥을 못 춘다. 왜 그럴까? 그 해답을 찾아야 자녀들을 우물 안 개구리가 아닌 세계를 이끌어갈 차세대 인재로 키울 수 있다.

우물 안 개구리가 되어버린 아이들

"한국 아이들이 우물 안 개구리라고요? 인정할 수 없어요. 국제학력평가PISA에서 우리나라 아이들이 평균 5위를 했잖아요."

많은 사람들이 우리나라 아이들이 다른 나라 아이들보다 공부를 못한다는 말에 반발하며 이렇게 말한다. 실제로 2022년 실시된 국제학력평가에서 한국 아이들은 세계 평균 5위를 차지했다. 국제학력평가는 경제협력개발기구OECD가 만 15세 이상의 학생을 대상으로 각국의 학업 성취도를 비교 평가하는 시험으로, 2000년부터 3년마다 실시되고 있다. 이는 전 세계 중학생들의 실력을 평가하는 시험으로 볼 수 있다.

전 세계에서 우리나라 중학생들이 높은 평가를 받은 것은 자랑스러운 일이다. 하지만 국제학력평가의 평가 방식이 우리나라 아이들에게 유리하다는 점을 인정해야 한다. 국제학력평가는 객관식 위주로 진행되며, 독일을 비롯한 유럽 국가들과 미국은 아이들을 평가할 때 객관식 문제를 주로 내지 않는다. 반면, 우리나라의 시험에는 객관식 문제가 많다. 우리나라 아이들은 어렸을 때부터 객관식 문제에서 정답을 고르는 연습을 많이 해왔기 때문에 국제학력평가와 같은 객관식 위주의 시험에서 유리하다.

우리나라 아이들이 국제학력평가에서 좋은 성적을 거둔 또 다른 이유는 대부분의 나라들과 달리 고등학교 입시 시험이 있는 나라이기 때문이다. 비록 비평준화 지역에서만 고입 시험을 치르지만, 평준화 지역에서도 중학교 성적으로 고등학교를 지원해야 하므로 원하는 고등학교에 진학하기 위해서는 공부를 열심히 해야 한다. 외고, 과학고, 국제고와 같은 특목고에 진학하려는 학생들은 고등학교 3학년만큼이나 치열하게 공부하며, 그에 따른 학습 시간도 매우 많다.

고입 시험이 없는 다른 나라들은 비교적 평화롭다. 고입 시험이 없기 때문에, 그 나라의 중학생들은 우리나라 학생들처럼 치열하게 공부하지 않는다. 학교에서도 시험 준비에 학생들을 적극적으로 밀어붙일 필요가 없다. 그렇기 때문에, 고입 시험을 위해 열심히 공부하는 우리나라 학생들의 높은 성적은 어떤 면에서 볼 때 당연한 결과일 수 있다.

그러나 우리나라 학생들의 실력은 고등학교를 지나 대학교에 진학하면서 현저하게 감소한다. 영국의 교육 평가 기관인 QS$^{Quacquarelli\ Symonds}$가 2024년에 발표한 바에 따르면, 전세계 대학 평가 순위에서 서울대학교가 31위, 카이스트^{KAIST}가 53위, 연세대학교가 56위, 고려대학교가 67위, 포항공과대학교가 98위를 기록하여, 단 4개의 대학만이 상위 100위 안에 들었다.

중학교 때 세계 5위의 성적을 자랑하던 우리 아이들이 대학에 진학하면 왜 경쟁력이 크게 떨어지는 걸까? 그 비밀은 바로 객관식 시험에 있다. 고등학교까지는 주어진 보기 중에서 정답을 고르는 방식이지만, 대학교 공부는 종합적인 사고력을 요구한다. 단순한 정답 찾기가 아니라, 문제에 대해 깊이 있게 분석하고 새로운 관점에서 접근하는 능력이 중요해진다. 이러한 사고력은 객관식 시험으로는 기를 수 없다. 최근에는 사고력을 요구하는 통합 문제를 많이 출제하기도 하지만, 이것만으로는 부족하다. 제한된 선택지 내에서만 사고하게 되므로, 사고력이 충분히 발달하기 어렵다.

결국, 객관식 시험은 우리 아이들의 성장을 가로막는 큰 장애물이다. 세상은 정해진 답을 고르는 능력보다는 유연하게 사고하고, 다른 사람들이 보지 못하는 것을 볼 수 있는 사람을 필요로 한다. 이런 사람들이 세상을 이끄는 차세대 인재가 되는 것은 당연하다.

지식은 많은데 생각은 없다?

김성훈 군은 중학교 때 전교 1~2등을 다투던 수재로, 장차 외교관이 되어 한국을 대표해 각국을 돌아다니며 한국의 위상을 높이겠다는 꿈을 가진 당찬 아이였다. 성훈 군의 부모는 똑똑한 아들을 위해 하버드를 목표로 조기 유학을 보내기로 결심했다. 김성훈 군도 싫지 않았다. 부모님과 떨어져 낯선 외국에서 혼자 살아야 한다는 것은 부담스러웠지만 외교관이 되려면 일찌감치 외국 문화에 익숙해지는 것도 좋겠다는 생각에 과감하게 유학을 결심했다.

어렸을 때부터 영어 공부를 열심히 해 의사소통에는 문제가 없었다. 정작 문제는 낯설어도 너무 낯선 수업방식이었다. 선생님들은 끊임없이 질문을 해댔다. 공부한 내용을 제대로 숙지했는지를 물어보는 질문이라면 쉽게 대답할 수 있을 것 같은데, 여기에서는 정답도 없는 의견과 생각을 묻는 질문을 주로 했다. 당황해 꿀 먹은 벙어리처럼 대답을 하지 못할 때는 자존심이 이만저만 상하는 것이 아니었다.

더욱 충격적인 것은 수학 시간에조차 개념이나 원리를 제대로 설명해주지 않고, 학생들 스스로 답을 찾고 고민하도록 한다는 점이었다. 10명의 학생이 원탁에 둘러앉아 각자 생각하는 풀이 방법을 이야기했다. 선생님은 학생들이 토론하는 것을 지켜보기만 할 뿐, 거의 말이 없었다. 성훈 군에게는 이해하기 힘든 수업 방식이었다. 토론에 익숙하지 않을뿐더러, 선생님이 풀이 방법을 직접 알려주면 간단히 해결될 문제를 학생들끼리 오랜 시간 토론하며 답을 찾게 하는 점이 마음에 들지 않았다.

성훈 군은 토론식 수업에 적응해보려고 노력했다. 하지만 자신의 생각을 설득력 있게 전달하는 것이 예상보다 어려웠다. 평소에는 막힘없이 흘러나오던 영어도 수업 시간에 발표하거나 대답할 때는 말문이 막혔다. 이렇게 수업에 적응하지 못하면서 성훈 군은 공부에 대한 자신감을 잃어갔다. 성적은 계속 하위권에 머물렀고, 한국에서는 항상 최상위권이었던 것과 달리 하위권으로 추락한 충격으로 자존감이 떨어졌으며, 우울하고 불안한 상태로 고등학교 3년을 보냈다. 결국, 미국 명문대 진학이라는 목표를 접고 평범한 주립대에 진학할 수밖에 없었다.

성훈 군의 경험은 비단 그에게만 국한된 이야기가 아니다. 주입식 교육에 익숙한 많은 한국 학생들이 토론식 수업에 잘 적응하지 못하는 경우가 많다. 해외 유명 대학에 진학한 학생들 역시 토론식 수업에 익숙하지 않아 어려움을 겪고 있다고 종종 이야기한다.

뉴스위크 한국판이 민족사관고 출신 해외 유학생 101명을 대상으로 한 설문 조사에서 '토론 능력이 부족하다'고 답한 학생들이 55.4%에 달했다. 민족사관고는 다른 많은 한국 학교와 달리 주입식 교육보다 토론식 수업을 더 많이 실시하는 학교로 잘 알려져 있다. 이러한 학교에서 교육받은 학생들조차 해외에서의 학습 과정에서 토론 능력이 부족하다고 느낄 정도면, 일반적인 한국 학생들의 토론 능력이 얼마나 부족한지 알 수 있다.

토론할 줄 모르는 아이가 글로벌 리더로 성장하기는 어렵다. 지금까지 객관식 문제에 익숙해진 아이들이니 자기 의견을 펼치는 것이 어려운 것은 당연하다. 게다가 한국의 교육 양상 또한 조금씩 바뀌고 있다. 현재 IB^{International Baccalaureate} 교육에 대한 논제가 뜨거운데, 이는 자기주도적 성장을 추구하는 교육 방식이다. 이 교육 방식 또한 토론을 전제로 하고 있고, 최근에는 우리나라에도 IB 교육을 접목시키자는 의견이 나오고 있다. 이제 '주입식 천재'라는 것은 없다. 토론할 줄 아는 자만이 차세대 인재가 될 수 있을 것이다.

세계 최고 인재들의 비밀

주입식, 객관식 공부의 한계는 오래전부터 지적되어 왔음에도 불구하고, 이러한 방식이 여전히 대세를 이루는 이유는 여럿 있지만, 가장 대표적인 이유 중 하나는 토론식 공부의 효율성에 대한 우려다. 많은 학습 내용을 다루어야 하는 상황에서, 토론식 공부로는 그 방대한 양을 소화하기 어렵다는 주장이다.

하지만 과연 그러할까? 토론식 공부는 분명 속도 측면에서는 느릴 수 있다. 여러 사람이 다양한 의견을 제시하고 깊이 있는 토론을 통해 학습하는 과정은 시간이 더 걸릴 수밖에 없다. 속도만을 고려한다면 주입식 공부가 훨씬 빠를 수 있다. 선생님은 한 시간 동안 수십 페이지 분량의 내용을 전달할 수 있기 때문이다.

문제는 진도를 나갔다는 것과 학생들이 실제로 제대로 이해하고 학습했다는 것은 서로 다른 문제라는 점이다. 많은 부모들이 자녀가 다른 아이들보다 앞서가고 더 많은 내용을 학습하면 공부를 더 잘하게 될 것이라고 기대하며 선행 학습을 권한다. 중학교 1학년 학생이 이미 고등학교 과정을 마쳤다며 자랑하는 부모들도 종종 있다. 그러나 실제로 그 아이가 고등학교 과정뿐만 아니라 중학교 1학년 과정에서 요구하는 지식조차 제대로 이해하지 못하는 경우가 많다. 이런 상황에서 과연 양적인 학습에 집착하는 것이 의미가 있는지 의문이다.

학습의 양에만 초점을 맞추게 되면, 스스로 생각하고 깊이 있게 고민할 시간이 현저히 부족해진다. 이는 결국 사고력의 저하로 이어지며, 심도 깊은 학습을 하는 데 장애가 된다. 한국에서 온 유학생들이 학년이 올라갈수록 학업에 어려움을 겪는 것도, 이러한 사고력 부족과 깊이 있는 학습의 부재와 밀접하게 관련되어 있다.

중학교 2학년 때 미국으로 유학 간 우재 군은 처음에는 현지 아이들의 뒤떨어지는 수학 실력에 깜짝 놀랐다. 영어나 역사 과목은 언어의 장벽 때문에 어려움을 겪었지만, 수학에서는 자신감이 있었다. 수학은 언어에 크게 의존하지 않고, 한국에서 이미 배운 초보적인 내용을 다루고 있었기 때문에 우재 군은 수학 과목에 대해 걱정이 없었다. 실제로 너무 쉬운 문제를 해결하지 못하는 미국 친구들을 보며 한심하게 여긴 적도 있었다.

그러나 고등학교에 진학하면서 상황이 달라지기 시작했다. 시간이 흐를수록 미국 친구들의 수학 실력이 우재 군과 비슷해지기 시작했고, 결국에는 역전되었다. 기본적인 수학 개념이나 원리 이해에서는 수준이 비슷했지만, 사고력을 요구하는 문제 해결 능력에서는 미국 친구들이 우재 군보다 훨씬 뛰어났다.

우재 군의 사례는 주입식 공부의 한계와 토론식 공부의 힘을 보여주는 좋은 예이다. 주입식 공부에 익숙한 아이들은 기본적인 개념에서 조금만 틀어 질문해도 대답을 하지 못한다. 사고력이 부족하기 때문이다. 반면 토론식 공부로 사고력을 키운 아이들은 다르다. 기본개념을 응용하거나 더 깊이 있는 문제를 해결하는 데 능숙하다. 설령 배우지 않은 내용일지라도 아는 지식을 총동원해 끈기 있게 사고해 자기 나름대로 문제를 해결하는 방법을 찾아낸다.

개인적으로 '한 사람이 열 권의 책을 읽는 것보다 열 사람이 같은 한 권의 책을 읽고 토론하는 것이 교육적으로 효과가 있다'고 믿는다. 혼자서 책을 읽고 얻을 수 있는 것은 제한적이다. 아무리 노력해도 자신의 이해하는 수준과 느낌 이상을 생각해 보기 어렵다. 하지만 한 권의 책을 읽고 열 사람이 토론을 하면 마치 열 권의 책을 읽은 것처럼 다양한 생각과 느낌을 공유할 수 있다.

결과적으로 속도 면에서도 토론식 공부가 결코 뒤떨어지지 않는다. 처음에는 다소 더딘 감이 있지만 시간이 지날수록 가속도가 붙는다. 토론하는 학생들은 빨리 가면서도 깊이를 놓치지 않는다. 이것이 결국 하버드를 뛰어넘어, 세계 최고의 인재가 되는 학생들의 비밀이다.

02

말 많은 아이는 자기주장이 강하다?

**참여와 소통의 대화와 토론은
영성, 인성, 감성, 지성을 키우는 최선의 방법이다.**

"우리 아이가 토론을 잘했으면 좋겠는데, 토론 연습을 많이 하면서 자기주장만 내세우고 말끝마다 토를 다는 버릇없는 아이가 될까 봐 걱정이에요."

간혹 학부모를 대상으로 토론 교육 강의를 하다 보면 이런 걱정을 하는 분들이 있다. 한마디로 토론을 공부하면 아이의 사고력과 논리력은 발달하겠지만 인성은 까칠해지지 않겠느냐는 걱정이다.

토론을 잘못 이해하면 그런 걱정을 할 수도 있다. 안타깝게도 토론 문화가 발달하지 않은 우리나라에서는 토론을 직접 경험해 볼 기회가 많지 않다. 게다가 어쩌다 TV에서 보는 토론 프로그램은 대부분 서로 핏대를 세우고 자기주장만 반복하는 모습들이어서 '토론을 말로 싸워서 이기는 것'으로 이해하는 것도 무리는 아니다.

실제로 학생들을 대상으로 1996년부터 수십 차례에 걸쳐 토론을 주최하면서 안타까움을 자아내는 모습을 종종 보았다. 토론에 익숙하지 않아 당황하고 자신의 생각을 논리적으로 이야기하지 못하는 것은 아무 문제가 되지 않는다. 토론을 꾸준히 연습하다 보면 자연스럽게 해결될 문제이기 때문이다. 그러나 말은 유창하게 하고, 어느 정도 논리도 갖췄는데 함께 토론하는 사람들을 배려하지 않고 일방적으로 자기가 하고 싶은 이야기만 쏟아내는 학생들을 보면 마음이 무거웠다.

토론을 잘하는 사람일수록 결코 혼자 튀려 하지 않는다. 다른 사람들을 배려하고 존중할 줄 안다. 다른 사람의 이야기를 귀담아 듣고, 자신의 생각과의 차이를 논리적으로 설득할 줄 안다. 어설프게 토론을 배운 사람만이 싸워서 이기는 게 전부라 착각하고 상대방을 공격하고 무시한다.

세계가 원하는 인재는 공부만 잘하는 사람이 아니다. 어려운 이웃을 돌아볼 줄 알며, 다른 사람과 함께 잘 살 수 있는 방법을 모색할 줄 아는 인성이 훌륭한 사람이다. 그래서 부모들이 토론을 하다 혹시라도 경쟁심만 키우고 인성이 거칠어질까 걱정하는 것이란 생각이 든다.

토론은 지성과 인성을 함께 키울 수 있는 좋은 방법이다. 토론을 제대로 익히다 보면 저절로 인성이 좋아진다. 토론의 구조 자체가 인성을 요구하기 때문이다.

절차가 있는 대화, 토론이 인성을 만든다

아이들과 대화를 하다 보면 그 아이의 인성을 어느 정도 짐작할 수 있다. 인성은 크게 성격, 성질, 성깔, 인격, 인품 등 다섯 가지로 구분된다. 흔히 '성격 괜찮다', '성질이 사납다', '성깔 더럽다', '인격 좋다', '인품이 훌륭하다'는 표현을 많이 하는데, 이는 모두 인성과 관련된 표현이다.

성격이 급한 아이는 말도 급하다. 너무 말을 빨리 하느라 앞뒤 맥락이 맞지 않는 말을 하거나 더듬기도 한다. 반면 성격이 차분한 아이는 대체적으로 말도 차분하게 한다. 열정적이고 자신감이 넘치는 아이는 말도 열정적으로 당차게 하고, 소심한 아이는 말도 머뭇거리며 자신 없게 한다.

그렇다면 말투나 말하는 방법을 바꾸면 성격, 성질, 성깔, 인격, 인품 등과 같은 인성이 바뀔 수 있을까? 결론부터 이야기하면 그렇다. 인성은 상당 부분 타고나는 것이 사실이다. 하지만 노력하기에 따라 인성은 얼마든지 바뀔 수 있다. 성격이 급했던 사람이 열심히 노력해 차분한 성격으로 바뀐 예나 남을 배려할 줄 몰랐던 안하무인이 세월이 흘러 다시 보았을 때는 따뜻하고 사려 깊은 사람으로 변한 예를 찾기는 그리 어렵지 않다.

인성을 바꾸는 방법은 많지만 그중에서도 가장 자연스럽고 효과적으로 인성을 바꿀 수 있는 방법은 토론이다. 토론이 아이 인성을 까칠하게 만들까 봐 걱정했던 부모들에게는 선뜻 받아들이기 어려운 이야기일 수 있지만, 토론만큼 좋은 인성 훈련법도 드물다.

　토론을 공부하면서 성격이 바뀐 아이들은 많다. 중학교 순회 UGP 포럼(원탁토론 광장)에서 만난 세우 학생의 이야기다. 세우의 가족은 모두 인텔리들이었다. 부모는 SKY대 출신이었고, 누나도 공부를 잘해 S대에 진학한 수재였다. 세우도 전교에서 1~2등만 하는 우등생이었고, 토론도 무척 잘했다. 하지만 무척 거만했다. 세우뿐만 아니라 세우의 어머니 역시 학교에서 거만하기로 소문이 자자한 분이었다.

　토론을 할 때도 세우의 거만함은 여지없이 드러났다. 하지만 다행스럽게도 토론을 진행하면서 세우는 자신의 문제점을 깨달았다. 당시 UGP 포럼은 토론 참석자들이 토론을 한 후, 방청객들이 토론을 잘했다고 생각되는 토론자에게 투표를 하는 방식으로 진행되었다. 세우는 토론을 잘했음에도 많은 지지를 받지 못했다. 주장을 논리적으로 잘 펼쳤지만, 거만한 태도가 사람들의 반감을 샀기 때문이다. 이를 계기로 세우는 토론을 할 때 다른 사람의 지지를 받아야 함을 뼈저리게 깨달았고, 이후 거만한 말투를 버리고 정중하고 부드러운 말투로 토론에 임하게 되었다.

　승연이의 경우도 좋은 예이다. 나는 중학생을 대상으로 한 UGP 포럼에서 승연이를 처음 만났다. 승연이는 자기 생각을 똑 부러지게 이야기할 줄 아는 당찬 아이였다. 다만 외동딸로 자라 그런지 남에 대한 배려심이 부족하고, 지적을 당했을 때 겸허하게 받아들이기보다는 약이 올라 공격적으로 변하는 성격이었다.

승연이의 성격은 토론을 할 때도 그대로 드러났다. 남의 이야기를 듣기보다는 자기 생각을 이야기하고 싶어 했고, 다른 아이가 반대되는 의견을 제시하면 얼굴까지 발개지며 반박하곤 했다. 한 번 흥분하면 논리보다는 감정을 앞세워 상대방을 공격하며 언쟁을 벌였다.

그랬던 승연이가 토론을 하면서 많이 변했다. 이야기하는 데만 급급하지 않고 다른 친구들의 이야기에 귀를 기울일 줄 알게 되었으며, 상대방이 자신의 생각을 반박해도 흥분하지 않고 차분하게 반론을 펼쳤다. UGP 포럼이 끝난 후 승연이가 했던 말이 지금도 기억에 남는다.

"참 이상해요. 그렇게 내 이야기를 들어 달라고 목소리를 높일 때는 들은 척만 하더니 다른 친구들의 이야기를 잘 듣고 어쩌다 한마디 하면 바로 먹히네요."

토론은 결국 소통의 한 방법이다. 소통은 크게 보면 일방 소통과 쌍방 소통 두 가지로 구분할 수 있다. 일방 소통은 말 그대로 한쪽에서만 말을 하고 다른 쪽은 듣기만 하는 형태의 소통이다. 스피치, 연설, 프레젠테이션, 강의가 일방 소통에 속한다. 쌍방 소통은 혼자서 말하는 일방 소통과는 달리 대화의 당사자가 서로 이야기를 주거니 받거니 하는 소통을 말한다.

일방 소통은 쌍방 소통에 비해 인성을 좋게 만드는 데 큰 도움이 되지 못한다. 혼자서만 일방적으로 이야기한다는 것처럼 쓸쓸하고 괴로운 일도 없다. 그나마 듣는 사람이 말은 하지 않아도 고개를 끄덕이거나 눈빛을 보내주면 위안이 된다. 듣는 사람이 이렇다 할 반응을 보이지 않는데 혼자 계속 이야기를 하는 것은 차라리 고문에 가깝다. 인성이 좋아지기는커녕 일방적으로 이야기하다 지쳐 성질을 버리기 십상이다.

혼자 이야기하는 것을 좋아하는 사람도 있다. 그런 사람은 애초에 상대방의 반응에 관심이 없는 유형이다. 남이 듣든 안 듣든 상관없이 혼자 이야기하는 것을 소통이라 하기도 어렵고, 상대방을 배려하지 않는 소통을 하면서 인성이 좋아질 리 만무하다.

쌍방 소통은 기본적으로 서로에 대한 배려를 기본으로 한다. 대화와 토론은 그래서 인성을 함양하는 데 도움이 된다. 특히 토론은 대화에 비해 그 효과가 훨씬 크다. 왜냐하면 같은 쌍방 소통이라도 대화는 절차가 없이 자유롭게 이야기하는 비공식적 소통이고, 토론은 절차가 있는 공식적 소통이기 때문이다. 또한, 대화는 차분하게 주거니 받거니 하는 소통이고 토론은 터놓고 주거니 받거니 하는 소통이다.

일정한 절차에 따라 대화를 하는 것과 절차 없이 편하게 대화하는 것은 큰 차이가 있다. 절차는 일종의 형식이다. 형식이 자유를 제한하는 불필요한 장애물이라 생각하는 사람들도 있지만 형식이 내용을 좌우한다. 양복을 입었을 때는 점잖게 행동하다가 예비군복만 입으면 다른 사람이 되어 아무렇게나 행동하는 것도 다 '옷'이라는 형식이 행동거지에 적지 않은 영향을 끼치기 때문이다.

절차가 있으면 아무래도 절차 없이 편하게 대화할 때보다 이야기할 때와 들어야 할 때를 의식하게 된다. 상대방의 이야기를 들어야 할 때 자기 이야기를 하거나 이야기를 해야 할 때 침묵한다면 토론이 안 되기 때문이다. 따라서 토론을 하면 자연스럽게 이야기하고 싶어도 참는 법을 익히고, 듣고 싶지 않아도 상대방의 이야기에 귀를 기울이는 법을 익히게 된다. 그러다 보면 인성은 자연스럽게 좋아진다.

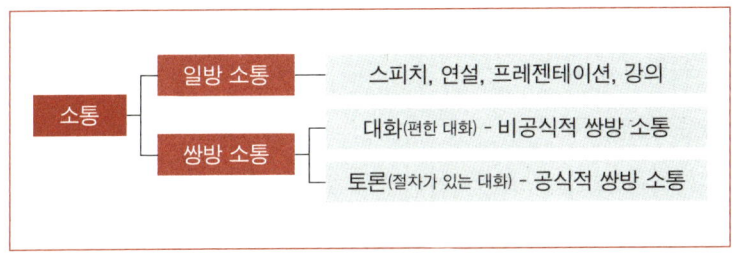

소통의 종류와 구분

논쟁은 토론의 전부도 말싸움도 아니다.

토론을 말싸움 정도로 이해하는 사람들이 많다. 그런 오해를 할 만도 하다. 토론討論의 한자어 토討는 '쳐부수다'는 의미다. 군사적인 용어인 토벌討伐의 토와 한자가 같다.

영어도 다르지 않다. 보통 토론은 영어로 'debate' 혹은 'discussion'으로 표현한다. 'debate'와 'discussion'의 라틴어 어원은 각각 'battere'와 'cutere'이다. 둘 다 '잘게 부수다, 깨뜨리다'라는 의미를 지닌 말이다. 'battere'은 이후 영어의 'battle(전쟁)'이란 단어로 발전했다. 한자든 영어든 토론이라는 단어가 '쳐부수다, 깨뜨리다'처럼 공격적이고 분석적인 의미를 지니고 있다 보니 '토론=말싸움(논쟁)'으로 생각할 법도 하다.

토론이 수단과 방법을 가리지 않고 싸워서 이겨야 하는 말싸움에 불과하다면 토론을 아무리 많이 해도 인성이 좋아질 리 없다. 하지만 토론은 단순히 말싸움, 논쟁만을 의미하지 않는다. 이 책에서 말하는 토론의 유형은 세 가지다. 논쟁뿐만 아니라 토의와 문답까지 다 토론에 포함한다. 토론의 범위가 어디까지인가를 이해하면 토론을 익히면서 아이가 공격적인 모습으로 변하지 않을까 하는 걱정을 덜 수 있을 것이다.

논쟁과 토의의 차이를 간단하게 설명하면 논쟁은 다른 편과, 토의는 같은 편끼리 하는 것이라 이해하면 쉽다. 같은 편끼리 하는 토의에서는 싸움으로 끝나면 곤란하고 협의를 해야 한다. 어떻게 하는 것이 모두에게 좋은 결과를 가져다 줄 수 있을지 머리를 맞대고 고민하다 보면 자연스럽게 공동체 의식도 갖게 되고, 조금씩 양보하는 법도 배우게 된다.

사실 논쟁형 토론을 한다고 인성이 망가질 염려는 없다. 생각이 다른 사람들끼리 토론을 하다 보면 감정이 격해지기도 하고, 자기 입장만 되풀이해 말할 수도 있지만 토론의 절차가 이런 위험을 상당 부분 줄여 준다. 절차를 지키려고 노력하면 토론을 엉망으로 만들어 버릴 정도로 감정이 격해질 일이 없다. 오히려 앞에서도 이야기했듯이 약속한 절차를 따르는 동안 자기감정을 절제하고 논리적으로 상대방을 설득하는 여유를 익히게 된다.

마지막으로 문답은 세 가지 토론 유형 중 가장 기본이 되는 토론법이다. 문답 토론의 모범을 보여준 대표적인 인물이 공자와 소크라테스이다. 소크라테스는 플라톤처럼 다양한 책을 집필하지는 않았지만 질문을 잘했고, 공자는 맹자처럼 강의를 못했어도 대답을 잘했다.

질문을 잘하고, 대답을 잘하는 것은 실제로 해보면 무척 어렵다. 상대방을 잘 이해하고 준비하지 않으면 잘할 수 없는 것이 질문이다. 대답도 마찬가지다. 대답을 잘하려면 솔직하게 답변하려는 진심이 있어야 하고, 상대방의 질문을 정확히 파악해 원하는 내용을 답변해주려는 노력도 해야 한다.

질문과 대답은 관심이자 열정이다. 관심은 다른 사람을 이해하는 출발점이다. 열정은 관심을 조금 더 적극적으로 표현하는 원동력이다. 따라서 관심과 열정으로 다른 사람을 이해하려 노력하는데, 인성이 좋아지지 않을 이유가 없다.

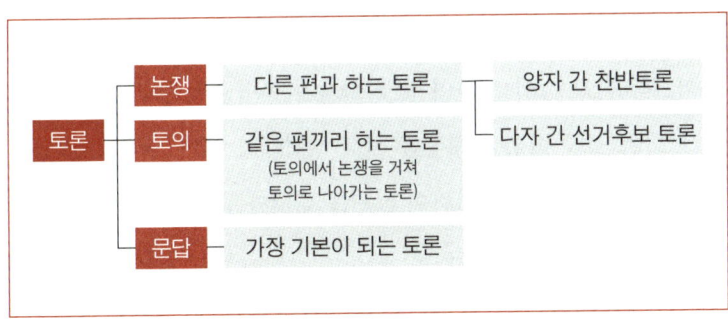

토론의 범위

03

좁은 시험지 밖으로 시야를 넓혀라

토론에 져도 사람을 얻으면 이기는 것이다.

2000년 무렵, 중학생 UGP 포럼(원탁토론 광장)을 개최할 때의 일이다. 학생, 학부모, 교사 등 150명 정도가 함께 참여하는 연수 행사에서 마이크를 잡고 강의를 하며 몇몇 학생들을 앞으로 불러 세웠다. 그런데 갑자기 한 학생이 책상을 밟고 징검다리 삼아 뛰쳐나왔다. 무척 당황스러웠다. 비록 사람이 많기는 했지만 통로를 이용하면 충분히 앞으로 나올 수 있었는데, 제일 빨리 나와 남 앞에서 튀고 싶었던 것일까?

"왜 그렇게 급하게 뛰어나왔니?"

아이가 질책을 당한다는 느낌을 받지 않도록 조심스럽게 물었다.

"그냥, 다른 아이들보다 빨리 나와야 제가 먼저 마이크를 잡을 수 있을 것 같아서요."

"그렇구나. 다른 아이들은 네 행동을 어떻게 볼까?"

"음…… 별로 좋게 볼 것 같지는 않네요."

그제야 아이는 자신의 행동이 다른 아이들의 지지를 받지 못하는 행동이었음을 자각하고 얼굴을 붉혔다. 그 학생을 보면서 우리 교육이 창조성만 강조한 나머지 아이들에게 더불어 살아가는 데 꼭 필요한 공동체성은 키워 주지 못했다는 반성을 하게 되었다.

창조성은 곧 튀는 것을 의미한다. 튀어야 살아남는 세상이다. 남들과 똑같아서는 주목 받기 어렵다. 떡볶이를 팔더라도 특별한 맛과 개성을 살리지 않으면 외면당한다. 세상이 튀는 사람만을 봐주다 보니 부모들은 어떻게 하든 자녀를 튀는 아이로 키우고 싶어 한다.

창조성이 뛰어난 아이로 키우는 일은 매우 중요하다. 우리가 강조하는 교육 목표가 창의·지성인 것만 봐도 아이들의 창조성을 발굴하고 키워 주는 것이 얼마나 중요한지 알 수 있다. 하지만 창조성이 뛰어나 튀기만 해서는 곤란하다. 다른 사람의 지지를 받아야 한다. 물론 튀면서도 지지를 받는다는 것은 그리 쉬운 일이 아니다. 튄다는 것은 창조성을, 지지를 받는다는 것은 공동체성을 의미하는데, 둘 중 어느 하나라도 과하거나 부족하면 균형이 깨진다. 공동체성을 중요시하느라 남의 눈치를 보면서 튀지 않으려 조심하는 것도 바보다. 튀는 데만 몰두해 다른 사람들로부터 따돌림을 받아도 안 된다.

창조성과 공동체성을 조화롭게 키울 수 있는 좋은 방법 중 하나가 역시 '토론'이다. 토론은 자기 생각을 조금 더 분명하고 논리적으로 강화해 줄 뿐만 아니라 상대방의 다른 생각을 이해하고 수용하는 훈련을 할 수 있는 좋은 매개체이다.

진정한 창조성은 공동체성으로부터 나온다

튀면서도 지지를 받아야 한다고 말하면 회의적인 반응을 보이는 분들이 간혹 있다. 대개 창조성과 공동체성을 서로 상반되는 개념으로 생각하는 분들이 그렇다.

사실 창조성과 공동체성이 서로 보완 관계가 될 수 있다는 것을 선뜻 인정하기는 어려운 부분이 있다. 현실에선 창조성이 뛰어난 아이일수록 다른 아이들과 잘 어울리지 못하는 경우가 종종 있기 때문이다.

동현 군은 어렸을 때부터 유난히 호기심이 많았던 아이였다. 보는 것마다 신기해하며 질문을 하는 통에 동현 군 부모는 늘 진땀을 뺐다. 그래도 아이의 호기심을 창의력의 원천이라 생각하고 힘닿는 대로 열심히 대답도 해주고, 때로는 아이와 함께 답을 찾아가며 아이가 호기심을 발전시킬 수 있도록 노력했다.

문제는 초등학교에 들어가면서부터 불거지기 시작했다. 학교라는 공간은 동현 군이 호기심을 마음껏 키우는 것을 허락하지 않았다. 교사는 아이가 수업과 상관없는 엉뚱한 질문을 계속하자 어느 순간부터는 동현 군의 질문을 받아주지 않거나 혼을 내기 시작했고, 반 친구들도 동현 군을 불편해했다. 심지어 담임선생님은 동현 군이 산만해서 수업에 방해가 된다며 부모에게 주의력 결핍 장애[ADHD] 검사를 받아볼 것을 권하기도 했다. 동현 군 부모도 걱정스러워 검사를 받았는데, 놀랍게도 결과는 정상이었다. 다른 아이들에 비해 호기심이 왕성할 뿐, 지극히 정상적이라는 소견이 나오자 동현 군 부모는 화가 나 견딜 수가 없었다. 고민 끝에 동현 군이 초등학교 5학년 때 캐나다로 조기 유학을 보냈다.

캐나다 유학은 성공적이었다. 한국에서는 말썽꾸러기 취급을 받던 동현 군이 캐나다에서는 창조성이 뛰어난 아이로 인정을 받으면서 동현 군은 물고기가 물을 만난 것처럼 신나게 학교생활을 했다. 현재 동현 군은 캐나다에서 중·고등학교를 우수한 성적으로 졸업하고 토론토대학교에서 방송 PD의 꿈을 실현하기 위해 열심히 공부하고 있다.

동현 군과 비슷한 사례는 무척 많다. 동현 군 사례를 보면 창조성과 공동체성이 성격적으로 서로 배치되는 것이 아니라 창조성을 존중하고 키워 주지 못하는 우리 교육이 문제라는 것을 알 수 있다. 다행히 요즘에는 우리 교육도 창조성이 중요함을 인식하고 창조성을 키워 주기 위해 노력하고 있기 때문에 동현 군 같은 사례는 대폭 줄어들 것으로 기대된다.

진정 창의적인 아이는 공동체 속에서 더욱 빛나는 법이다. 토론을 성공적으로 수업에 적용한 교사들의 사례를 들어보면 창조성과 공동체성이 서로 보완 관계에 있음을 확인할 수 있다. 2009년부터 2011년까지 나는 경기도교육청, 서울특별시 교육청, 강원도교육청 등의 위탁을 받아 수많은 교사들을 대상으로 원탁토론 전문 과정을 운영한 바 있다. 전문 과정을 수료한 교사들은 각자 현실 가능한 토론 수업을 시도했는데, 모두 토론 수업이 창조성과 공동체성을 조화롭게 발전시키는 데 도움이 된다고 입을 모았다.

　토론 수업 중에서도 창조성과 공동체성을 함께 키워줄 수 있는 방식 중 하나가 '그룹토론 학습'이다. 그룹토론 학습은 5~6명이 한 그룹이 되어 함께 주제를 연구하고 공부하는 토론 학습이다. 그룹토론 학습은 어느 한 사람만 잘해서는 만족할 만한 결과를 얻기 힘들다. 서로 힘을 합해 각자 맡은 역할을 충실히 해낼 때 비로소 진가를 발휘하기 때문에 그룹토론 학습을 하다 보면 자연스럽게 공동체성을 키울 수 있다.

　이처럼 그룹토론 학습은 기본적으로 공동체 의식을 요구하기 때문에 일부 개인적이고 이기적인 아이들의 반발을 사기도 한다. 실제로 그룹토론 학습을 시도한 후 예기치 못했던 일부 학생들의 반발로 난감해했던 교사들도 있다.

　고등학교 사회 과목을 가르치던 교사의 경험담이다. 그룹을 구성하는 방식은 다양하다. 그 교사는 공부 잘하는 학생과 그렇지 않은 학생을 섞어 그룹을 구성하면 공부를 잘하는 학생들은 자기가 아는 지식을 다른 학생들에게 가르치면서 더 확실하게 공부할 수 있고, 다른 학생들은 열심히 공부한 학생에게 자극도 받고, 함께 공부하면서 공부에 재미를 느낄 수 있을 것이라고 생각했다.

예상은 크게 빗나가지 않았다. 학생들은 모처럼의 참여식 수업에 흥미를 느꼈고, 적극적으로 참여했다. 하지만 공부를 잘하는 일부 학생이 불만을 표했다.

"선생님, 그룹토론 수업을 계속 진행해야 할까요? 제가 공부하기도 바쁜데, 꼭 다른 친구들까지 가르쳐야 하나요? 혼자 공부할 시간을 너무 많이 빼앗겨서 속상해요." 그룹토론 학습을 통해 아이들의 창의성과 공동체 의식이 조화롭게 성장할 것으로 기대했던 교사는 큰 충격을 받았다며, 앞으로 계속해서 그룹토론 학습을 진행해야 하는지 고민스럽다고 털어놓았다.

정말 창의적인 아이들은 공동체 의식의 중요성을 안다. 공동체 의식의 발전이 곧 자신의 창의성을 키우는 밑거름이라는 것을 분명히 인식한다. 진정 공부를 잘하는 학생들은 다른 친구들이 모르는 것을 물어올 때 기꺼이 최선을 다해 설명하려 애쓴다. 그렇게 함으로써 알고 있다고 생각하는 지식을 다시 한 번 확인하고 더 확실하게 머릿속에 각인시킬 수 있다는 것을 이미 경험을 통해 이해했기 때문이다.

어설프게 튀는 아이들만이 공동체 속에서 튀는 것이 진짜 튀는 것임을 모른다. 그런 아이들도 지속적으로 토론을 하다 보면 결코 창의성과 공동체 의식이 상반되는 것이 아님을 알게 된다. 창의성과 공동체 의식은 다른 말로 수월성과 협동성이라고도 한다. 수월성을 키울 수 있는 최고의 교육법은 협동성 교육이다. 결국 아이들에게 협동을 가르치는 교육을 하면 개인의 수월성도 키워 줄 수 있다. 이것이 바로 튀면서도 지지를 받는 아이를 만드는 최고의 방법이다. 진정한 수월성은 다른 사람과 협동을 잘하는 것으로 표현된다.

'화이부동'을 알면 튀면서도 지지를 받는다

"넌 대체 왜 그러니? 형은 너만 할 때, 얼마나 의젓했는데, 넌 어쩜 이렇게 부산스럽니?"

"네 언니는 초등학교 들어가기 전에 한글을 다 뗐어. 그런데 넌 어쩜 공부에 그렇게 관심이 없니?"

어떤 상황에서도 아이를 비교하면 안 된다. 그런데 비교가 아이들의 마음에 큰 상처를 입힌다는 것을 잘 알면서도 부모들은 자기도 모르는 사이에 아이들을 비교하곤 한다. 아이들을 자꾸 비교하는 것은 아이 각각의 다름과 개성을 인정하지 못하기 때문이다. 큰아이에 비해 작은아이가 부산스럽더라도 큰아이와 다르다고 생각하면 간단한데, 대부분의 부모들이 그걸 못 한다.

'다름'을 인정하지 못하면 토론을 하기 어렵다. 나는 토론 교육을 진행할 때마다 늘 '화이부동和而不同'을 강조한다. 개인적으로 화이부동처럼 토론이 지향해야 할 목표와 토론의 정신을 잘 표현한 말도 드물다고 생각한다.

화이부동은 '논어論語'의 자로子路 편에 나온 말이다. 논어에서 공자는

'군자는 화이부동和而不同이요, 소인은 동이불화同而不和'라고 했다. 풀이하면 '군자는 서로 다르면서도 서로 다름을 인정하고 화합하지만, 소인은 서로 같은 듯 무리를 지어 다녀도 어울리지 못한다'는 뜻이다.

토론은 기본적으로 다름이 있어야 가능하다. 모두가 생각이 같다면 굳이 토론할 이유가 없다. 예를 들어 '흥부와 놀부'라는 책을 읽고 토론을 한다고 가정해 보자.

"놀부는 정말 나쁜 사람이야. 동생이 배가 고파 밥 좀 달라고 해도 안 주는 걸 보면서 정말 놀부가 싫어졌어. 흥부가 불쌍해."

한 아이가 이렇게 놀부에 대한 생각을 이야기했을 때 다른 아이들도 생각이 똑같다면 맞장구를 치거나 놀부가 얼마나 나쁜 사람인가를 말하는 것으로 끝날 수밖에 없다. 물론 토론을 처음 공부할 때는 비슷한 생각이라도 이야기를 하는 것이 도움이 된다. 하지만 이런 토론은 뭔가 심심하고 맥이 빠진다. 조금 더 토론다운 토론을 하려면 다른 생각이 나와 주어야 한다.

"음, 난 놀부가 좋은 사람이 아니라고 생각하지만 그렇다고 흥부가 불쌍하지도 않아."

"왜? 어떻게 그런 생각을 하는 거야?"

"흥부는 능력도 없으면서 왜 그렇게 애들을 많이 낳았는지 몰라. 낳아만 놓고 밥도 못 먹이고, 옷도 제대로 못 입히는 게 좀 무책임한 것 같아."

다른 생각이 나와 줌으로써 모두가 놀부는 나쁜 형, 흥부는 불쌍한 동생이라고 생각할 때보다 토론이 한결 활기를 띠게 된다. 그렇지만 다름만 있어도 안 된다. 상대방의 다른 생각을 인정하고 토론을 통해 서로 다른 생각을 조율하고 합의점을 이끌어 내려는 마음이 없다면 싸움만 하며 무의미하게 시간만 낭비할 공산이 크다.

서로의 다름을 인정하고 같음을 지향하는 것, 즉 화이부동이 곧 토론의 정신이다. 화이부동과 비슷한 의미를 지닌 말로 '구동존이求同存異'도 있다. 구동존이는 말 그대로 '같음을 구하되 다름이 있다'는 의미다. 중국 고전에는 없는 말이지만 중국에선 아주 오래전부터 입에서 입으로 전해진 말이다. 개인적으로는 '존'을 '있을 존存'이 아닌 '존중할 존尊'을 써 구동존이求同尊異라고 쓴다. 다름의 중요성을 더 분명하게 강조하고 싶어서이다.

다름을 인정하기 위해 필요한 세 가지

다름을 인정하고 같음을 지향한다는 것은 생각만큼 간단하지 않다. 우선 다름이 눈에 보여야 한다. 다른 사람이 말을 할 때 내 생각과 무엇이 다른지 정확하게 간파할 줄 알아야 한다는 얘기다. 무엇이 다른지도 모르는 상태에서 다른 사람과는 다른 나만의 생각을 이야기하기란 불가능하다. 큰 차이는 물론 미세한 차이까지도 놓치지 않는 간파력을 갖춰야 한다.

다름을 간파하는 것만으로도 부족하다. 다르다고 말할 수 있는 용기가 있어야 한다. 꼭 토론을 할 때가 아니더라도 남들과 생각이 다르다면 분명하게 이야기할 수 있어야 한다. 그런데 아이들은 물론 어른들도 생각이 달라도 쉽게 입을 떼지 못한다. 특히 모두가 "예"라고 말하는 상황이거나 이야기를 주도하는 사람이 권력을 쥐고 있는 경우라면 더더욱 그렇다. 평직원 중 부장이나 팀장이 어떤 사안을 강력하게 밀어붙이는데 "전 부장님과 생각이 다른데요"라며 자기 생각을 분명하게 말하는 사람은 그리 많지 않다. 아이들도 마찬가지다. 아이들은 튀고 싶어 하는 마음과 혼자만 튀어서 왕따를 당하고 싶지 않은 마음을 동시에 갖고 있다. 다름을 숨겨서라도 또래 친구들과 함께 어울리고 싶은 마음, 그것이 보통 아이들의 평범한 심리다.

다르다고 이야기할 수 있는 용기를 심어주는 역할은 일차적으로 부모의 몫이다. 아이의 이야기에 귀를 기울이거나 아이의 생각에 관심을 갖지 않고 일방적으로 아이에게 이래라저래라 지시하는 부모 밑에서 자란 아이일수록 자기 생각을 드러내지 않는다. 나이가 어릴 때는 부모에게 사랑받기 위해 본능적으로 부모가 하라는 대로 하다 사춘기에 접어들면 아예 대화를 하려 하지 않는다. 자기의 다른 생각을 말할 수 있는 기회가 없던 아이들이 자신의 생각이 부모와 다르다고 말하는 방법을 몰라 거친 반항으로 표출이 되기도 하는 것이다.

아이가 용기 있게 다르다고 이야기할 수 있게 하려면 다른 생각을 이야기할 기회를 주어야 한다. 예를 들어 아이에게 간식을 먹일 때도 일방적으로 "우리 사과 먹자"라고 말하는 대신 "사과 먹을까? 아니면 배 먹을까? 우리 예쁜이는 어떤 과일이 더 좋아?"와 같이 질문하는 것이 좋다. 지시가 아닌 아이 생각을 끌어내는 질문에 답하면서 아이는 자연스럽게 생각이 다를 때 다르다고 이야기할 수 있는 용기를 갖게 된다.

마지막으로 '다름은 틀림이 아님'을 부드럽게 말할 수 있어야 한다. 많은 사람이 다름과 틀림을 혼동한다. 나와 같지 않으면 잘못된 것이라 매도하고 적으로 취급한다. 토론은 다른 바탕에서 같음을 지향하는 것이기 때문에 토론을 자주 하다 보면 다름을 인정하는 데 익숙해질 수 있다. 아이들은 어른들보다 훨씬 유연하기 때문에 조금만 노력하면 그리 어렵지 않게 다름을 받아들인다. 오히려 어른들의 색안경이 아이들에게 그대로 전해져 아이들이 다양한 다름을 인정하는 데 방해가 되는 경우가 많다. 부모들이 먼저 다름이 틀림이 아님을 인정하고 노력한다면 아이들은 저절로 화이부동을 익히고 실천할 수 있다.

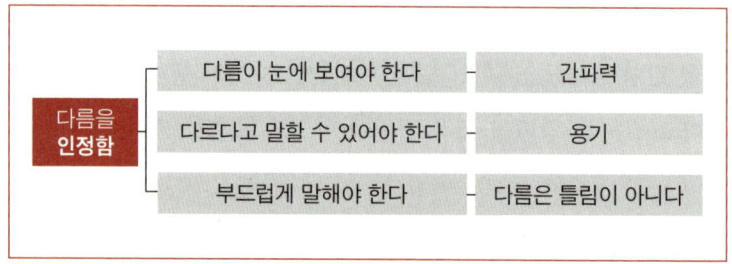

'다름'을 인정하는 것의 의미

04

잠재력을 깨우는 하루 15분

같은 말을 만 번 반복하면 반드시 그렇게 된다.
이것을 믿기에 교육이 가능하다.

오바마, 노무현, 김대중……. 이들에겐 어떤 공통점이 있을까? 모두 한 나라의 대통령이라는 것 외에도 이들은 하나같이 토론의 달인이었다는 공통점을 지닌다.

   만약 그들이 토론을 잘하지 못했다면 어쩌면 대통령이 되지 못했을 수도 있다. 물론 모든 대통령이 다 토론을 잘하는 것은 아니다. 하지만 정치적 기반이 상대적으로 약했던 이들이 사람들의 마음을 움직일 수 있었던 힘은 토론에서 나왔다. 갈등을 힘이 아닌 토론으로 설득하고, 진심을 담은 말로 사람들의 마음을 움직이는 능력이 없었다면 아마 대통령이 되기 힘들었을 것이다.

오바마의 연설과 토론 능력은 뛰어나기로 정평이 나 있었고, 이는 대통령이 되는 데에도 결정적인 영향을 끼쳤다. 또한 노무현 전 대통령의 경우 국회의원 시절, 5공 청문회에서 유감없이 토론 능력을 드러낸 적이 있었다.

이들 대통령을 보면 토론의 힘이 정말 대단하다는 것을 실감한다. 토론의 힘은 어떤 힘보다 우선한다. 자본주의 사회에서는 돈이 권력이라고들 하지만 말의 힘, 토론의 힘이 더 강력하다. 돈과 권력이 없어도 토론을 잘하면 대통령이 될 수 있을 정도로 토론 능력은 강력한 무기 역할을 한다.

공부만 잘하는 아이는 명문대에 진학해 좋은 직업을 구할 수는 있겠지만, 세상을 움직이는 리더는 될 수 없다. 다른 사람의 마음을 움직이고 세상을 변화시키려면 토론을 잘해야 한다. 토론 능력은 타고나는 것이 아니라 만들어지는 것이다. 토론의 달인이라 불리는 오바마, 노무현, 김대중도 처음부터 토론을 잘했던 것은 아니다. 그들은 꾸준히 토론을 연습하고 또 연습하면서 토론의 달인이 될 수 있었다.

오바마는 중학교 때부터 체계적으로 연설과 토론 연습을 했다. 단순히 말을 논리적으로 하는 연습뿐만 아니라 독서를 통해 생각을 확장하고, 말을 할 때의 호흡과 발성법도 익혔다. 오바마는 고등학교 때 정체성을 고민하며 마약에 빠진 적이 있었다. 그때 오바마를 마약으로부터 빠져나올 수 있게 해 준 것 중 하나가 독서였다. 그는 수많은 책을 읽으면서 스스로의 혼란을 정리하고 정체성을 찾을 수 있었다. 오바마는 잠깐의 방황으로 탁해진 목소리를 끊임없이 호흡과 발성법을 연습하면서 보완했다. 그런 노력이 토론의 달인 오바마를 만든 것이다.

하루 15분이면 충분하다

"토론이 중요하다는 건 알겠는데, 도대체 어떻게 가르쳐야 하는지 모르겠어요. 토론 학원에 보낼까요?"

"토론을 한 번 해보려면 시간이 너무 많이 걸리지 않을까요? 적어도 1시간은 걸릴 것 같은데, 아이랑 토론 공부를 해보고 싶어도 시간 때문에 엄두가 나지 않네요."

많은 부모가 이런 고민을 한다. 공부도 그렇지만 토론은 특히 더 직접 가르치기 어렵고, 시간을 많이 할애해야 할 것이라고 지레짐작하고 고민에 빠진다. 부모 자신이 토론을 경험할 기회가 없어 익숙하지 못한 데다, '토론'이라고 하면 절차가 복잡하고 시간이 많이 걸리는 논쟁형 토론이 전부라고 생각하기 때문이다. 그래서 토론의 중요성을 잘 알면서도 직접 아이와 함께 토론을 해 볼 엄두를 내지 못하고, 학교에서 토론을 할 기회를 많이 주기를 바라거나 별도로 토론을 가르치는 학원을 보내려고 하는 부모들이 많다.

토론을 어렵게 생각할 필요가 없다. 시간도 그리 많이 걸리지 않는다. 하루에 딱 15분만 투자하면 충분하다. 아무리 시간이 없어도 하루에 아이랑 15분 정도는 충분히 대화할 수 있다. 그 시간을 잘 활용해 아이와 나누는 대화를 조금만 바꾸어도 훌륭한 토론이 될 수 있다.

대화가 중요하다고 하면 "전 우리 아이와 대화를 정말 많이 하는데요"라고 말하는 분들이 꽤 많다. 이미 대화를 많이 하니 자기도 모르는 사이에 토론 연습을 많이 한 것 아니냐는 은근한 기대감도 표현한다. 하지만 정말 대화다운 대화를 하고 있었을까? 부모는 대화라고 생각하지만 아이들 입장에서는 그렇지 않을 수 있다. 대화란 서로 이야기를 주거니 받거니 하는 것이다. 잠시 주로 아이들에게 어떤 이야기를 많이 하는지 생각해 보자.

"빨리 일어나서 밥 먹어. 이러다 학교 늦겠다."
"텔레비전 그만 보고 공부해야지?"
"학원 끝나면 바로 집으로 와. 옆으로 새지 말고……."
"밖에서 놀고 들어오면 옷부터 갈아입으라고 했지. 집에 흙 다 떨어지잖아."
"동생하고 싸우면 안 돼. 사이좋게 지내라."

가정마다 대화의 내용이 조금씩 다르겠지만, 대부분 지시와 잔소리가 많을 것이다. 일방적으로 쏟아놓는 지시와 잔소리는 진정한 대화라 할 수 없다. 아이도 이런 대화는 좋아하지 않는다.

아이의 토론 실력을 키워 주기 위해서는 일방적인 지시와 잔소리를 거두고 질문과 대답을 주고받아야 한다. 하루 15분만이라도 아이에게 질문을 하면 아이는 달라진다. 질문을 할 때는 "예", "아니요"와 같이 단답형으로 끝나는 질문이 아니라 아이의 생각을 끌어내는 질문을 하는 것이 중요하다. 예를 들어 "밥 먹었니?"와 같은 질문은 아이의 토론 능력을 키우는 데 큰 도움이 안 된다. "오늘 학교에서 배운 내용 중 제일 재미있었던 건 뭘까?"와 같이 생각을 정리해 대답할 수 있는 질문을 해야 한다. 아이에게 질문하고, 아이가 어떤 이야기를 하던 잘 귀담아 들어주면 그것만으로 충분히 토론 연습이 된다.

'하루 15분 토론의 법칙'은 가정에서뿐만 아니라 학교에서도 그대로 적용할 수 있다. 학교에서도 토론의 중요성을 깨닫고 토론을 활용한 수업을 하고 싶어 하는 교사들이 많다. 그런데 실제로 토론을 활용한 수업으로 이어지는 경우는 많지 않다. 왜일까? 많은 교사들이 토론식 수업을 하려면 시간이 많이 걸려 진도를 나가기가 힘들다는 말을 자주 한다. 제때 진도를 나가지 못하면 학생과 부모들로부터 원성을 사게 되므로 강의식 수업의 한계를 잘 알면서도 어쩔 수 없이 강의식 수업을 할 수밖에 없다고 어려움을 토로하는 것이다.

논쟁을 토론의 전부라 이해하면 그렇게 생각할 수도 있다. 하지만 앞에서도 이야기했듯이 논쟁뿐만 아니라 토의와 문답 모두 토론에 포함된다. 토론의 범위를 논쟁에서 토의와 문답으로 확장하면 교사들의 고민은 상당 부분 해결된다. 특히 모든 토론의 출발점이나 마찬가지인 문답을 잘 활용하면 시간을 많이 투자하지 않고도 훌륭한 토론 수업을 할 수 있다.

수업 시간은 일반적인 초등학교의 경우 1시간당 40분, 중학교는 45분, 고등학교는 50분이다. 이 중 15분만 활용하면 풍성한 질문과 대답이 오갈 수 있다. 문답을 하면서 아이들은 충분히 이해하지 못했던 부분을 해결하고, 배운 내용을 확실하게 머릿속에 각인시키는 게 가능하다. 교사 입장에서는 아이들이 수업 내용을 얼마만큼 이해했는지를 확인할 수 있는 좋은 시간이기도 하다.

문답을 활용하면 어떤 과목도 토론 수업이 가능하다. 흔히 토론 수업은 국어, 사회, 윤리와 같이 이야기할 거리가 많은 과목에서만 가능하다고 생각하는데, 문답은 어떤 과목에서나 활용할 수 있는 토론 방식이다. 이 밖에도 15분을 효과적으로 활용할 수 있는 토론 방식이 많은데, 이는 3장과 4장에서 자세히 소개했으니 여기서는 꼭 토론이 많은 시간을 할애하지 않아도 얼마든지 할 수 있다는 것만 기억해 두기 바란다.

토론 연습을 만 번 반복하면 토론의 달인이 된다

"같은 동작을 만 번 반복했더니 예술이 되더군요."

2010년 밴쿠버 올림픽 피겨 스케이트 부문에서 금메달을 따 국민을 열광하게 만들었던 김연아가 한 말이다. 세계에서 두각을 나타내는 선수들이 대부분 그렇듯, 김연아도 지독한 연습벌레로 유명하다. 일곱 살 때 피겨 스케이팅을 시작해 십수 년을 하루도 쉬지 않고 연습했다고 한다. 그런 노력이 오늘날 김연아가 세계로부터 사랑을 받는 비결임이 분명하다.

토론도 연습이 필요하다. 어쩌다 한 번 큰마음 먹고 토론을 해 보는 것은 그리 효과가 없다. 또한 처음부터 너무 오랜 시간 제대로 토론의 절차를 밟아 가면서 토론을 연습하면 아이가 흥미를 잃을 수도 있다. 아이가 토론 연습을 한다고 느끼지도 못할 정도로 일상생활에서 자연스럽게 토론을 경험하도록 해 주는 것이 중요하다. 한 번 화끈하게 토론 연습을 하는 것보다 조금 못하더라도 꾸준히 하는 것이 토론 능력을 키우는 데 훨씬 효과적이다.

아이가 빨리 토론을 잘했으면 하는 조급한 마음으로 서두르면 안 된다. 토론 능력은 하루아침에 키워지지 않는다. 자기 생각을 이야기해 볼 기회가 없었던 아이가 처음부터 자기 생각을 똑부러지게 말하기란 불가능하다. 아무리 생각을 끌어내는 질문을 잘해도 처음에는 선뜻 대답을 하지 못하는 게 당연하다. 아이에게 충분히 토론을 연습할 시간을 주어야 한다. 토론을 반복할수록 단답형으로 끝나던 아이의 대답이 풍성해지고 논리적으로 바뀔 것이다.

아이가 토론을 잘하고 싶다는 의지가 있다면 토론 실력은 더 빨리 성장한다. 1996년부터 수십 차례에 걸쳐 초등학생, 중학생, 고등학생을 대상으로 UGP 포럼(원탁토론 광장)을 진행하면서 고작 몇 주 동안에 아이들의 토론 능력이 일취월장하는 것을 종종 확인하곤 했다. 처음에는 남들 앞에서 자기 생각을 이야기하는 데 익숙지 않아 떨리는 목소리로 겨우 이야기하던 아이들이 토론을 거듭할수록 자신감이 붙어 더 이상 떨지 않고 토론을 즐겼다. 그런 아이들을 볼 때마다 어쩌면 아이들은 이미 토론을 잘할 수 있는 잠재력을 갖고 있을지도 모른다는 생각을 했다. 다만 어른들이, 우리나라 환경이 그 잠재력을 키워주지 못하고 점점 더 깊숙한 곳으로 숨게 만드는 것일지도 모른다는 반성을 하곤 했다.

부모의 역할은 아이가 꾸준히 토론 능력을 키울 수 있도록 자리를 마련해 주는 것으로 충분하다. 토론은 절차가 있는 대화라 토론을 잘하려면 토론의 형식과 절차를 익히는 것도 중요한데, 그 또한 꾸준히 토론을 연습하면 저절로 익히게 된다. 그렇게 만 번을 거듭하면 어떤 아이든 다 토론의 달인이 될 수 있다.

창조성과 전문성도 반복과 연습, 모방을 통해 완성된다

기린의 목은 처음부터 길었던 것이 아니라고 한다. 그렇다면 기린은 어떻게 목이 길어졌을까?

다윈이 '종의 기원'을 발표하기 전에는 기린이 끊임없이 목을 길게 빼고자 하다 보니 목이 길어졌다고 생각하는 사람들이 있었다. 이런 주장을 한 사람이 라마르크인데, 그는 '영양이 높은 곳에 있는 나뭇잎을 먹으려고 오랫동안 반복해서 목을 늘이다 보니 기린이라는 새로운 종으로 변했다'고 설명한다. 반면 두더지나 도롱뇽의 눈처럼 계속해서 사용하지 않는 기관은 퇴화한다고 주장한다. 소위 용불용설用不用說 이론이다.

하지만 다윈은 생각이 달랐다. 다윈은 기린이 수없이 목을 빼다 목이 길어진 것이 아니라 우연히 다른 기린보다 더 긴 목을 가진 돌연변이 기린이 태어났는데, 그 돌연변이가 먹이를 차지하는 데 유리했기 때문에 더 빨리 번식했다고 봤다.

목이 긴 돌연변이 기린은 '창조성'이라 할 수 있다. 다윈의 '종의 기원'에 의하면 돌연변이가 생존할 수 있었던 것은 자연의 선택을 받았기 때문이다. 돌연변이가 창조성에 해당한다면 자연선택은 공동체성과 관련된다. 만약 자연의 선택을 받지 못했다면 오늘날 우리가 볼 수 있는 기린의 모습은 많이 달랐을 것이다. 토론에 필요한 창조성도 다른 사람들의 지지를 받지 못한다면 의미가 없다는 것을 '종의 기원'을 통해 새삼 확인하곤 한다.

하지만 다윈의 '종의 기원'을 이야기하며 창조성과 공동체성의 조화를 강조하다 보면 종종 오해하는 부모들이 있다.

"그렇다면 창조성은 처음부터 타고나야 하는 것 아닌가요? 어느 날 갑자기 목이 긴 돌연변이가 나왔던 것처럼 말이에요."

그렇게 생각할 수도 있지만, 돌연변이가 나타나기까지는 수많은 반복과 연습이 있다. 단지 눈에 보이지 않기 때문에, 어느 날 갑자기 하늘에서 뚝 떨어진 것처럼 느낄 뿐이다. 수많은 시행착오를 반복하면서 어느 순간 목이 긴 돌연변이 유전자가 생겨난다.

이처럼 창조성은 반복, 연습, 모방을 수없이 되풀이하면서 생긴 일종의 돌연변이다. 뛰어난 작가들 중에도 처음에는 다른 유명 작가의 글을 베껴 쓰면서 연습을 했다는 분들이 많다. 오랜 시간에 걸쳐 다른 작가의 글을 모방하고, 글 쓰는 연습을 하는 동안 어느새 자기만의 창의적인 글쓰기를 하게 된 것이다.

전문성은 더 말할 것도 없다. 전문성은 더더욱 반복과 연습을 통해 완성된다. 누에고치는 처음 알에서 부화되었을 때 고작 크기가 3㎜에 불과하다. 그런 누에가 4번에 걸쳐 잠을 자면서 아름다운 실을 뽑을 수 있는 고치를 만든다. 누에는 잠을 자고 깨어날 때마다 나이를 먹는데, 이 나이를 '령'으로 표현한다. 즉, 알에서 부화했을 때는 1령, 처음 한잠 자고 일어나면 2령, 두 번째 잠을 자고 일어나면 3령, 세 번째 잠을 자고 일어나면 4령, 네 번째 잠을 자고 일어나면 5령이 된다.

누에는 깨어 있을 때는 열심히 뽕잎을 먹는다. 충분히 뽕잎을 먹으면 깊은 잠을 자는데, 4번 잠을 자고 5령이 되면 3㎜였던 누에가 8㎝로 크게 자란다. 알에서 깨어나 5령이 되기까지는 품종과 환경에 따라 조금씩 차이는 있지만 보통 20일 정도가 걸린다. 5령 말이 되면 뽕 먹는 것을 멈추고 고치를 짓기 시작하는데, 약 60시간에 걸쳐 2.5g의 고치를 만든다. 1개의 고치에서 뽑을 수 있는 실은 약 1,200m에서 1,500m가 된다고 한다.

누에가 뽕을 먹는 것은 '독서나 경험'에 비유할 수 있다. 잠을 자는 것은 '생각'하는 행위에 해당한다. 마지막으로 실은 '전문성'이다. 결국 전문성이란 수없이 많은 독서와 경험을 하고 거듭 생각을 해야 만들어지는 것이다. 논어에 '학이불사즉망 사이불학즉태學而不思則罔 思而不學則殆'라는 말이 있다. 배우기만 하고 생각하지 않으면 멍청해지고, 생각하기만 하고 배우지 않으면 위태롭다는 말로, 배우고 생각함이 모두 중요함을 강조한 말이다.

    토론을 잘하려면 창조성과 전문성 모두를 갖추어야 한다. 기린과 누에고치의 이야기를 통해 창조성과 전문성 모두 끊임없는 반복과 연습, 모방을 통해 완성된다는 것을 알 수 있다. 처음부터 창조성과 전문성을 타고나는 아이들은 없으니, 아이들이 꾸준히 토론을 연습하고 반복할 수 있도록 도와줘야 한다.

요약 및 정리

사람을 가르치는 최선의 방법은 무엇일까?
최선의 방법은 바로 대화와 토론이다. 한 사람이 열 권의 책을 읽는 것보다 열 사람이 한 권의 책을 읽고 대화와 토론을 하는 것이 교육적으로 효과적이다.

가드너의 다중지능 이론에 따르면 사람은 모두 아홉 가지 지능을 가지고 있다.
1) 아홉 가지 지능은 다음과 같이 구분할 수 있다.
   지성: ①언어 지능, ②논리수학 지능
   감성: ③음악 지능, ④공간 미술 지능, ⑤신체 운동 지능
   인성: ⑥자연 친화 지능, ⑦인간 친화 지능, ⑧자기 성찰 자능
   영성: ⑨우주적 실존 지능
2) 이 아홉 가지 지능을 아우를 수 있는 것은 소통 즉, 토론 자능이다. 참여와 소통의 대화와 토론은 사람의 지성, 감성. 인성. 영성을 키울 수 있는 최선의 방법이다.

토론으로 인성교육이 가능한가?
1) 사람의 인성은 "성격, 성질, 성깔, 인격, 인품"으로 나뉜다.
2) 말하는 태도가 인품을 나타낸다. 토론을 하다 보면 다른 사람들의 지지를 받는 것이 중요함을 깨닫게 된다. 토론에서 지고 사람을 얻으면

이기는 법이다.

토론의 종류에는 무엇이 있는가?

1) 토론의 종류는 크게 다음과 같다.

   ①찬반토론(양자 간 논쟁), ②선거 후보 토론(다자 간 논쟁), ③회의에서의 토의, ④청문회 등의 문답

2) 모든 회의는 "토의에서 논쟁을 거쳐 토의로" 나아가면 성공이다.
3) 논쟁은 다른 편과 벌이는 토론이고, 토의는 같은 편끼리 벌이는 토론이다.

대화와 토론은 어떻게 다른가?

소통의 방식에는 크게 세 가지가 있다.

1) 스피치, 발표, 연설, 웅변, 강의 등은 일방적 소통이다.
2) 대화는 편한 분위기에서 이루어자는 쌍방적 소통이다.
3) 토론은 공식적 절차에 따라 터놓고 이루어지는 쌍방 소통이다.

화이부동和而不同**과 구동존이**求同存異**는 토론의 정산을 잘 나타내는 말이다.** 이는 다름을 인정하고, 같음을 지향한다는 뜻이다. 다름을 인정하기 위해서는 세 가지 과정과 세 가지 능력이 필요하다.

1) 상대의 다름이 눈에 보여야 한다. 이를 위해 간파력이 필요하다.
2) 상대와 다르다고 말할수 있어야 한다. 이를 위해 용기가 필요하다.
3) 상대 역시 틀리지 않고 다를 따름이기 때문에 부드럽게 대해야 한다.

이를 위해 부드러움이 필요하다.

토론에서 진정한 창조성은 어떻게 키워지는 것일까?

튀어라! 그러나 지지를 받아라!

이 말은 토론에서 지향하는 인간상을 반영하고 있다. "튀어라"는 창조성과 수월성을, "지지를 받아라"는 공동체성과 협동성을 뜻한다. 이렇듯 토론은 창조적, 공동체적 인간상을 모색한다. 삶의 지혜가 되는 수월성은 협동을 잘하는 것으로 표현되어야 한다. 또, 수월성을 기르기 위한 최고의 방법은 협동성 교육에 있다. 이는 모두 토론으로 귀결된다.

창조성은 부단한 연습과 모방에서 비롯된다.

"같은 말을 만 번 반복하면 반드시 그렇게 된다"라는 말을 믿는가? 이 말을 믿는가? 이 말을 믿는다면 자녀를 토론의 달인으로 만들 수 있다. 토론은 하루 15분이면 충분히 교육할 수 있다. 문제는 얼마나 지속하느냐에 달려 있다.

유대인들이 자녀에게 묻는 질문을 꼭 기억하자.

마따호쉐프?=너의 생각은 어떠니?

2장

생각은 말이 되고
말은 생각이 된다

HARVARD SECRETS

01

친구를 공격하는 말하기와 존중하는 말하기

토론에 이겨도 사람을 놓치면 지는 법이다.
토론에 져도 사람을 얻으면 이기는 법이다.

"형순이, 걔 그렇게 안 봤는데 정말 말이 안 통하는 아이예요."

학교에서 돌아온 은우가 씩씩거리며 분통을 터트린다.

"학교에서 무슨 일 있었어?"

은우 엄마는 깜짝 놀라 물었다. 형순이는 초등학교 때부터 중학생이 된 지금까지 늘 붙어 다니는 단짝 친구였다. 그런데 형순이 때문에 화가 났다니 무슨 일인지 감조차 잡을 수가 없었다.

"오늘 사회 시간에 토론을 했어요. '방과 후 수업을 의무적으로 해야 하는가'를 놓고 찬반토론을 했는데, 제가 찬성, 형순이가 반대 쪽이었어요. 찬성 쪽이 이겼어요. 토론에서 졌으면 깨끗하게 인정해야 하는데, 뭐가 그리 기분이 나쁜지 계속 툴툴거리고 저랑 눈도 마주치지 않으려고 해요."

은우는 어이가 없다는 표정을 지으며 형순이를 성토했다. 토론에서 이겼는데도 전혀 기쁜 얼굴이 아니었다. 직접 토론을 본 것이 아니라 어떤 문제가 있어 은우나 형순이 모두가 감정이 상한 것인지는 알 수 없지만, 잘잘못을 따지는 것은 큰 의미가 없다. 열심히 토론을 했는데도 진심으로 토론 결과에 승복하지 못하고 기분 나빠하는 토론은 그 자체로 실패한 토론이기 때문이다.

토론은 결국 논리적으로 상대방을 설득해 합의점을 이끌어 내는 소통의 과정이다. 정말 토론을 잘하는 사람이라면 상대방이 흔쾌하게 논리적 패배를 인정하게 만들 줄 알아야 한다. 토론을 잘하고서도 사람들의 마음을 얻지 못했다면 정말 토론을 잘했다고 할 수 없다. 토론에 이겨도 사람을 놓치면 지는 것이다. 토론은 말싸움으로 상대방을 무참히 만드는 것이 아니라, 다른 사람들과 관계를 맺는 것임을 알아야 한다.

토론 공부는 '토론이 관계'임을 인식하는 것에서부터 출발해야 한다. 특히 아이들은 감정을 잘 컨트롤하지 못해 자기를 공격한 친구를 미워할 수 있다. 토론을 통해 관계를 망가뜨리지 않으려면 자신의 오류를 겸허하게 인정하고 상대방의 인격을 존중해야 함을 일깨워 주는 것이 중요하다.

아이들과 토론 후 실천은 필수다

왜 토론을 할까? 단순히 토론이 재미있어서 혹은 토론을 잘 한다는 것을 남들 앞에서 과시하고 싶어서 토론을 하는 것일까? 토론은 궁극적으로 보다 많은 사람의 지지를 얻어 함께 성공적으로 일을 추진하기 위해 해야 한다.

말로만 끝나는 토론은 의미가 없다. 예를 들어, 가족들과 '여름 휴가를 어디로 갈 것인가'를 놓고 토론을 했다고 가정해 보자. 골프를 좋아하는 아빠는 동남아시아 여행을 제안했다. 건강을 중요시하는 엄마는 깊은 산속의 휴양림에 가자는 의견을 내놓았다. 큰아들은 엄마, 아빠의 제안이 모두 마음에 들지 않는다. 게임을 좋아하는 큰아들은 장소는 어디라도 상관없지만 꼭 컴퓨터 시설이 갖춰진 곳이라야 한다며 고집을 피웠다. 막내딸은 바다에서 파도타기를 하고, 회도 실컷 먹고 싶다며 바다로 여행을 가자고 주장했다.

가족들은 제각각 나름대로의 논리를 바탕으로 다른 가족들을 설득했다. 이때 토론을 하는 목적은 합의점을 찾아 즐겁게 휴가를 떠나는 것이다. 그런데 한참을 격렬하게 토론해도 의견 차이가 좁혀지지 않아 어디로도 휴가를 가지 못했다면 그 토론은 하나 마나 한 토론이 돼 버린다.

토론의 지향점은 실천*이다. 일이 진행되도록 할 때 토론은 비로소 가치를 발한다. 토론보다 더 중요한 것이 일인 이유도 여기에 있다.

하지만 일보다 더 중요한 것이 있다. 일만 생각한다면 토론을 하지 않거나 토론으로 합의점을 도출하지 못했더라도 엄마나 아빠가 강제적으로 장소를 정해 휴가를 떠날 수도 있다. 하지만 진심으로 동의하지 않은 다른 가족들은 잔뜩 마음이 상한 채로 휴가를 갈 것이고, 그렇게 강압적으로 떠난 휴가가 즐거울 리 없다. 강압적으로 일을 추진한 사람도 다른 사람들이 지지를 해 주지 않고 뿌루퉁한 얼굴로 마지못해 휴가를 간다면 마음이 상할 수밖에 없다.

일보다 사람이 더 중요하다. 일, 즉 실천으로 연결되지 않는 토론이 의미가 없듯이, 일을 추진하는 대신 사람을 잃는다면 차라리 일을 포기하는 것이 낫다. 그만큼 토론에서는 관계를 중요시한다.

관계는 어느 한쪽의 노력만으로는 형성될 수 없다. 모두가 함께 노력해야 한다. 토론을 할 때 상대방의 마음이 상하지 않도록 주의하면서 자신의 논리로 상대방을 설득해야 한다. 또한 토론으로 얻은 결론이 설령 자기의 생각과 차이가 있더라도 이를 수용하고 함께 실천하려는 자세가 필요하다. 아이들에게 토론을 가르칠 때 제일 먼저

---

* 토론에서 이야기하는 실천성에는 두 가지가 있다. 하나는 사회적 실천성이고, 다른 하나는 역사적 실천성이다. 사회적 실천성은 혼자가 아닌 다른 사람들과 함께 하는 실천을 의미한다. 혼자 하는 것보다는 조금 못하더라도 둘이 하는 게 더 실천적이다. 역사적 실천성은 한 번 하고 끝나는 것이 아니라 두 번, 세 번, 네 번 후대에까지 지속적으로 실천하는 것을 의미한다. 실천성은 다른 말로 '지지'를 얻어내는 것을 의미한다. 정말 사람들의 지지를 끌어낸다면 사람들은 자발적으로 실천에 동참한다.

알려주어야 할 것이 이런 자세가 아닐까?

이름을 기억하고 불러주는 것이 중요하다

나는 토론 강좌나 연수를 진행할 때 꼭 자기소개를 하고 서로의 이름을 기억하는 시간을 갖는다. 일명 '이름 기억하기' 프로그램이다. 보통 강좌나 연수에 참여한 사람들은 서로 연관이 없는 경우가 많다. 처음 본 사람들의 이름을 한 번 듣고 기억하기란 결코 쉬운 일이 아니다. 사람 수가 적을 때는 그래도 괜찮은데, 5~6명만 넘어가도 이름 기억하기가 만만치 않다. 금방 외웠는데도 기억이 나지 않아 대부분 곤혹스러워한다.

그럼에도 고집스럽게 다른 사람들의 이름을 기억하도록 하는 것은 이름을 기억하고 불러주는 것이 상대방에 대한 관심을 표현하는 첫걸음이기 때문이다. 사람들은 상대방이 내 이름을 기억하고 불러준다는 것만으로도 친근함을 느낀다. 내 이름을 기억하고 있다는 것만으로 그 사람에게 자신이 특별하고 소중한 사람이라 믿는다.

한겨레 문화센터에서 토론 강좌를 할 때의 일이다. 고등학교 1학년 때 강좌를 한 번 수강하고, 강좌를 더 듣고 싶어 고등학교 2학년 때 재수강을 신청한 학생이 있었다. 그 학생이 재수강을 하면서 어느 날 나에게 이런 이야기를 했다.

"선생님이 조언해 주신 대로 친구들의 이름을 기억해서 쉬는 시간에, 집에 갈 때 불러 주었더니 반장이 되었습니다."

그 학생은 새 학기가 시작된 지 불과 일주일 만에 생전 처음으로 반장이 된 것이다. 이처럼 상대방의 이름을 기억해주면 상대방도 내 이름을 기억하고 관심을 갖는다. 요즘은 초등학교 아이들의 반장 선거도 상당히 치열하다. 선거전이 과열되면 부모까지 나서서 반 아이들에게 간식을 돌리는 일까지 있다고 한다. 어른들의 좋지 않은 선거전을 따라 하게 만들 필요가 없다. 아이에게 열심히 친구들의 이름을 기억하고 불러주라고 말해 주기만 하면 된다. 아이들도 상대방의 진심을 파악할 수 있는 능력이 있다. 맛있는 간식을 사 주며 환심을 사거나 자신의 이름을 기억하게 하는 것보다 더 중요한 것은 친구들의 이름을 불러주는 것이다. 반장이 되는 비결은 자신의 이름을 알리는 것이 아니라 다른 사람들의 이름을 기억하는 데 있다.

관심을 가지면 이름을 기억하기도 쉽다. 이름이 잘 외워지지 않는 것은 이름을 기억할 의지가 없기 때문이다. 어떤 선생님은 나의 토론 강좌를 들은 후 새 학기를 맞아 자신이 맡은 반의 학생들과 시간을 내서 이름 외우기를 했다고 한다. 시작할 때는 과연 아이들의 이름을 잘 외울 수 있을지 걱정을 많이 했다. 하지만 불과 30분 만에 모든 아이들의 이름을 외웠고, 아이들도 서로의 이름을 다 기억할 수 있게 되었다. 이후 친밀감이 두터워졌고 수업 분위기가 좋아졌음은 두말할 것도 없다.

좋은 관계를 형성한 후 토론을 하면 토론이 훨씬 잘된다. 기본적인 친밀감과 신뢰가 있기 때문에 상대방이 논리적으로 공격을 해도 마음이 상할 위험도 작다. 논리적인 오류를 지적받았을 때 솔직하게 인정하고 받아들이기도 쉽다. 따라서 토론을 할 때는 꼭 함께 토론할 사람들의 이름을 기억하고 불러 주는 것이 중요하다.

20번의 악수는 서로의 마음을 열게 한다

토론을 할 때 이름 외우기와 함께 또 내가 꼭 하는 것이 있다. 바로 '악수'다. 악수는 나의 일상이다. 토론을 할 때가 아니더라도 나는 사람들을 만나면 악수를 즐겨 한다. 악수를 많이 할수록 서로의 마음을 열고 돈독한 관계를 형성할 수 있다고 믿기 때문이다.

악수는 스킨십 중 하나다. 아이를 키워 본 부모라면 스킨십의 중요성을 잘 알 것이다. 아이는 부모와의 스킨십을 먹고 자란다. 스킨십이 부족하면 아이는 부모의 사랑을 느끼지 못해 정서적으로 불안정한 아이로 자라기 쉽다. 특히 아이가 부모에게 전적으로 의지해야 하는 유아기에 스킨십의 역할은 더욱 중요하다. 이 시기에 얼마나 스킨십을 많이 했느냐가 아이의 평생을 좌우할 정도로 아이에게 미치는 영향이 아주 크다.

사람들 간 관계에서도 스킨십은 서로에 대한 애정과 관심을 확인할 수 있는 좋은 매개체 역할을 한다. 설령 관심이 없었더라도 스킨십을 자주 하다 보면 관심이 생긴다. 믿기지 않는다면 직접 실험을 해 봐도 좋다. 처음 만난 사람과 20번만 악수를 해보자. 손을 잡고 서로의 체온을 느끼는 동안 한결 친밀해지는 느낌을 받을 수 있을 것이다.

악수를 청한다는 것은 관심을 표현하는 것과 다름없다. 하지만 잘못되거나 과한 스킨십은 오해를 불러일으키기 쉽다. 그래서 가장 부담이 작으면서도 마음을 전달할 수 있는 악수가 관심을 표현하는 스킨십으로 무난하다.

악수를 하거나 손을 맞잡고 마음을 전하는 것만으로도 토론을 하는 데 필요한 기본적인 친밀감을 형성할 수 있지만 아이와의 스킨십은 더 적극적이어도 좋다. 생각보다 우리나라 부모들은 스킨십에 인색하다. 아이가 아주 어렸을 때는 많이 안아 주고 쓰다듬어 주다가도 아이가 크면서 점점 스킨십을 하는 횟수가 줄어든다. 물론 아이들이 싫어하기 때문에 스킨십을 하고 싶어도 할 수가 없다고 말하는 부모도 있을 것이다. 그럴 수도 있지만 아이들이 스킨십을 거부한다면 결국 부모 책임이다. 어떤 이유에서든 부모에게 거리감을 느끼기 때문에 스킨십을 불편해하는 것이기 때문이다.

자녀와 함께 토론 공부를 하고 싶다면 관계부터 회복해야 한다. 가뜩이나 부모와 자녀의 관계는 수평적이지 않은데 친밀감과 신뢰감마저 없다면 토론을 제대로 하기가 어렵다. 지금부터라도 시간이 날 때마다 머리를 쓰다듬어 주거나 가벼운 포옹을 하거나 뽀뽀를 해 주는 등 다양한 방법으로 스킨십을 시도해 보기 바란다.

코로나 이후, 시대가 바뀌어 악수 같은 스킨십을 하기가 참으로 어려운 시대에 살고 있다. 또 잘 모르는 사이의 경우 처음부터 악수를 하기란 쉽지 않다. 이럴 경우 조금 낯간지럽고 어색하더라도 하이파이브를 권하고 싶다. 서로 오른손 손바닥을 높이 부딪히며 하이 파이브라고 외치거나, 왼손 손바닥을 낮게 부딪히며 로우 파이브를 외치면 어색함을 해결하는 데에 도움이 된다. 양손의 손바닥을 높게 부딪히며 하이 텐이라고 외쳐도 좋다. 소통은 서로의 어색함을 깨는 데에서 시작한다.

02

학교 수업이 재미없다면 '듣는 연습'이 부족하기 때문

읽는 방식이 쓰는 방식을 결정한다.
듣는 방식이 말하는 방식을 결정한다.

초등학교 6학년 해민이 엄마는 요즘 고민이 많다. 넉넉지 않은 형편에도 해민이를 잘 키우려고 허리띠를 졸라매고 학원에 보내는데, 기대한 만큼 해민이의 성적이 오르지 않기 때문이다. 학원에서 선행학습을 하고 학교에서 또 배우면 훨씬 공부하기가 수월할 텐데, 왜 성적이 오르지 않는지 이유를 알 수 없다. 그렇다고 한참 예민할 때라 다그치면 더 엇나갈까 조심스러워 혼자 애만 태우며 살았다. 그러던 중 우연히 해민이와 대화를 하다 궁금증이 풀렸다.

"학교 수업이 재미가 없어요."
"그래? 왜 그럴까?"

"학원에서 다 배운 내용을 또 들으려니까 지루해 자꾸 졸려요."

"그래서 수업 시간에 졸 때도 있니?"

"음…… 네……. 솔직히 선생님 말씀이 자장가처럼 들려요. 학원에서 들었던 내용이라 생각하면 더 귀에 안 들어와요."

공부를 잘하려면 '듣기'를 잘해야 한다. 똑같은 수업을 듣고 공부하는데, 어떤 학생들은 공부를 잘하고 어떤 학생들은 못하는 이유는 다 '듣기'에 있다. 공부를 잘하는 학생들은 이미 아는 내용이라도 학원에서 배운 것과 선생님이 가르치는 내용이 어떻게 다른지 비교하고, 몰랐던 새로운 내용이 나올까 귀를 쫑긋 세우고 열심히 듣는다. 그렇게 열심히 듣기 때문에 공부를 잘하는 것이다. 그런데 해민이가 학원에서 배웠다고 수업 시간에 듣지를 않으니 성적이 오르지 않는 것은 당연했다.

공부를 잘하려면 듣기를 잘해야 하는 것처럼, 토론을 잘하려면 우선 '듣기'부터 잘해야 한다. 토론을 잘 모르는 사람들은 토론자들이 막힘없이 논리적으로 자기 생각을 이야기하는 것만 부러워한다. 대부분 그렇게 말을 잘하려면 '듣기'를 잘해야 한다는 것을 모른다.

미국의 제33대 대통령 해리 트루먼과 관련된 일화다. 하루는 대통령이 백악관으로 공군 참모총장을 불렀다. 회의할 때 말하는 사람은 대통령이었고, 공군 참모총장은 듣기만 하면서 그저 반응만 보였다. 회의가 끝나고 공군 참모총장이 방을 나가자 대통령이 옆에 있던 비서에게 그는 대단히 말을 잘하는 사람이라고 칭찬했다. 그때 비서가 "그는 듣기만 하고 말은 전혀 안 하지 않았습니까?"라고 물었다. 그러자 대통령은 "듣기를 잘하는 사람은 말을 잘하는 사람"이라고 대답했다.

트루먼은 일찌감치 듣기를 잘해야 말도 잘할 수 있다는 것을 알았던 모양이다. 그런데 아직까지 '듣기'의 중요성을 모르는 사람들이 너무나도 많다. 자녀가 말을 잘할 수 있도록 웅변 학원이나 스피치 학원을 보내면서도 정작 듣기를 잘해야 한다고 가르치는 부모는 거의 없다.

내 아이가 토론을 잘하기를 원한다면 말하기보다 경청하는 법부터 가르쳐야 한다. 그래야 제대로 토론을 배울 수 있다.

듣는 태도를 보면 토론의 수준이 보인다

대학에서 강의를 한 후 학생들에게 무슨 내용을 들었는지 물어보면 그 답은 천차만별이다. 강의 내용을 거의 기억하지 못하는 학생들도 있고, 사소한 부분까지 놓치지 않고 기억하는 학생들도 있다. 하지만 대부분은 전체를 기억하지 못하고 과음을 하고 필름이 끊어진 사람처럼 토막토막 일부 내용만 기억한다.

왜 이런 차이가 생기는 걸까? 듣는 태도가 달랐기 때문이다. 듣는 태도는 크게 일곱 가지로 구분할 수 있다.

1. 아예 무시하기
2. 듣는 시늉하며 건성으로 듣기
3. '찰떡'같이 말했는데 '개떡'같이 잘못 알아듣기
4. 선택적으로 골라 듣기
5. 비판적으로 듣기
6. 열린 마음으로 공감하며 듣기
7. 차이와 관계를 이해하고 전체적인 흐름 속에서 자신의 말까지 듣기

1번. '아예 무시하기'는 TV 토론에서 자주 보이는 유형이다. 다른 사람의 말을 들을 생각도 하지 않고 자기가 하고 싶은 말만 계속 반복해서 이야기하는 모습을 보고 있노라면 내 얼굴이 화끈해질 정도다. 토론을 배우려면 모범적인 토론의 과정을 지켜보는 것이 좋다. 부모들이 자녀들과 가장 쉽게 볼 수 있는 토론이 'TV 토론'인데, 토론의 모범과는 거리가 먼 왜곡된 모습만 주로 보여줘 안타깝다. 혹 아이와 함께 TV 토론을 보다 상대방 말을 무시하고 아예 듣지 않는 경우가 있다면 그것이 토론의 정석이 아님을 꼭 지적해 줬으면 좋겠다.

2번. '듣는 시늉하며 건성으로 듣기'도 '아예 무시하기' 못지않게 잘못된 듣기 태도다. 이러한 태도는 전화 통화에서 종종 볼 수 있다. 얼굴이 보이지 않아 상대방이 모를 것이라 착각해서일까? 상대의 말

이 끝나지 않았는데도 계속해서 "예예, 예예……"를 연발하는 사람이 많다. 이런 식의 대답은 상대방을 불쾌하게 만들 뿐이다.

생각보다 이런 유형의 사람들이 많다. 강의를 할 때도 종종 이런 사람들을 만난다.

"제가 하는 이야기 이해하셨나요?"

"예, 예."

"제가 하는 이야기 잘 모르시겠어요?"

"예, 예."

"어떤 부분이 잘 이해가 되지 않나요?"

"예, 예."

자신은 대답을 했다고 생각하겠지만 이런 대답은 안 하니만 못하다. 차라리 아무런 반응을 하지 않는 것보다 더 마음을 상하게 하는 대답이다.

3번. '찰떡'같이 말했는데 '개떡'같이 잘못 알아듣는 사람들도 많다. 이는 듣는 사람의 인식 능력과 관련이 있다. 듣고 이해하는 수준이 낮아 상대방이 잘 이야기를 했는데도 잘 이해하지 못하는 경우다. 토론을 할 때 아예 듣지를 않거나 건성으로 듣는 것도 토론을 방해하는 걸림돌이지만, 인식 능력이 떨어져 잘못 알아들으면 그것만큼 난감한 일도 없다. 아무리 잘 설명해도 이해를 하지 못하고 엉뚱한 소리를 하면 토론 자체가 불가능할 수도 있다.

4번. '선택적으로 골라 듣기'를 하는 사람들도 많다. 일부러 골라 듣는다기보다는 자기도 모르는 사이에 듣고 싶은 것만 듣는다고 하는 것이 맞을 것이다. 어찌 보면 자연스러운 현상이기도 하다. 이별의 아픔에 빠져 있을 때 전에는 들리지 않던 이별 관련 노래가 귀에 쏙쏙 들어오는 경험을 한 적이 있을 것이다. 아이들도 공부하란 이야기를 할 때는 한 귀로 듣고 한 귀로 흘리다가도 "우리 오늘 패밀리 레스토랑에서 외식할까?", "올해 생일 선물로 뭘 갖고 싶니?"와 같은 질문을 하면 조그맣게 이야기해도 귀신같이 알아듣는다. 관심사와 관련된 이야기가 더 귀에 잘 들어오는 것은 당연하다. 하지만 토론을 할 때는 자기가 듣고 싶은 이야기만 골라 들으면 안 된다. 조금 더 귀를 활짝 열고 상대방의 이야기를 놓치지 않으려 노력할 필요가 있다.

5번. '비판적으로 듣기'는 토론을 할 때 일정 부분 필요하다. 상대방 말의 진위를 제대로 파악하지 못하고 무조건 있는 그대로 들으면 큰 낭패를 볼 수 있다. 하지만 비판적인 듣기를 자칫 잘못하면 자신의 잣대로만 판단하며 전체를 보지 못하거나, 1개의 잘못을 보느라 다른 9개를 놓칠 우려가 크다. 비판적으로 들으면서도 전체의 맥락을 이해하고 객관적인 사실까지 왜곡해서 듣지 않도록 노력해야 한다.

그렇다면 어떻게 듣는 것이 잘 듣는 것일까? 듣기의 달인들은 6번과 7번을 권유한다. 6번. '열린 마음으로 공감하며 듣기'는 토론뿐만 아니라 다른 사람과 대화를 할 때 꼭 필요한 듣기 자세이다. 자녀와 대화할 때 열린 마음으로 아이의 이야기를 공감하며 들어 주기만 해도, 자녀와의 관계는 한결 돈독해질 것이다. 아이가 열린 마음으로 공감하며 듣기에 익숙해지려면 부모가 먼저 솔선수범해야 한다. 부모가 아이의 이야기를 무시하거나 비판적으로 들으며 공감해 주지 않으면 아이는 공감하며 듣는 방법을 배울 기회를 잃는다.

7번. '차이와 관계를 이해하고 전체적인 흐름 속에서 자신의 말까지 듣기'는 듣기의 최고 경지라 할 수 있다. 이런 경지에 오르려면 분석력, 종합력, 판단력을 갖추어야 한다. 전체를 이해하고, 그 속에서 나온 이야기들이 각각 어떻게 다르고, 서로 어떤 연관이 있는지를 분석하고, 종합하고, 판단할 때만이 가능한 듣기다. 따라서 아이에게 7번의 듣기 방법을 연습시키려면 분석력과 종합력과 판단력을 키워 주어야 한다. 이 경지에 이르면 토론의 달인이 되는 것은 시간문제다.

전체 속에서 자신의 말까지 듣기란 쉬운 일이 아니다. 나에게도 아픈 경험이 있다. '100분 토론'하면 자동으로 손석희 씨가 떠오르지만, 손석희 씨 이전에도 유시민, 정운영 씨 등이 100분 토론을 진행했다. MBC에서 100분 토론 프로그램을 만들면서 사회자를 뽑을 때 나도 오디션을 보았다. 당시 나는 원탁토론 운동에 몰두할 때였기 때문에 방송에 큰 관심도 없었고, 토론 프로그램 사회자의 중요성도 잘 몰랐다. 그래서 오디션 준비를 충실히 하지 못한 채로 오디션에 임했다.

생방송으로 진행하는 오디션이었다. 현직 장관과 국회의원을 모시고 토론을 진행했는데, 준비가 부족한 것이 티가 났다. 훌륭한 토론 사회자가 되려면 차이, 관계와 전체적인 흐름 속에서 자신의 말까지 들을 수 있어야 하는데, 준비가 부족한 탓에 사회를 만족스럽게 보지 못했다.

토론을 진행하다 잠시 휴식 시간에 우연히 천장을 올려다본 나는 깜짝 놀랐다. 방송 현장 윗층에서 방송국장이 우리를 내려다보고 있었던 것이다. 그는 위에서 토론이 진행되는 전체 과정을 살피면서 동시에 모니터를 통해 사회자, 토론자들의 일거수일투족을 지켜보고 있었다. 나 자신도 알 수 없는 나의 모습을 누군가가 지켜보고 있었다는 것은 충격이었다. 동시에, 준비가 부족한 채로 토론을 진행하던 나의 모습이 떠올라 부끄러움을 느꼈다. 그때 이후, 어떤 토론을 하든 나 자신도 볼 수 있을 정도로 철저히 준비를 하려고 노력한다. 진정으로 좋은 토론이 되기 위해서는 진행 전반은 물론이고 자기 자신까지 돌아봐야 할 줄 알아야 하는 것이다.

귀는 열어두고 눈으로 듣는다

듣기를 귀로만 하는 사람들이 있다. 아이들도 그렇다. 부모라면 열심히 이야기하는데, 아이가 쳐다보지도 않고 딴짓을 해 울화통이 터진 경험이 있을 것이다. 듣는 사람이 자신을 쳐다보지 않으면 왠지 무시당하는 기분이 든다. 화가 나서 "넌 대체 얘기를 듣는 거야, 마는 거야. 지금까지 엄마가 무슨 얘기 했어?" 다그치기도 한다. 그럴 때 정말 듣지 않아 아무 대답도 못하는 아이들이 있는 반면, 어떤 아이는 정확하게 토씨 하나 빼놓지 않고 이야기를 듣고 있었음을 증명한다. 어떤 경우든 이미 상할 대로 상한 부모의 감정은 쉽게 누그러지지 않는다. 아예 듣지 않은 것 못지않게 불량한 자세로 듣는 것도 상대방의 기분을 상하게 하기는 마찬가지다.

경청은 귀로만 해서는 안 된다. 눈으로도 들어야 한다. 말하는 사람과 눈을 맞추며 들어야 경청이라 할 수 있다. 또한 상대방을 보면서 들어야 더 잘 들린다. 고개를 숙이거나 옆으로 돌리면 듣는 사람의 귀의 방향이 말하는 사람의 입과 연결되지 않아 제대로 들을 수 없기 때문이다. 영어를 배울 때도 입 모양을 보면 발음이 더 잘 들린다.

그런데 계속 말하는 사람의 눈을 쳐다보며 듣는 게 생각만큼 쉽지 않다. 토론 강좌를 할 때 참석자들을 둘씩 짝지어 서로 눈을 쳐다보라고 하면 대부분 어색해 5초를 견디지 못한다.

학생들 중에도 수업을 듣거나 대화를 할 때 눈을 어디에 두어야 할지 몰라 어려움을 겪는 사례가 많다. 수업 시간에 선생님과 눈을 마주치는 것이 부담스러워 선생님을 보고 열심히 수업을 듣다가도 눈이 마주치면 얼른 고개를 돌리는 학생들도 있고, 심지어는 집중해서 선생님을 보고 있노라면 얼굴에 경련이 일어나 아예 고개를 푹 숙인 채 귀로만 듣는다는 학생들도 있다.

말할 때의 시선 처리도 어렵지만 들을 때의 시선 처리는 더 어렵다. 편한 사이라도 말을 하거나 들을 때 눈을 어디에 두어야 할지 당황스러운 경우가 많고, 불편하거나 어려운 사이에서는 더 말할 것도 없다. 그래도 말을 할 때는 상대방의 눈을 쳐다보는 게 그나마 가능하다. 하지만 상대방과 눈을 맞추면서 이야기를 듣기는 정말 어렵다.

어떻게 하면 어렵지 않게 말하는 사람의 눈을 쳐다보며 이야기를 들을 수 있을까? 코밑이나 입 주변을 보면 된다. 그렇게 하면 상대방은 자신의 눈을 쳐다보고 있는 것처럼 느끼기 때문이다.

TV 뉴스를 보면 아나운서가 똑바로 앞을 응시하고 그 긴 뉴스를 막힘없이 술술 말한다. 시청자가 보기에는 아나운서가 뉴스를 다 외워 이야기하는 것 같지만 실제로는 정면에 설치된 프롬프터를 보고 읽는다. 프롬프터를 보고 읽으면서도 마치 시청자와 직접 눈을 맞추면서 자연스럽게 이야기하는 것처럼, 상대방의 코밑이나 입 주변을 쳐다보면 눈을 쳐다보는 것 같은 효과를 낸다.

상대방을 볼 때 눈동자를 두리번거리지 않는 것도 중요하다. 쳐다보면서 눈동자를 이리저리 굴리면 말하는 사람이 불안해한다. 집중력이 부족한 아이일수록 눈동자를 많이 굴리는데, 아이와 함께 다음과 같은 연습을 해 볼 것을 권한다.

우선 두 팔을 앞으로 쭉 뻗어 두 손바닥을 붙여 좌우로, 위아래로 최대한 움직이면서 손끝을 주시한다. 이런 연습을 하면 눈동자의 움직임에 안정감이 생긴다.

이 방법 외에도 시선 처리를 연습할 수 있는 방법은 많다. ①큰 종이에 큰 원을 그리고 난 후 그 가운데 찍은 점을 응시하기 ②거울 앞에서 자신의 두 눈썹 사이에 찍은 점을 계속 쳐다보기 ③자신이 쳐다보기 힘든 사람의 사진을 구해 눈썹 사이에 찍은 점을 주시하기 ④TV 뉴스를 보면서 앵커 얼굴을 뚫어지게 쳐다보기 등이 있다. 이때 눈이 부셔 눈물이 나면 눈을 감고 긴장을 푼 다음에 또다시 하면 된다.

지금까지 이야기한 시선 처리 방법은 '듣기'를 할 때뿐만 아니라 말을 할 때도 아주 유용하게 사용할 수 있다. 시간 날 때마다 아이와 함께 시선 처리 연습을 하면 아이가 한결 자신감 있게 대화나 토론에 임할 수 있을 것이다.

밑줄은 같다. 그러나 메모는 다르다

사람의 기억력에는 한계가 있다. 아무리 열심히 들어도 내용을 전부 기억하기는 불가능하다. 그래서 메모하는 습관이 중요하다. 메모하면서 듣는 것은 크게 두 가지 이점을 갖는다. 첫째, 열심히 메모하면서 듣는 모습은 상대방에게 자신의 이야기를 경청한다는 인상을 주게 되며, 둘째, 중요한 내용을 놓치지 않고 기록함으로써 나중에 다시 복습할 수 있어 유용하다.

하지만 단순히 모든 것을 받아 적는다고 해서 효과적인 메모가 되는 것은 아니다. 메모를 할 때는 핵심 내용만을 추려서 적어야 한다. 불필요한 부분은 제외하고 핵심 단어나 문구 위주로 기록하는 것이 진정한 메모의 기술이다. 예를 들면 이렇다. 한때 학원에서는 강사가 강의를 하고 아이들은 중요한 부분을 밑줄만 그으며 수업을 듣곤 했다. 아예 강사가 "밑줄 쫙"이라고 외치는 경우도 있었다. 이런 강의 방식은 아이가 강사의 말을 듣고 있어야 실행할 수 있는 행동이지만, 이것이 경청과는 약간 다르다는 것을 이해하는 것이 중요하다. 이런 수업 방식은 모든 사람이 동일한 부분에 밑줄을 긋게 할 수 있지만, 메모는 각자가 듣고 중요하다고 판단한 부분을 개인적으로 기록하는 것이므로, 사람마다 메모한 내용이 다를 수 있다. 이러한 차이는 메모가 가진 독특한 가치와 중요성을 보여준다.

말이 쉽지, 중요한 내용만 메모하기란 결코 간단치 않다. 중요한 내용만 메모하려면 어떤 내용이 중요한지 아닌지를 판단할 수 있어야 한다. 똑같은 수업을 듣고도 아이들이 메모한 내용을 보면 천차만별이다. 어떤 아이들은 선생님이 한 말을 토씨 하나 빼먹지 않고 다 적는다. 중요한 내용만 적으라고 해도 그러질 못한다. 이유를 물어보면 어떤 내용이 중요한지 몰라 일단 다 적고 본다는 것이다.

아예 메모하려는 노력조차 하지 않는 것보다는 어떻게든 메모하는 것이 낫겠지만, 듣는 대로 모조리 메모하는 것은 공부를 하는 데도, 토론을 하는 데도 별 도움이 되지 못한다. 무조건 다 메모하려 들면 손이 지나치게 바빠지면서 듣기를 놓치기 십상이다. 중요한 내용과 그렇지 않은 내용이 뒤죽박죽되어 있으면 다시 봐도 무엇을 들었는지, 어떤 내용이 중요한지 알기가 어렵다.

메모는 손으로 하는 것 같지만 사실은 머리로 하는 것이다. 귀로 들은 내용을 머릿속에서 정리해 손으로 전달되는 것이 메모다. 머릿속에서 내용을 이해하고, 어떤 내용이 중요한지 판단할 수 있어야 진정한 메모가 가능하다. 더군다나 듣고 이해하고 손으로 적는 과정이 거의 동시에 이루어져야 하기 때문에, 메모의 달인이 되기는 쉽지 않다. 이해력과 판단력이 좋은 아이들이 메모도 잘하고, 공부도 잘하는 것은 우연이 아니다.

공부를 할 때는 물론, 토론을 할 때도 메모는 필수다. 토론에서 나오는 중요한 내용을 놓치지 않기 위해서도 메모가 필요하지만, 또 다른 중요한 이유가 있다. 메모를 하지 않고 들으면, 듣기에 충실하기 어렵다. 듣다가 반박하고 싶거나 자기 생각을 이야기하고 싶어 자기 차례가 아닌데도 끼어들게 되거나 중요한 내용이 나오면 잊어버리지 않으려고 애쓰다 보니 다른 말을 놓치게 된다. 이처럼 자기가 말하고 싶거나 딴 생각을 하거나 딴전을 피울 때는 상대방의 이야기가 잘 들리지 않는다. 메모를 하면 이런 위험성을 대폭 줄일 수 있다. 중요한 내용을 다 메모해 둔 상태에서는 시간이 지난 후에도 앞에서 했던 이야기를 잊어버리지 않고 조목조목 논리적으로 반박할 수 있기 때문이다.

토론을 할 때 메모하는 방법은 두 가지가 있다. 첫째는 A4 용지에 발언자별로 미리 칸을 나누어 놓고 기록하는 것이고, 둘째는 발언 순서에 따라 발언자의 이름과 발언 내용을 기록하는 것이다.

발언자 이름	발언자 A	발언자 B	발언자 C	발언자 D
포인트 메모				
내 생각				

발언자별로 미리 칸을 나누어 놓고 메모하는 방식

발언자	포인트	내 생각

발언자 순으로 발언자 이름과 내용 메모

꼭 발언자의 이름까지 적어야 하느냐고 묻는 사람들이 있다. 전체적으로 어떤 이야기가 나왔는지 정확하게 파악하는 것도 중요하지만, 누가 어떤 이야기를 했는지도 알아야 한다. 예를 들어 토론을 할 때 "앞에서 어느 분이 이야기했는지는 모르겠지만, 저는 그 의견에 반대합니다" 혹은 "발언자 A 아니면 발언자 B분이 이야기한 것 같은데……"와 같이 이야기한다면 어떨까? 제대로 듣지 않았다는 것이 그대로 드러난 상태에서 어떤 이야기를 해도 이미 설득력을 상당 부분 잃고 만다. 남의 말을 잘 듣지도 않고 말하는 사람의 이야기를 귀 기울여 들을 사람은 그리 많지 않다.

다른 사람의 이야기를 들으면서 그때그때 스쳐 지나가는 자기 생각도 간단하게 메모해 두는 것이 좋다. 그렇게 하면 자신의 차례가 되었을 때 하고 싶었던 이야기를 놓치지 않고 침착하게 할 수 있다. 자신의 생각을 메모하지 않으면 어떤 일이 생길까? 보통 자신의 생각을 잊어버리지 않으려고 애쓰느라 다른 사람의 말을 경청하지 못하게 된다. 아니면 자신의 생각을 잊어버리지 않으려 끼어들기 때문에 토론이 겉돌게 된다.

핵심적인 내용만 추려 메모하는 수준에 이르려면 시간이 필요하다. 아이들의 사고력이 향상되면서 어느 정도는 메모하는 실력도 늘지만, 처음부터 진정한 메모가 어떤 것인지를 염두에 두고 노력하면 더 빨리 메모의 달인이 될 수 있다.

맞장구는 말하는 사람을 춤추게 한다

TV 토크쇼 프로그램을 보면 진행자가 출연자가 이야기할 때마다 고개를 끄덕이거나 "아, 그렇군요"라고 적절한 추임새를 넣으며 듣는 모습을 볼 수 있다. 방청객의 리액션은 더 크다. 재미있는 이야기를 하면 자지러질듯 박장대소를 하기도 하고, 감동적인 이야기를 하면 온몸으로 감동을 받았음을 표현한다.

상대방의 이야기를 들을 때 적절히 맞장구를 치면서 들으면 소통이 더 잘된다. 맞장구는 상대방의 이야기를 잘 듣고 공감한다는 일종의 표현이다. 말을 할 때 상대방이 아무런 반응이 없으면 그것만큼 곤혹스러운 일도 없다.

아무리 말을 잘하는 사람도 사람들이 반응을 보이지 않으면 당황하기 마련이다. 내가 아는 유명한 강사가 있다. 말도 재미있게 하고, 핵심을 콕콕 집어내면서 강의를 하기 때문에 강의가 지루할 새가 없다. 그의 강의를 듣는 사람은 웃고 울면서 그의 강의에 빠져든다. 그런 그에게도 가슴 아픈 기억이 있다. 어느 기업체의 고위 간부들을 대상으로 강의를 하는데, 점잖은 분들이라 그런지 도통 반응이 없었다고 한다. 강의를 하는 내내 입을 꾹 다물고, 의자 깊숙이 등을 기댄 채 아무런 반응을 보이지 않았다. 재미있는 이야기를 해도, 감동적인 이야기를 해도 다문 입은 그대로였고, 표정 하나 변하지 않았다. 그렇게 5분, 10분 시간이 흐르면서 그는 초조해지기 시작했고, 이후로는 어떻게 강의를 했는지 기억조차 나지 않는다고 했다.

상대방의 이야기를 경청하는 것만으로는 부족하다. 잘 듣고 있다는 것을 구체적으로 보여 주어야 말하는 사람이 신이 나서 더 열심히 이야기한다.

맞장구를 치는 방법은 여러 가지다. 구체적으로 소개하면 다음과 같다.

---

1. 고개 끄덕임
2. 표정 반복
3. 적절한 감탄사
4. 단어 반복
5. 문장 반복
6. 가벼운 질의
7. 화자가 적절한 용어를 찾지 못했을 때 말해주기
8. 해석

먼저 1번. 고개를 끄덕이는 것은 가장 기본적인 맞장구다. 하지만 조심스럽게 해야 한다. 무조건 고개를 많이 끄덕여준다고 다 좋은 것은 아니다. 너무 자주 고개를 끄덕이면 경박해 보일 수도 있고, 진정으로 공감하지 않고 건성으로 상대의 말을 듣는다는 느낌을 줄 수 있다.

그다음 2번. 표정을 반복하는 것은 말하는 사람의 감정을 따라 하는 형태의 맞장구다. 상대방이 웃으면서 이야기하면 함께 웃고, 진지하게 말하면 진지한 표정을 하고 듣는 것이다. 이 또한 고개를 끄덕이는 것처럼 너무 자주 시도하면 역효과가 날 수 있으므로 적절히 조절하도록 한다.

3번. 적절한 감탄사도 훌륭한 맞장구 역할을 한다. "아, 그렇군요", "저런", "맞아, 맞아" 등의 감탄사는 일종의 추임새처럼 말하는 사람의 신명을 돋운다. 하지만 감탄사를 남발하거나 너무 큰 소리를 내면 오히려 역효과가 날 수 있다. 감탄사는 주변 사람들만 들릴 수 있을 정도로 조그맣게, 마음을 실어서 하는 것이 좋다.

4번과 5번. '단어'나 '문장'을 반복하는 것도 맞장구를 치는 한 방법이다. 예를 들어 아이가 친구와 싸워 "난 지금 너무 속상하고 화가 나"라고 말할 때 "속상하고 화가 나는구나"라고 반복해 주면 아이는 공감을 받았다고 생각해 마음을 열고 더 많은 이야기를 하게 된다. 훌륭한 카운슬러는 단어나 문장을 반복하는 것만으로도 내담자에게서 많은 말을 끌어낼 수 있다.

6번. '가벼운 질의'도 적절히 사용하면 훌륭한 맞장구 역할을 한다. 질의란 사실을 확인하기 위한 질문을 말한다. 부연 설명이나 의견을 요하는 질문은 이야기의 흐름을 방해할 수 있으므로 조심해야 한다. 7번. 화자가 적절한 용어를 찾지 못했을 때 말해 주기도 아주 중요하다. 8번. 해석은 의사소통이 어느 정도 진전되거나 신뢰가 형성된 경우가 아니라면 피하는 것이 좋다. 자칫 잘못하다가는 말을 곡해했다고 화자가 이의를 제기할 수 있기 때문이다.

지금까지 소개한 맞장구는 주로 대화를 할 때 사용할 수 있는 방법이다. 대화와 달리 공식적 토론에서 자신에게 발언 기회가 주어지지 않은 경우 맞장구라면 고개를 끄덕이고 표정을 반복하는 데에 그쳐야 한다. 맞장구는 말하는 사람보다 작게, 낮게, 짧게, 그리고 반 박자 늦게 적절한 시기를 놓치지 않고 쳐야 한다. 그래야 흐름과 리듬을 타는 좋은 맞장구가 된다.

아이에게 맞장구를 치는 방법을 알려주기 전에 부모가 먼저 아이에게 맞장구를 쳐 줄 것을 권한다. 고난도의 맞장구 기술도 필요 없다. 고개를 끄덕이거나 아이의 표정을 반복하거나 "아 그렇구나!" 감탄사를 말하는 것만으로도 아이는 부모가 자기편임을 굳게 믿고 마음을 활짝 연다. 충분한 사랑을 받고 자란 아이가 다른 사람을 사랑하게 되듯이 부모의 적절한 맞장구를 받으며 자란 아이는 저절로 맞장구를 치는 방법을 터득한다. 듣기 요령은 다음과 같다.

---

1. 쳐다보면서 듣는다.　　3. 맞장구치면서 듣는다.
2. 메모하면서 듣는다.　　4. 생각하면서 듣는다.

이 네 가지만 명심하면 누구나 듣고 사고하는 데에 달인이 될 것이다.

전화 통화하면서 메모하면 토론 실력이 쑥쑥

 토론을 잘하려면 경청과 메모를 잘해야 한다. 일상생활에서 경청과 메모하는 연습을 할 수 있는 좋은 방법이 있다. 바로 전화 통화를 하면서 듣고 말한 내용을 메모하는 것이다. 요즘 아이들은 전화 통화보다는 문자로 하는 소통을 선호한다. 문자 소통은 타이핑 실력을 늘리는 데는 도움이 될지 몰라도 토론 실력을 키우는 데는 큰 도움이 되지 못한다. 상대방의 목소리를 들으면서 대화를 할 때 조금 더 입체적인 소통이 가능하다.
 전화 통화 내용을 메모하려면 상대방 이야기를 경청해야만 한다. 전화 통화를 할 때는 오직 귀로만 상대방의 이야기를 들어야 하기 때문에 집중을 하지 않으면 메모를 할 수 없다. 따라서 통화 내용을 메모하다 보면 경청하는 습관이 저절로 몸에 붙고, 메모 실력도 늘어 토론을 하는 데도 도움이 된다.

03

사고력과 창의력은 질문에서 시작된다

성격, 성질, 성깔, 인격, 인품은 말로 나타난다.
말하는 태도를 보면 인성을 알 수 있다.

초등학교 1학년 아이가 스마트폰을 사 달라고 부모를 조른다. 벌써 꽤 오래전부터 이야기를 했는데 부모는 꿈쩍도 안 한다. 어느 날 부모가 떼를 쓰는 아이에게 말한다.

"왜 스마트폰이 필요한지 엄마, 아빠를 설득하면 사 줄게."

아이는 최대한 논리적으로 스마트폰의 필요성을 피력하려고 애를 쓴다.

"요즘 스마트폰 없는 애는 저밖에 없어요. 스마트폰이 없으니까 친구들이랑 연락도 잘 안 되고 놀지도 못해요. 그리고 요즘에는 스마트폰으로 유튜브도 많이 보는데, 스마트폰이 없으니까 보고 싶은 영상을 바로 확인할 수가 없어서 불편해요."

"그래? 연락은 꼭 스마트폰으로 해야 하니? 중요한 연락이면 우리 집에는 집전화가 있으니까 그걸로 해도 될 텐데. 그리고 유튜브도 컴퓨터를 보거나 엄마, 아빠 거 잠깐 빌려서 보면 되지 않아?"

"……"

부모의 질문에 딱히 대답할 말이 없어 아이는 입을 다문다. 왜 스마트폰이 필요한지에 대해서는 아이 수준에서 나름 잘 이야기했지만 완패다.

만약 아이가 부모처럼 질문을 하는 방식으로 이야기를 했다면 어떨까?

"왜 스마트폰을 안 사 주시려고 하는 거예요?"

"스마트폰 사 주면 그것만 붙잡고 있느라 공부를 소홀히 할까 걱정돼. 또 스마트폰으로 할 수 있는 게임들이 너무 많은 것도 걱정스러워."

"그럼 제가 공부 열심히 하고, 스마트폰으로 게임 안 하면 사 주실 거예요?"

"그렇게만 해준다면야 문제될 것이 없지만 너를 어떻게 믿어?"

"약속할게요. 만약 제가 약속을 못 지키면 그때 스마트폰을 압수해도 되지 않을까요?"

"……"

이번에는 부모가 말문이 막힌다. 차이는 뭘까? 이미 눈치를 챘겠지만, 질문을 주도한 사람이 상대방을 설득할 가능성이 크다. 물론 적절한 질문을 잘했을 때의 얘기다. 토론도 마찬가지다. 토론을 잘하려면 질문을 잘해야 한다. 문답형 토론은 말할 것도 없고 토의형 토론, 논쟁형 토론을 할 때도 질문을 잘해야 토론을 잘할 수 있다.

옛 성인들 중 빼놓을 수 없는 토론의 달인 중 하나가 바로 소크라테스다. 사실 소크라테스는 당시 가장 말을 잘하는 사람은 아니었다. 소크라테스보다 말을 논리정연하게 잘하는 사람은 많았다. 그런데 다른 동시대의 유명한 철학자들을 재치고 가장 뛰어난 토론의 달인으로 손꼽히는 이유는 뭘까? 질문을 잘했기 때문이다. 소위 소크라테스 문답법이다. 그만큼 토론에 있어 적절한 질문을 하는 능력은 아주 중요하다.

아이와 함께 토론을 연습하려면 부모와 아이 모두 질문을 잘하는 방법을 익혀야 한다. 질문의 힘은 엄청나다. 질문만 잘하면 애써 말을 많이 하지 않아도 토론이나 대화를 주도할 수 있다. 토론을 잘하는 사람치고 자기주장만 길게 이야기하는 사람은 없다. 토론 프로그램을 보면 찬반 양측이 질문과 대답을 주고받는 장면이 종종 나온다. 공정성을 위해 양측에게 동일한 시간을 주고 질문을 하거나 대답을 하도록 한다. 그런데 어떤 토론자는 질문할 시간에 질문은 하지 않고, 자기가 하고 싶은 이야기를 잔뜩 늘어놓다가 막판에 잠깐 질문을 던진다. 대부분 토론을 잘 할 줄 모르는 사람들이 그렇다.

질문은 토론뿐만 아니라 대화를 할 때도 중요한 역할을 한다. 질문을 어떻게 하느냐에 따라 상대방으로부터 많은 이야기를 끌어낼 수도 있고, 말문을 막히게 해 아무런 이야기를 못하게 할 수도 있다.

좋은 부모가 되려면 아이에게 질문을 많이 하고, 아이로부터 질문을 끌어낼 줄 알아야 한다. 부모의 질문에 답을 하고, 부모에게 질문하면서 아이의 사고력이 향상되고, 토론의 기본인 문답에 익숙해지면서 토론도 잘할 수 있게 된다. 여기에서 중요한 것은 부모가 너무 권위를 세워서도, 아이의 말을 마냥 들어주기만 해서도 안 된다는 것이다. 아이와 이야기를 할 때는 유연성과 권위가 조화를 이루어야 한다. 이는 변덕스럽게 바뀌어도 안 되고, 한쪽으로 편향되어서도 안 된다. 유연성과 권위가 깊고 넓게 있으면 이를 도량이라 한다.

경청만 해도 질문이 풍부해진다

질문을 잘하려면 경청부터 해야 한다. 상대방이 하는 이야기를 잘 듣기만 해도 무엇을 질문할지가 보인다. 물론 미리 질문을 잘 준비해놓고 그때그때 상황에 맞는 질문을 하면 더 좋다. 하지만 상대방에 대해 전혀 아는 것이 없다고 해도 경청을 하면 질문을 할 수 있다.

경청은 관심이다. 관심은 궁금증을 유발한다. 좋아하고 관심이 있는 수업을 들을 때는 누가 강요하지 않아도 스스로 열심히 듣는다. 수업을 들을수록 더 알고 싶은 욕심이 생겨 선생님께 활발하게 질문도 한다. 사람을 만날 때도 마찬가지다. 미팅에 나갔을 때 상대방이 영 마음에 들지 않으면 아무것도 묻고 싶지가 않다.

"형제는 몇 명인가요?"

"부모님은 무슨 일을 하시나요?"

예의상 마지못해 평범한 질문들만 몇 개 던지고 어떻게든 빨리 자리를 뜨고 싶어 안달한다.

상대가 마음에 쏙 드는 사람이라면 이야기가 달라진다. 알고 싶은 게 너무 많다. 좋아하는 음식은 무엇인지, 꿈이 무엇인지, 좋아하는 이상형은 어떤지……. 궁금한 것이 꼬리에 꼬리를 물고 이어진다. 상대방의 대답에도 저절로 귀를 기울이게 된다. 관심이 없을 때는 질문을 하고도 한 귀로 듣고 한 귀로 흘리지만 관심이 있는 상대의 얘기라면 어느 것 하나 놓치지 않으려고 집중한다.

상대방의 이야기를 경청하다 보면 몰랐던 부분을 알게 되고 그만큼 질문도 더 풍부해진다. 아는 것이 없으면 질문을 하기가 어렵다. 아이가 어렸을 때는 부모가 아이들의 숙제나 공부를 도와주는 경우가 많다. 선생님이 하듯이 처음부터 끝까지 가르쳐 줄 수는 없으니 대개 아이들이 모르는 것을 질문하면 답해주는 식으로 도와주게 된다. 이때 아이가 질문을 하지 않는다고 모르는 것이 없다고 생각하면 오산이다. 질문이 없다는 것은 아는 것도 없다는 것과 같다. 아는 것이 많아야 그만큼 자기가 무얼 모르는지 알 수 있다. 경청-이해-질문의 선순환이 이루어지는 셈이다.

질문을 잘하기 위해 경청이 필요한 이유는 또 있다. 대화와 토론은 맥락 속에서 이루어져야 한다. 이야기의 흐름을 따라가면서 적절한 질문과 대답을 해야 하는데, 경청을 하지 않으면 흐름을 타기가 어렵다. 한 50대 여성에게 들은 이야기가 잊히지 않는다. 젊었을 때는 안 그랬는데, 친구들이 나이가 들면서 남의 이야기는 듣지 않고 자기 이야기만 줄기차게 한다며 씁쓸해했다. 남에게 관심을 갖기보다는 자기에게 관심을 갖기를 바라기 때문에 질문은 사라지고, 서로 자기가 하고 싶은 이야기를 미친 듯이 쏟아놓는다고 한다. 맥락조차도 없다. 화제가 전환돼 다른 이야기를 하고 있어도 못다 한 이야기가 있으면 자기 이야기를 하는 통에 대화가 피곤하고 짜증이 난다고 한다.

대화도 그렇지만 토론에서 맥락을 놓치면 그 토론은 잘될 수가 없다. 맥락과 상관없이 전혀 엉뚱한 질문을 하거나 주제의 흐름을 벗어나 엉뚱한 이야기를 한다면 토론이 제대로 진행되기 어렵다. 이런 불상사를 막기 위해서도 경청은 꼭 필요하다.

질문을 할 수 있는 기회가 필요하다

아이들이 어렸을 때는 끊임없이 질문을 해댄다. 특히 아이가 말을 배우고 본격적으로 세상을 보기 시작하면서부터 질문이 대폭 늘어난다. 하루 종일 눈에 보이는 것마다 가리키며 "이건 뭐야?", "저건 뭐야?"라고 질문한다. 아이로선 눈에 보이는 모든 것이 생전 처음 보는 것이니 궁금해 질문을 하는 것이 당연하다.

아이가 조금 더 크면 질문의 수준도 높아진다. 단순히 "이게 뭐야?", "저게 뭐야?"라고 질문하는 수준에서 벗어나 "왜?"라고 묻기 시작한다. 확실하게 대답해 줄 수 있는 질문이면 괜찮지만 아이들이 던지는 "왜?" 중에는 대답하기 어려운 것도 상당히 많다.

"하늘이 왜 파래요?"

"왜 물이 흘러가요?"

"왜 여름엔 덥고 겨울엔 추워요?"

어른들에게는 너무나 당연한 자연현상에 대해서도 "왜?"라고 묻고, 함께 동화책을 읽다가도 "왜 백설공주가 잠을 자고 있어요?", "왜 신데렐라는 12시가 넘으면 집에 가야 하나요?" 등 끊임없이 "왜?"를 연발한다.

그랬던 아이들이 초등학교에 입학하고, 학년이 올라가면서 점점 입을 다문다. 그래도 초등학교 저학년들은 질문이 활발한 편이다. 선생님이 "질문 있는 사람?"이라고 하면 너 나 할 것 없이 "저요" 하며 손을 든다. 하지만 고학년이 될수록 질문을 하겠다고 손을 드는 학생들이 줄어든다. 심지어는 선생님이 질문하라고 할까 봐 고개를 푹 숙이고 눈을 마주치지 않으려고 한다.

왜 끊임없이 질문하기를 좋아했던 아이들이 더 이상 질문을 하지 않는 걸까? 아이들이 질문하지 않는 것은 부모와 교사들의 잘못이 크다. 부모나 교사 모두 아이들의 질문을 막아서는 안 된다는 것을 잘 안다. 아무리 엉뚱한 질문이라도 자유롭게 할 수 있게 해 주어야 아이들의 사고력과 창의력이 향상된다는 것도 인정한다. 하지만 시도 때도 없이 계속되는 아이의 질문에 모두 성실하게 답변해 주기는 상당히 어렵다. 아는 지식을 총동원해 답을 해 줘도 아이의 호기심은 그치지 않고 질문을 계속하면 나중에는 짜증이 나기도 한다. 그러다 보면 자기도 모르는 사이에 절대 아이에게 해서는 안 될 말이 튀어나온다.

"이제 그만! 대체 언제까지 물어볼 거야. 지겨워 죽겠네."

호기심을 키워 줘야 할 부모가 스스로 아이의 호기심을 차단한다. 질문을 못하게 막거나 질문을 해도 대답을 안 해 주면 아이는 부모로부터 거절당했다고 생각하며 상처를 입는다. 질문을 하면 혼이 난다는 슬픈 현실을 깨달으면서 아이들은 서서히 질문을 삼키기 시작한다.

학교의 상황은 더 나쁘다. 일방적 강의식 수업에서 아이들은 질문할 기회가 별로 없다. 다 그런 것은 아니지만 질문을 해도 수업 내용과 상관이 없거나 중요하지 않다고 생각하는 질문은 무시하고 넘어가는 경우도 많다. 이런 환경에서 아이들이 질문을 많이 하기를 기대한다는 것은 모순이다.

평소에 질문을 해 보지 않은 아이들이 갑자기 질문을 잘하기란 어렵다. 아이들이 평소에 질문을 많이 할 수 있도록 어떤 질문을 해도 기꺼이 응해야 한다. 일상생활에서 질문을 생활화하면 토론에 필요한 조금 더 어렵고 수준 높은 질문을 하는 방법도 쉽게 익힐 수 있다.

질문 리스트를 작성하면 질문이 쉽다

질문의 기본은 경청이다. 하지만 질문을 보다 잘하려면 경청만으로는 부족하다. 아무리 순발력과 판단력이 뛰어난 사람이라도 경청만으로 질문다운 질문을 끌어내기에는 한계가 있다.

누구나 할 수 있는 질문을 하는 것으로는 질문의 달인이 될 수 없다. 질문의 달인이 되려면 남들이 다 할 수 있는 질문 외에도 뭔가 특별한 질문을 할 수 있어야 한다. 그러려면 미리 질문 리스트를 만들어 두는 것이 좋다.

나는 토론을 진행하거나 사람을 만나기에 앞서 미리 질문 리스트를 작성한다. 나뿐만 아니라 기자, 리포터 등 주로 질문을 해야 하는 사람들은 질문 리스트를 만드는 데 익숙하다.

나는 2006년부터 2007년까지 중앙일보 좌담토론 〈논쟁과 대안〉을 진행한 적이 있다. 매주 목요일 주요한 사회적 이슈를 놓고 교수, 국회의원 등 전문가 4명 정도를 불러 놓고 토론을 2시간 정도 벌였고, 그 내용이 신문에 개제되었다. 2년 동안이나 이를 진행할 수 있었던 것은 토론 주제나 패널 등에 대한 철저한 조사와 질문 리스트 정리 때문이었다고 생각한다.

질문은 많이 준비하면 할수록 좋다. 질문을 미리 준비하는 이유는 상대방으로부터 많은 이야기를 끌어내기 위해서이다. 그런데 질문 수가 너무 적으면 몇 마디 대답을 듣지 못하고 어색하게 대화가 끝날 우려가 크다. 질문을 많이 준비해 두어야 어떤 상황에서도 당황하지 않고 대화나 토론을 계속할 수 있다. 예를 들어 상대방이 질문에 답을 짤막하게 해 예정된 시간보다 일찍 끝나게 되는 상황이라면 미리 준비한 다른 질문을 던져 더 많은 이야기를 끌어내는 것이 가능하다. 또 답변이 삼천포로 빠져 끊어야 할 상황에서도 새로운 질문을 던져 부드럽게 화제를 돌릴 수 있다.

질문 리스트를 작성할 때는 가능한 한 질문을 작게 쪼개는 것이 좋다. 큰 질문은 대답하기가 쉽지 않기 때문이다. 음식도 통째로 조리할 때보다는 잘게 썰어서 요리할 때 양념이 잘 스며든다. 마찬가지로 큰 질문을 작은 질문들로 쪼개면 말을 끌어내기가 쉽다. 생각이 잘 스며들기 때문이다.

질문을 뽑은 다음에는 질문을 내용별로 분류하고, 순서를 정해 두는 것이 좋다. 그래야 상황에 맞는 질문을 순발력 있게 던질 수 있기 때문이다. 마음속 깊은 곳에 있는 내용을 끄집어내기 위해서는 깊은 질문이 아니라 가벼운 질문부터 단계적으로 던져야 한다. 특히 입이 무거운 사람과 대화할 때는 더더욱 그렇게 해야 한다. 예를 들어 깊은 고민에 빠져 있는 사람에게 만나자마자 다짜고짜 "지금 가장 큰 고민이 무엇입니까?"라고 질문했을 때 선뜻 답을 하는 사람들은 거의 없다. 아주 친한 사이라도 마찬가지다. 가벼운 질문부터 던져 상대방의 마음을 편안하게 해 주면서 단계적으로 깊은 질문을 해야 거부감이 없다.

질문은 크게 폐쇄형 질문과 개방형 질문 두 가지가 있다. 폐쇄형 질문은 "예"와 "아니요" 혹은 "A" 아니면 "B"와 같이 단답형으로 대답할 수 있는 질문이다. 예를 들어 "사과 좋아하세요?", "바다 좋아하세요?"와 같은 질문이 폐쇄형 질문에 속한다. 반면 개방형 질문은 "어떤 과일을 좋아하세요?"와 같이 정답이 없는 질문을 말한다. 폐쇄형 질문은 처음 만나는 상대라 하더라도 혹은 서먹한 분위기에도 대답하기가 수월하고 명확한 결론을 내릴 수 있지만 자칫 대화의 폭이 좁아질 수 있다. 이에 비해 개방형 질문은 대화의 폭을 넓히고 분위기를 자유롭게 만드는 장점이 있다. 대신 막연한 질문이기에 대답하기 어려울 수도 있다는 것이 단점이다. 이처럼 질문의 유형에 따라 장단점이 다르기 때문에 상황에 따라 적절하게 질문의 순서를 정하는 것이 좋다.

질문의 네 얼굴: 질의, 질문, 심문, 질문

"숙제 다 했니?"와 "정말 숙제 다 한 거 맞아?"에는 어떤 차이가 있을까? 이는 둘 다 숙제를 다 했는지 사실을 확인하는 질문이다. 하지만 성격이 조금 다르다. "숙제 다 했니?"는 숙제를 했는지 안 했는지 여부를 확인하는 간단한 질문이라면 두 번째 질문에는 의심이 담겨 있다. 보통 아이가 숙제를 하지 않았을 것이란 심증이 가는데 '했다'라고 대답할 때 이런 식의 질문을 한다.

"숙제 다 했니?" 혹은 "아까 말씀하실 때 응답자가 27%라고 하셨는데 정확한가요?", "개학이 8월 19일이 맞나요?"처럼 간단한 사실을 확인하는 질문을 '질의質疑'라 한다. 회의나 토론에서는 법안이나 규정의 제안자 취지 설명 후에 제안자에게 묻는 것을 질의라고 한다. 제안자의 취지 설명과 질의 응답이 진행된 후 찬반토론이 이어진다. 이 찬반토론에서 상대에게 묻는 것을 질문이라고 한다. 질문은 조금 더 포괄적인 의미를 포함한다. 사실을 묻는 것뿐만 아니라 의견을 묻고, 문책과 추궁을 하는 것을 의미하기 때문이다. 국회 본회의 대정부 질문이라 하는 것도 국회에서 정부를 대상으로 사실만을 확인하는 것이 아니라 문책과 추궁이 이어지기 때문이다. 반면 사실만을 확인하는 질문은 '위원회 대정부 질의'와 같이 질문이 아니라 질의라고 표현한다.

반면 "정말 숙제 다 한 거 맞아?"와 같이 사실적 차원을 묻는 것이라도 조금 더 구체적으로 따져 사실을 조사하는 질문은 '심문審問'이라고 한다.

'심문審問'과 비슷한 의미로 '신문訊問'이 있다. 심문과 신문의 사전적 의미는 비슷하다. 국어대사전에서도 심문은 '자세히 따져서 물음', 신문은 '알고 있는 사실을 캐어 물음'이라고 정의해 일반인들은 차이를 구분하기가 어렵다.

하지만 이를 어렵게 생각할 필요 없다. 경찰이나 검찰이 피의자에게 감춰진 사실을 따져 묻는 것은 '심문'에 속한다. 심문은 법관이 행하는 심리 절차의 하나로서, 진술할 기회를 주는 '수동적 행위'다. 반면에 법원에서 피고인에게 죄를 따져 묻는 것은 '신문'에 해당한다. 어떤 사실을 조사하기 위해 직접 물어보는 '능동적 행위'는 모두 신문에 해당한다. 심문은 직접 대면하지 않고 서류로도 가능하고, 신문은 보통 직접 대면해서 진행한다.

신문의 종류	
감사	규율, 업무 등을 놓고 공로와 과실을 따지는 것
조사	감춰진 사실, 감추고자 하는 사실을 파헤치는 것
수사	범죄 사실이 있다고 가정하고 이를 밝혀내는 것

　이처럼 질문은 성격에 따라 각각 다른 이름으로 구분할 수 있다. 꼭 질문을 이렇게 복잡하게 구분해야 할까? 질문과 대답을 잘하려면 질의, 질문, 심문, 신문을 구분할 수 있어야 한다. 그래야 질문과 대답을 잘할 수 있고, 문답을 잘해야 대화와 토론을 잘할 수 있기 때문이다.

　질문의 성격에 따라 대답을 지칭하는 이름도 달라진다. 보통 간단한 사실을 묻는 질의에 대한 답은 '응답'이라 표현한다. "숙제 다 했니?" 하고 물었을 때 아이가 "네" 혹은 "아니요"라고 간단하게 답하는 것이 '응답'이다.

　심문 혹은 신문에 답하는 것은 '대답'이라고 한다. 심문은 잘 모르거나 감추고 싶어 하는 사실을 세세하게 따져 묻는 것이기 때문에 보통 "예", "아니요", "모릅니다"로 답을 해달라고 하는 경우가 많다. 예를 들어 "사고가 있던 그날 거기에 가셨습니까? '예', '아니요',

'모릅니다'로 대답해 주세요."라고 묻는다. '예'는 긍정, '아니요'는 부정, '모르오'는 묵비권을 허용하는 대답이다.

질문에 대한 답은 '답변'이라 한다. 답변을 할 때는 단순히 사실관계를 확인하는 것뿐만 아니라 자신의 의견까지 제시할 수 있다. 보통 토론이나 대정부 질문에서는 질문과 답변을 주로 한다.

어떤 형태의 질문을 하느냐에 따라 주도하는 사람도 달라진다. 질의응답을 할 때는 응답자가 주도한다. 아이에게 "숙제 다 했니?" 하고 물었을 때 아이가 사실을 이야기해 줄 마음이 없어 숙제를 안 했어도 "네"라고 응답하면 그만이다.

심문 혹은 신문에 대한 대답을 할 때는 심문자가 주도권을 잡는다. "사고가 있던 그날 거기에 가셨습니까?"라고 물었을 때 "아니요"라고 대답한 것이 믿기지 않는다면 조금 더 세세하게 따져 들어가며 물을 수 있다.

질의의 경우 '답변자'가, 심문의 경우 '질문자'가 주도권을 갖는다면 '질문과 답변'은 질문자와 답변자 모두 대등한 주도권을 갖는다. 질문하는 사람도 답변하는 사람도 긴장을 늦출 수가 없다.

질의, 질문, 심문, 신문을 구분하는 일은 쉽지 않다. 그럼에도 장황하게 이 네 가지 개념의 차이를 구구절절 설명한 이유는 토론을 잘하려면 상황에 따라 적절히 질의, 질문, 심문, 신문을 해야 하기 때문이다. 또한 질문의 성격에 따라 그에 맞는 적절한 답을 하는 것도 토론을 잘하는 방법이다. 이를 이해하고 적절히 활용하면 토론을 주도할 수 있다.

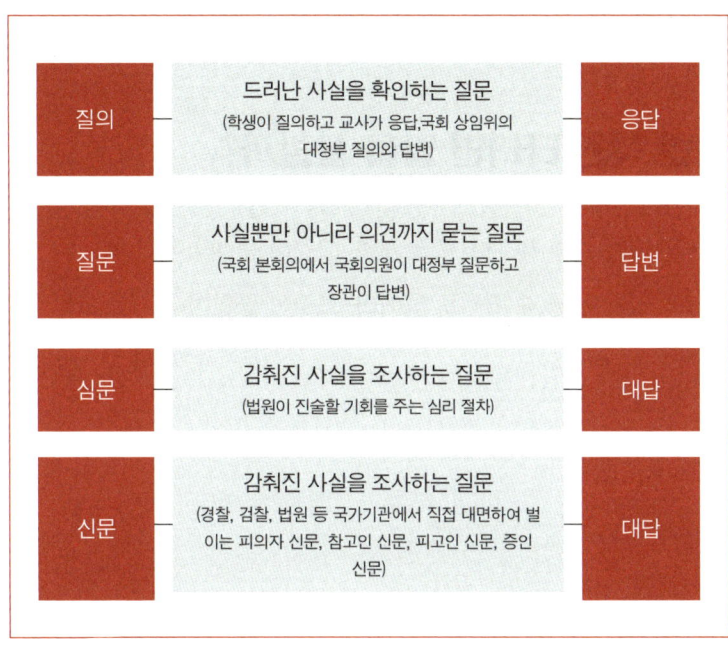

04

웅변 학원 다니면 말을 잘할까?

세상의 모든 것을 세 가지로 쪼개라. 그것이 분석이다.
세상의 모든 것을 세 가지로 묶어라, 그것이 종합이다.

경민은 초등학교 3학년 때부터 6학년이 된 지금까지 스피치 학원을 꾸준히 다니고 있다. 덕분에 다른 사람들 앞에서 말을 못하던 예전과 달리 지금은 활달하고 어디서든 말을 잘하는 아이로 변했다. 심지어 학교 스피치 대회에서 금상을 차지하는 것은 물론 학교 대항 스피치 대회에서도 상을 놓치지 않았다.

그런 경민이가 어느 날 우울한 얼굴로 집에 돌아왔다. 몇 번을 조심스럽게 물어 겨우 대답을 들었다.

"난 그동안 내가 말을 잘하는 줄 알았어요. 그런데 오늘 학급회의 시간에 토론을 했는데, 이상하게 생각하는 대로 말이 잘 나오지 않았어요."

"그래? 경민이 말 잘하잖아."

"아니에요. 생각하면서 말하려니까 자꾸 말이 꼬여 제대로 이야기를 못했어요."

왜 말을 잘한다고 인정받던 경민이가 토론에서 제대로 이야기를 못했을까? 많은 사람이 말을 잘하면 토론도 잘할 수 있다고 믿지만 실제로는 그렇지 않다. 말은 잘해도 토론에는 약한 사람들이 의외로 많다.

토론은 절차가 있는 공식적인 대화다. 미리 원고를 준비해 일방적으로 이야기하는 스피치와는 출발부터 다르다. 경민의 부모처럼 아이가 남들 앞에서 말을 잘하길 바랄 때 부모들은 주로 웅변 학원이나 스피치 학원을 보낸다. 웅변 학원이나 스피치 학원은 말을 잘하는 데는 어느 정도 도움이 될 수 있지만 토론을 하는 데는 큰 도움이 되지 않는다. 웅변 학원이나 스피치 학원은 토론에서 필요한 '논리적인 말하기'를 가르쳐 주는 곳이 아니다. 남들 앞에만 서면 목소리가 달달 떨리고 얼굴이 빨개져 말을 잘 못하는 아이들에게 말할 수 있는 용기를 키워 주는 곳이다. 토론에 필요한 '논리적인 말하기'는 사고력을 필요로 한다. 그것도 상대방의 이야기를 듣고 이해하고 판단해 자기 생각을 논리적으로 정리해 말해야 하기 때문에 분석력, 종합력, 비판력 등 고차원적인 사고력을 갖춰야 한다. 따라서 단순히 용기를 내서 말하는 방법만 가르쳐서는 토론을 잘할 수 없다.

토론을 할 때는 포인트와 스토리가 있어야 한다. 화살촉이 없으면 화살은 작대기에 불과하듯이 포인트가 없으면 토론을 할 때 다른 사람들을 설득하기 어렵다. 포인트 못지않게 스토리도 중요하다. 여기서 스토리란 말의 순서를 의미한다. 하고 싶은 이야기를 어떤 순서로 이야기하는가에 따라 말의 힘은 달라진다.

두괄식으로 말하는 것이 기본이다

"엄마, 저 오늘만 학원 쉬었으면 좋겠어요. 감기에 걸렸는지 몸이 으슬으슬 춥고 열이 나서 머리가 아파요. 이 상태로는 학원에 가서 앉아 있기도 힘들 것 같아요."

"엄마, 저 감기에 걸렸나 봐요. 몸이 으슬으슬 춥고 열이 나서 머리가 아파요. 이 상태로는 학원에 가서 앉아 있기도 힘들 것 같아요. 저 오늘만 학원 쉬었으면 좋겠어요."

둘 다 몸이 아파 학원을 쉬고 싶다는 요지의 말이다. 차이가 있다면 전자는 가장 중요한 결론을 먼저 말했고, 후자는 상황을 먼저 이야기하고 중요한 결론을 나중에 말했다는 점이다. 말하려는 핵심을 앞에 두는 것을 '두괄식', 뒤에 두는 것을 '단계식'이라 한다.

토론을 할 때는 두괄식으로 말하는 것이 기본이다. 제한된 시간 내에 서로 이야기를 주고받으며 의견을 이야기해야 하는데 단계식으로 이야기하면 핵심을 전달하기가 어렵기 때문이다. 먼저 포인트를 빵 터트려 주고 왜 그렇게 생각하는지를 이야기해야 상대방도 핵심을 빨리 알아차린다.

　하지만 언제나 두괄식으로 이야기해야 하는 것은 아니다. 토론을 할 때는 두괄식이 효과적이지만 상황에 따라 단계식으로 말하는 것이 더 설득력이 있을 때도 많다.

　일반적으로 공식적이거나 시간이 부족할 때, 사람이 많을 때, 높은 사람에게 보고할 때는 두괄식으로 말하는 것이 효과적이다. 모임에서 자신의 발언 순서가 마지막 무렵일 때도 두괄식이 좋다. 이미 앞에서 다른 사람들의 이야기를 듣느라 지쳐 있는 상태이므로 단계식으로 이야기하면 청자가 지루해할 수 있기 때문이다.

　반면 사적이거나 시간이 많을 때, 사람이 적을 때는 단계식으로 이야기하는 것이 좋다. 이렇게 설명하다 보면 꼭 "그렇다면 시간도 많고 사람도 많을 때는 어떻게 하나요?"라고 묻는 사람들이 있다. 이때는 듣는 사람이 두괄식을 원하느냐, 단계식을 원하는가를 판단해 말하면 된다.

　단계식으로 말하는 것이 효과적일 때도 분명 있지만, 나는 두괄식으로 말하기 위해 노력하는 편이다. 어렸을 때 중학교 입시를 치르기 위해 고향을 떠나 도시에서 하룻밤 잔 적이 있다. 당시 선생님께서는 늘 "중요한 것은 머리맡에 두어라"라고 가르쳐주셨다. 그날 밤 나는 선생님의 말씀대로 책과 노트를 머리맡에 놓고 잠을 잤다. 그때부터 중요한 것은 꼭 머리맡에 둔다.

　포인트를 뒤에 두면 '두괄식'과 반대 개념인 '미괄식'으로 표현하는 것이 더 적절한 표현일 수 있다. 우리 국어 교과서에는 그렇게 설명이 되어 있다. 하지만 나는 '미괄식'보다 '단계식'이라는 표현을 선호한다. 왜냐하면 포인트를 뒤에 둘 경우, 단계적으로 이야기의 순서를 잘 짜서 앞뒤 이야기가 유기적으로 연결될 수 있도록 말해야 마지막 포인트가 살기 때문이다.* 그런데 '미괄식'이라고 표현하면 이 부분이 잘 전달되지 않는다. 그래서 이 책에서는 '미괄식'이라는 표현 대신 '단계식'이라는 표현을 사용하려고 한다.

　단계식으로 이야기할 때도 기본은 두괄식을 유지하는 것이 좋다. 단락별로 순서를 정하고 단락마다 소주제문이나 핵심을 앞에 두고, 부연 설명을 뒤에 덧붙여야 효과적으로 말하고자 하는 포인트를 전달할 수 있다.

　많은 아이들이 두괄식으로 말하는 데 익숙하지 않다. 핵심을 분명히 말하지 못하고 장황하게 말을 늘어놓는다. 두괄식으로 말하는 데 약한 아이들의 유형은 크게 다섯 가지다.

　첫 번째 유형은 하고 싶은 이야기가 너무 많아 어떤 이야기부터 시작해야 할지 모르는 경우다. 일명 '과시형'으로, 이런 아이들은 이 이야기를 하다 보면 다른 자랑할 이야기가 생각나 하던 이야기를 채 끝내지도 못하고 다른 이야기를 꺼낸다. 듣는 사람은 대체 어떤 이야기를 하고 싶었던 것인지 감을 잡기 어렵다.

---

*　포인트를 뒤에 두고 단락을 나누고 이야기를 하는 방법은 여러 가지가 있다. 3단계는 보통 문제(현재)→원인(과거)→계획(미래) 혹은 사실(과거)→가치(현재)→의지(미래)로 전개한다. 혹은 표상과 진단→비전과 대안→접근과 과정으로 전개한다. 4단계의 경우에는 기→승→전→결의 구조를 취하고 5단계는 도입→진술→논증→반론→결어의 단계를 밟는다. 소설의 경우에는 발단→갈등→위기→절정→결말 등의 순서로 이야기가 진행된다.

두 번째는 '걱정형'이다. '걱정형'은 자기 생각이 분명해도 혹시 상대방이 오해하거나 상처를 받을까 걱정스러워 구구절절 장황하게 다른 이야기를 하다 마지막에 겨우 포인트를 말하는 경우가 많다. 반대로 솔직하게 이야기했다가 핀잔을 듣거나 혼이 날까 두려워 장황하게 이야기하는 것도 '걱정형'에 속한다.

세 번째는 '은폐형'이다. 어른들도 그렇지만 아이들도 진실을 감추고 싶을 때는 핵심을 이야기하지 않고 빙빙 돌려 말을 하면서 시간을 끈다.

네 번째는 준비가 부족한 '준비 미흡형'이다. 일상적인 대화야 별도로 준비를 할 필요가 없지만 토론을 하거나 중요한 발표를 할 때는 준비를 해야 한다. 미리 어떤 이야기를 어떤 순서로 할 것인지를 생각하고 이야기를 해야 막힘이 없는데, 준비가 부족하면 해야 할 말이 정리가 안 돼 횡설수설하기 쉽다.

마지막으로 주의가 산만한 '산만형'도 말이 장황하다. 말하는 사람도 듣는 사람도 도무지 무엇이 핵심인지 알 수가 없다.

우리 아이는 어떤 유형일까? 왜 아이가 포인트도 없이 장황하게 이야기하는지를 알아야 아이를 도울 수 있다. '과시형' 아이에겐 절제와 배려를 가르쳐 줄 필요가 있다. 하고 싶은 이야기가 10가지가 있다면 스스로 이야기의 우선순위를 정해 가장 중요한 것부터 세 가지만 추려 이야기하는 연습이 도움이 된다. 또한 과시형 아이들은 대부분 듣는 사람을 배려하지 않고 자기 흥에 취해 이야기하는 경우가 많은데, 아무도 듣지 않는 이야기는 하나 마나 한 의미 없는 이야기임을 알려준다. 토론이 혼자 일방적으로 떠들어대는 것이 아니라 상대방과 서로 이야기를 주고받는 것임을 일깨워 주는 것이 중요하다.

두 번째 '걱정형'은 자신감을 키워 주는 것이 급선무다. 사람들마다 생각이 다를 수 있음을 알려주고, 어떤 생각이든 존중받을 충분한 가치가 있다는 것을 확인시켜 주어야 한다. 사실 아이들이 자기 생각에 확신을 갖지 못하고 상대방이 어떻게 받아들일까 걱정하는 것은 부모 잘못이 크다. 가슴에 손을 얹고 생각해 보면 아이가 어떤 이야기를 할 때 무시하거나 혼을 낸 적이 많을 것이다. 아이의 생각을 존중해야 스스로 자신감을 갖고 두괄식으로 명료하게 포인트를 이야기할 수 있다.

'은폐형' 아이에겐 '정직'의 가치를 알려 주어야 한다. 아이가 숨기지 않고 솔직하게 말하게 하려면 평소에 아이가 잘못을 고백했을 때 혼을 내기보다는 칭찬을 해 주는 것이 좋다. 잘못을 한 것보다 잘못을 감추기 위해 거짓말을 하는 것이 더 나쁘다는 것을 분명하게 알려준다.

'준비 미흡형'은 말 그대로 준비가 부족한 유형이다. 이런 아이들은 말을 하기 전에 미리 어떤 이야기를 할 것인지 정리해 보는 연습을 하는 것이 중요하다. 혼자서 어려워하면 부모가 도와주어도 좋다. 도와 줄 때는 어디까지나 보조자의 입장을 준수해야 한다. 아이가 할 말을 대신 생각해 주거나 필요한 자료를 대신 찾아 주면 별 도움이 되지 않는다.

"어떤 이야기를 할 거야?"

"그중 어떤 이야기가 제일 중요한 포인트일까?"

이렇게 질문을 던져 아이 스스로 이야기를 정리하고 준비하도록 해야 효과가 있다.

마지막으로 산만형은 집중력을 키워 주어야 한다. 스마트폰처럼 아이들의 관심을 분산시키는 요인들을 없애면 집중력을 강화하는 데 도움이 된다. 주의가 산만해 말을 할 때 두서없이 하는 아이들도 '준비 미흡형'처럼 미리 어떤 말을 어떻게 할 것인가를 준비하면 한결 명료하게 두괄식으로 말할 수 있다.

첫째, 둘째, 셋째로 쪼개서 말한다

내가 연수원장이던 시절, 연구사가 '교장 연수 결과 보고서'라는 서류를 결재해달라고 요청했다. 가장 잘 쓴 연수 소감문 12개를 선별해서 제출했는데, 서류를 살펴본 나는 궁금한 게 생겨 연구사에게 물었다.

"소감문 순서나 배치에 의미가 있습니까?"

그러자 연구사는 순서에 의미가 없다고 답했다. 그러면 소감문들이 어떤 내용인지 요약해서 말해달라고 요청하니, 우물거리며 말을 하지 못했다.

"연구사님. 시간을 더 드릴 테니 12개 소감문을 3개로 분류해서 가져오세요."

며칠 후, 다시 서류를 가지고 온 연구사는 소감문을 3개로 나눠 나에게 제출했다. 소감문의 내용을 물어보니 어떤 내용으로, 어떻게 정리했는지까지 상세하게 대답했다. 이는 쪼개는 힘, 분석의 힘이고 묶는 힘, 종합의 힘이다.

또 언젠가, 교육청에서 교육감을 만날 일이 있었다. 교육감은 교육청에서 추진하는 정책을 12개 이상 순서 없이 나열한 팜플렛을 나에게 보여주었다. 나는 그래서 교육감에게 넌지시 말했다.

"이렇게 단순히 나열하지 말고, 기준을 세운 뒤, 2개 혹은 3개로 묶어서 정리하면 좋을 것 같습니다."

다음에 만났을 때, 교육감은 내게 고맙다는 인사를 건넸다. 정책을 정리하는 데에 큰 도움이 되었다는 것이다. 이것이 분석의 힘이고 종합의 힘이다.

세 가지로 쪼개는 것, 세 가지로 묶는 것. 이는 당연히 대화에도 통용되는 개념이다. 말을 장황하게 늘어놓지 않으려면 하고 싶은 말을 한꺼번에 줄줄 쏟아놓지 말고 쪼개서 말하는 것이 좋다. 쪼개서 이야기해야 말하는 사람도 편하고, 듣는 사람도 편하다.

쪼개서 이야기할 때는 "두세 가지를 말씀드리고 싶습니다" 혹은 "세 가지만 말씀 드리겠습니다"와 같이 몇 개로 쪼개서 전달할 것인지를 먼저 말하는 것이 좋다. 내용의 주제와 양에 따라 쪼개는 갯수가 다르겠지만, 3개로 쪼개는 것이 보통은 무난하다. 예를 들어 "열 가지만 말씀 드리겠습니다"와 같이 말하면 듣기도 전에 지루한 느낌이 들 수 있다.

요즘엔 운동장에서 조회를 하는 경우가 드물지만, 내가 학생일 때만 해도 월요일마다 운동장에서 전교생이 모여 조회를 했다. 날씨가 좋은 봄, 가을은 그런대로 괜찮지만 한여름 땡볕 아래에서 끝나지 않는 교장 선생님의 훈시를 듣는 것은 정말 고역이었다. "첫째는……, 둘째는……, 셋째는……, 넷째는……, 다섯째는 ……" 끝도 없이 이어지는 훈시가 귀에 제대로 들어오지 않은 것은 너무나 당연한 일이었다. 만약 교장 선생님이 "오늘은 세 가지만 이야기하겠습니다"라고 말했다면, 금방 끝날 수 있으리란 기대를 갖고 조금 더 열심히 들을 수 있지 않았을까 싶다. 듣는 사람 입장에서만 보면 한 가지만 간단하게 얘기하는 것이 가장 좋을 수도 있다. 하지만 지금까지 "딱 한 가지만 말씀 드리겠습니다"라고 말하고 짧게 이야기하는 사람을 별로 보지 못했다. 그 딱 한 가지가 몇 가지인지 구분하기 어려울 정도로 복잡한 경우가 대부분이었다.

하고 싶은 이야기를 3개로 쪼개 말하다 보면 '분석력'이 좋아진다. 하고자 하는 이야기의 핵심이 무엇인가를 고민하고 쪼개는 것 자체가 분석력을 향상시킬 수 있는 좋은 방법이다. 반대로, 해야 할 이야기의 주제가 너무 많으면 3개로 줄여 말하는 것이 좋다. 주제들을 잘 살펴보면 굳이 따로 구분하지 않고 통합해서 이야기해도 될 만한 내용들이 있다. 각각의 소주제를 더 큰 대주제로 묶는 것으로, 이런 연습은 종합력을 키우는 데 큰 도움이 된다.

세상의 모든 것을 세 가지로 쪼개라, 그것이 분석이다.

세상의 모든 것을 세 가지로 묶어라, 그것이 종합이다.

05

논리보다 감정이 앞서는 아이에게 '왜냐하면'을 가르쳐라

'왜냐하면'과 '예컨대'를 하루에 백 번씩 말하라.

아이들은 논리보다는 감정에 충실하다. '왜냐하면'과 '예컨대'로 이야기하기보다는 온몸으로 감정을 표현하고 말하는 데 익숙하다. 예를 들어, 아이들은 화가 났을 때 잔뜩 얼굴을 찡그리고 입을 앙다물고 있거나, 퉁명스럽게 말을 던지며 화가 났음을 전달한다. 부모가 왜 그러냐고 물어도 대답하지 않는다. 이런 상태가 지속되면 부모도 화가 나 더 이상 이유를 묻기보다는 혼을 내기 시작한다. 그러면 안 된다. 인내심을 갖고 '왜냐하면'으로 대답할 수 있게 해야 아이가 감정을 추스르고 논리적으로 이야기할 수 있는 연습을 할 수 있다.

"왜 화가 났을까?"

"오늘은 기분이 무척 좋아 보이네. 왜 그런지 엄마한테 이야기해 줄 수 있을까?"

아이가 대답을 할 때는 가능한 한 '왜냐하면'을 말하고 이유를 말하도록 한다. 굳이 '왜냐하면'을 붙이지 않아도 무리가 없지만, 토론을 잘하기 위해서는 붙이는 것이 좋다.

'예컨대'를 끌어낼 수 있는 질문도 많이 한다.

"엄마, 이번 어린이날 아무 데도 안 가는 집은 우리밖에 없어요."

"그래? 어떤 친구가 어디를 놀러 가는지 예를 들어볼까?"

처음에는 부모나 아이 모두 어색하겠지만, 아이가 '왜냐하면'과 '예컨대'를 사용해 말을 많이 하면 할수록 토론 실력이 는다.

'왜냐하면'과 '예컨대'는 논증의 대표주자

'왜냐하면'과 '예컨대'를 자주 사용해야 하는 이유는 둘 다 요지의 설득력을 높이는 말이기 때문이다. '왜냐하면'과 '예컨대'의 위력은 대단하다. '왜냐하면'과 '예컨대'를 사용하면 논리가 더 명확해지고 풍성해져 사람들의 마음을 움직이기가 한결 쉬워진다.

우선 '왜냐하면'은 이유나 근거를 대는 말이다. 재미있는 심리학 실험이 있다. 복사기 앞에 줄을 서서 순서를 기다리는 사람들을 대상으로 세 가지 방식을 통해 새치기를 요청하는 실험을 했다.

첫 번째는 "제가 복사기를 먼저 사용하면 안 될까요?"라고 물은 뒤 "왜냐하면 지금 제가 굉장히 바쁜 일이 있거든요"와 같이 부연 설명을 했다. 두 번째는 아무런 이유도 대지 않았다. 세 번째는 "제가 복사기를 먼저 사용하면 안 될까요? 왜냐하면 지금 꼭 복사해야 하거든요."라고 말했다. 첫 번째 이유는 나름 구체적이고 세 번째 이유는 상황 설명이 없어 막연하다. 하지만 실험 결과는 재미있다. 막연한 이유를 댄 세 번째 경우에서 분명한 이유를 댄 첫 번째 경우 못지않게 새치기 승낙을 많이 얻었다. 참으로 놀랍지 않은가? 이것이 바로 '왜냐하면'의 위력이다.

'왜냐하면'으로 대화를 하면 부모와 아이의 갈등을 줄이는 데도 큰 도움이 된다. 예를 들어 어느 날 아이가 학원에 가기 싫다고 고집을 피울 때, 대부분의 부모는 이유를 묻기보다는 혼을 낸다. 잠시 마음을 가라앉히고 "왜 학원에 가기 싫은지 이유를 말해주겠니?"라고 묻고 '왜냐하면'으로 대답하도록 한다. '왜냐하면'으로 대답하는 이유가 설득력이 없을 때 혼을 내도 늦지 않다.

"왜냐하면 학원 수업이 어려워 따라가기가 어려워요."

"왜냐하면 수업이 너무 재미없어요."

"왜냐하면 굳이 학원을 다니지 않아도 학교 수업만 잘 들으면 공부하는 데 지장이 없기 때문이에요. 우리 집 형편도 좋지 않은데 비싼 학원비를 내면서 꼭 학원을 다닐 필요가 없다고 생각해요."

꼭 어떤 문제가 있을 때가 아니더라도 평소 대화를 할 때 습관적으로 '왜냐하면'으로 대답하도록 질문하면, 아이의 논리력이 크게 향상될 것이다.

'왜냐하면'이 사물의 논리적 관계에 기초를 두는 본질적substantive 논증이라면, '예컨대'는 자료의 신빙성에 기초를 두는 권위적authoritative 논증이라 할 수 있다. '왜냐하면' 못지않게 '예컨대'의 위력도 상당하다. 믿기 어려운 이야기도 구체적이고 신빙성 있는 자료와 사례를 제시하면서 말하면, 상당한 설득력을 갖는다. 사례는 추상적이어서는 안 된다. 구체적이어야 한다. 누가 들어도 믿을 만한 구체적인 사례라면 하나만 들어도 충분하다. 자료 조사가 뒷받침되면 더욱 좋다. 정확한 자료를 예시로 들면 설득력이 더욱 높아진다. 물론, 아이들이 어른들처럼 구체적 자료와 사례를 제시하기는 쉽지 않지만 어렵더라도 자신의 생각이 옳다는 것을 입증하기 위해 예를 들다 보면 사고력이 확장될 수 있다.

'요지는', '왜냐하면', '예컨대', '그래서' 순으로 논리를 완성한다

평소 아이와 대화할 때 '왜냐하면'과 '예컨대'로 대답하는 연습을 어느 정도 했다면 한 걸음 더 앞으로 나아가자. '왜냐하면'과 '예컨대'는 자신의 생각을 증명하는 중간 다리 역할을 하는 말이다. 자신의 논리를 완벽하게 펼치려면 '요지는 ~입니다.'와 같이 제일 먼저 요지를 말하고, '왜냐하면'과 '예컨대'로 충분한 논증을 하고, 마지막으로 '그래서'로 마무리를 해야 한다.

왜 요지를 먼저 이야기(두괄식)해야 하는지는 이미 앞에서 이야기했다. '요지'를 먼저 말하면 주장과 견해가 분명하게 전달된다. 이렇게 요지부터 말해야 듣는 사람의 가치관이나 감정에 호소할 수 있다. 이것을 동기적motivational 논증이라 한다. 그렇다고 해서 흥정이나 협상을 할 때 자신의 속내를 쉽게 드러내라는 뜻은 아니다. 또 좌우로 치우친 극단적 강경 발언을 하라는 뜻도 아니다. 다만 두루뭉술하게 얼버무리지 말고 하고자 하는 말을 분명하게 하라는 말이다.

요지를 말하고, '왜냐하면'과 '예컨대'로 충분한 논증을 했다면 마지막으로 '그래서'로 마무리를 해야 한다. 마무리는 이미 말한 내용을 단지 요약summary해서 되풀이할 수도 있고, 아니면 보다 진전된 내용으로 결론conclusion을 내릴 수도 있다. 결론은 요약보다 어렵다. 그래서 요약에 그치지 않고 결론까지 이끌어 내는 연습을 해야 한다.

'그래서'와 얽힌 삼성 이건희 전 회장의 일화가 있다. 이건희 회장은 임원 회의를 할 때 적극적으로 말을 하는 대신 타인의 말을 경청하며 메모를 했다고 한다. 임원의 말이 끝나면, 항상 "그래서?"라고 물었다. 여기에서 '그래서?'는 결론을 묻는 것이다. 임원이 결론을 말하면, 다시 한 번 "그래서?"라고 물었다. 여기에서 '그래서?'는 더욱 진전된 결론을 요청하는 것이다.

이렇듯, "그래서?"에는 두 가지 기능이 있다. 자신의 논리를 펼칠 때, 상대방에게 질문을 할 때 '그래서?'를 활용하라. 주장과 논지가 일목요연하게 바뀔 것이다.

하지만 논리적으로 이야기하는 데 익숙지 않은 아이가 처음부터

'요지는', '왜냐하면', '예컨대', '그래서' 순으로 논리적으로 자기 생각을 술술 이야기할 수는 없다. 처음에는 부모가 순서에 따라 아이가 이야기할 수 있도록 도와주는 것이 좋다.

"말하고자 하는 요지는 뭐야?"

"당분간 학원 다니지 말고 집에서 혼자 공부하고 싶어요."

"왜 그런 생각을 했을까?"

"왜냐하면 학교 갔다 학원까지 갔다 오려니 너무 피곤하기도 하고, 혼자 공부할 시간이 부족해요. 혼자 배운 내용을 복습하면서 문제도 풀어 봐야 실력이 는다는데, 저는 숙제할 시간조차 없어요."

"응, 그렇구나. 학원 안 다니고 혼자 공부하는 친구가 있는지 예를 들어볼래?"

"예컨대, 민지는 집안 형편이 좀 어려워 학원을 안 다니는데, 우리 반에서 늘 3등 안에 들어요. 민지를 보면서 꼭 학원을 많이 다닌다고 공부를 잘하는 것이 아니라는 걸 느꼈어요."

"그래서?"

"그래서 저도 한 달만이라도 학원을 끊고 혼자 공부해보고 싶어요."

이런 식으로 적절한 타이밍에 '요지는', '왜냐하면', '예컨대', '그래서'로 이야기할 수 있게 도와주다 보면 아이는 어느 순간부터 알아서 순서에 맞게 논리적으로 자기 생각을 이야기할 수 있다.

06

말투를 바꾸면 아이의 자신감이 자란다

목소리를 바꿔라, 삶이 바뀐다.
삶을 바꿔라. 목소리가 바뀐다.

아이가 잘못을 저질렀을 때 부모들의 대응 방법은 다양하다. 잔뜩 성이 난 목소리로 고래고래 소리를 지르며 혼을 내는 부모가 있는가 하면, 엄한 목소리로 차분하게 잘잘못을 일깨워주는 부모들이 있다. 또 좋은 목소리로 따뜻하게 잘못을 일러주는 천사표 부모들도 많다.

　어떤 목소리로 이야기하는 것이 가장 효과가 좋을까? 당장은 혼을 내거나 엄하게 질책할 때 아이가 말을 듣는 것처럼 보일 수 있지만, 아이의 마음을 진심으로 움직이는 데는 좋은 목소리로 타이를 때 가장 효과가 좋다.

　토론을 할 때도 마찬가지다. 목소리가 쇠를 긁는 것처럼 탁하고 날카롭다면, 그 사람이 아무리 좋은 이야기를 해도 듣기가 거북하다. 또한 목소리 톤이 너무 높거나 낮아도 문제가 된다. 연예인 노○○ 씨는 시종일관 고함을 치듯 톤을 높여 이야기하면서 데뷔할 때부터 주목을 받았다. 독특한 목소리로 주목은 받았지만, 상당히 부담스러웠던 목소리였음은 분명하다. 그런 목소리로 대화나 토론을 하면 상대방이 정신이 없어 내용에 집중하기 어렵다.

목소리가 좋으면 확실히 대화나 토론을 하는 데 유리하다. 이렇게 얘기하면 "타고난 목소리가 좋지 않은데 어쩌란 말이냐?"라고 걱정하는 분들이 많다. 목소리는 노력하기에 따라 얼마든지 바뀔 수 있다. 대표적인 예가 미국의 버락 오바마 대통령이다. 그가 연설을 하거나 토론을 할 때, 사람들은 대부분 숨을 죽이며 그의 말에 귀를 기울인다. 그의 말은 대단한 흡인력과 설득력이 있다. 하지만 정작 그의 목소리는 썩 좋은 편이 아니고 오히려 탁한 편이다. 방탕한 생활을 했던 시절도 있었기 때문이다. 그런데도 말을 할 때의 어조, 호흡 등을 연습해 사람들의 마음을 움직이는 목소리를 만들었다.

어조, 음색, 발성을 가꾸면 목소리가 좋아진다

목소리는 타고난 것이며 바꾸기 어렵다고 생각하는 이유는 '목소리=음색'이라 여기기 때문이다. 하지만 목소리는 음색만이 아니라 어조와 발성 소리가 모두 어우러져 만들어지는 것이다.

어조는 말하는 사람의 성별, 연령대, 건강과 감정 상태, 듣는 사람과의 공간적 거리, 사회적 지위 관계 등에 따라 달라진다. 한의사가 목소리만 듣고서도 환자의 건강 상태를 유추할 수 있는 것은 어조 때문이다.

보통 부모들은 부부 싸움을 하더라도 아이 앞에서는 티를 내지 않으려고 노력한다. 그런데도 아이들은 귀신같이 엄마, 아빠가 싸운 줄 안다. 미처 표정을 감추지 못해 그럴 수도 있지만, 아이들이 눈치를 챌 수 있는 이유는 '어조' 때문이다. 감정 상태는 어조에 직접적으로 영향을 미치는데, 기분 나쁜 상태에서 말을 하면 아무래도 어조가 평소와 다르다는 것을 들킬 수밖에 없다.

공간적 거리도 어조에 영향을 미친다. 가까이서 이야기할 때와 멀리서 이야기할 때 어조가 달라지는데, 만약 공간이 교실이라면 교사가 낼 수 있는 가장 좋은 목소리는 제일 뒤에 있는 학생이 알아들을 수 있는 소리다. 나머지 남는 소리는 소음에 불과하다. 따라서 마이크를 쓸 때와 안 쓸 때도 어조와 목소리 크기를 달리 해야 한다. 마이크를 사용하면서도 큰 소리로 이야기하면 듣는 사람들이 괴롭다.

건강 상태도 어조에 영향을 많이 미친다. 우리의 오장육부는 목소리와 관련이 있다. 간에 병이 들면 목소리가 슬프게 나오고, 폐가 나쁘면 숨이 가쁜 목소리가 나온다. 심장에 병이 들면 웅장하게, 비에 병이 들면 느리게, 신장에 병이 들면 가라앉는 목소리가 나온다. 대장에 병이 들면 목소리가 길게, 소장에 병이 들면 짧게, 위에 병이 들면 빠르고, 쓸개에 병이 들면 맑으며, 방광에 병이 들면 희미한 목소리가 나온다. 따라서 아이가 건강하지 않다면 원인을 찾아 치료해 주면 목소리가 좋아지는 데 도움이 될 수 있다.

문화적으로 목소리를 결정하는 요소는 음색이다. 음색은 말의 속도와 템포, 높낮이, 크기, 길이, 머뭇거림과 끊어 읽기, 억양, 조음 등에 의해 결정된다. 음색은 오랜 기간에 걸쳐 학습되고 습관적으로 체계화된 것으로, 말하는 사람의 문화적 존재를 나타낸다. 경력이 많은 택시기사는 승객의 목소리만 듣고도 직업을 짐작할 수 있다고 한다. 이는 음색이 그 사람의 오랜 문화를 반영하기 때문이다. 즉, 어떤 환경에서 살았는지, 어떤 일을 하는지에 따라 음색이 달라질 수 있다.

경상도와 전라도 사람들의 음색이 다른 것도 같은 이유다. 각각 저마다의 독특한 억양이 있고, 말의 속도와 템포가 다르기 때문이다. 경상도와 전라도뿐만 아니라, 사투리를 쓰는 지방마다 자기만의 독특한 음색이 있다.

음색은 아주 미묘한 문화적 차이도 반영한다. 예를 들어, 같은 경상도라도 경북과 경남의 음색이 다르다. '경북고'와 '경남고'를 발음할 때 경북에서 말하는 '경'과 경남에서 말하는 '경'이 다르게 들린다. 다른 지역 사람들은 그 미묘한 차이를 구분하기 어려울 수 있지만, 경상도 사람들은 귀신같이 경남인지 경북인지를 알아챈다. 또한 같은 교사라도 초등학교 교사와 고등학교 교사의 음색이 다르다.

마지막으로 발성은 일시적으로 내는 트림, 하품, 웃음, 울음, 기침, 환호, 야유, 탄성 등을 말한다. 발성은 생리적으로 나는 소리, 무의식적 의사 표현으로 나는 소리, 의식적 의사 표현으로 내는 소리 세 가지로 나뉜다. 트림이나 하품 등은 생리적으로 나는 대표적인 발성에 속한다. 웃음, 울음, 야유, 탄성 등은 의식적으로 낼 수도 있고, 무의식적으로 저절로 날 수도 있는 소리다. 어떤 경우든 이런 소리는 의사를 표현하는 역할을 한다. 기분이 좋을 때 웃음으로 마음을 표현하고, 상대방이 마음에 들지 않을 때 야유를 보내면 그것만으로도 의사 표현을 한 것이나 마찬가지다.

그렇다면 어조, 음색, 발성을 어떻게 가꾸어야 목소리를 바꿀 수 있을까? 우선 목소리가 만들어지는 과정부터 알아야 한다. 목소리는 호흡을 통해 만들어지기 시작한다. 숨을 마실 때 폐로 들어갔던 호흡은 숨을 내쉴 때 다시 빠져나오면서 후두를 거쳐 성대를 통과한다. 이때 성대의 근육이 서로 부딪쳐 떨리면서 소리가 만들어진다. 성대는 수많은 주름이 있는 2㎝ 남짓한 기관으로, 보통 때는 호흡을 위해 열려 있다가 말을 하기 위해 성대가 닫힐 때 진동해 소리를 낸다. 진동할 때 진폭이 크면 큰 소리가 나고 작으면 작은 소리가 난다. 또한 진동수가 많으면 높은 소리, 적으면 낮은 소리가 난다.

이것이 끝이 아니다. 성대가 진동하면서 성대를 통과하는 공기가 소리인 음파를 만든다. 이 음파가 입 안을 통과하면서 공명을 일으키고, 입술을 빠져나오면서 소리가 나는 것이다. 이처럼 목소리는 목에서만 나오는 것이 아니다. 4개의 기관이 작동하여 목소리를 낸다. 호흡을 담당하는 폐 등의 호흡기관, 성대를 울려 소리를 내는 발성기관, 인두, 구강, 비강을 통해 소리를 키우고 음색을 갖게 하는 공명기관, 입술과 혀 등을 활용해 말을 만드는 조음기관이 조화를 이룰 때 비로소 목소리가 완성된다. 이를 바탕으로 좋은 목소리를 만드는 방법은 다음과 같다.

① 허리, 가슴, 어깨, 목 등의 바른 자세를 유지한다

좋은 목소리는 좋은 자세로부터 나온다. 요즘 아이들은 대체적으로 자세가 좋지 않다. 구부정하게 허리를 굽히고, 어깨를 움츠리고, 고개를 숙이고 앉아 있는 경우가 많다. 이런 자세에서는 결코 좋은 소리가 나오지 못한다. 허리와 가슴을 쫙 펴고, 목과 어깨에 힘을 주어서는 안 된다. 몸에 잔뜩 힘이 들어가 있으면 목소리도 긴장된다. 힘을 빼고 이완된 상태를 만들어 주어야 편안하고 자연스러운 목소리가 나온다. 또한 상체를 반듯하게 펴 주어야 호흡을 편안하게 할 수 있고, 그만큼 좋은 목소리가 나올 수 있다.

② 복식호흡을 연습한다

호흡은 목소리를 낼 때 중요한 역할을 한다. 좋은 목소리를 만들기 위한 가장 기본적인 연습 중 하나이다. 호흡 방법에는 배를 사용하는 복식호흡과 가슴을 사용하는 흉식호흡이 있으며, 그중 복식호흡 연습을 권장한다. 복식호흡을 통해 기압을 자유롭게 조절하면 다양하고 낮고 깊은 소리를 낼 수 있다. 그러나 이미 흉식호흡에 익숙한 상태에서 복식호흡으로 전환하는 것은 어려울 수 있으므로, 복식호흡과 흉식호흡을 적절히 혼용하는 것도 좋은 방법이다. 종이를 들거나 촛불을 켜놓고 세게 또는 오래 숨을 내쉬는 연습은 호흡 기술을 향상시키는 데 도움이 된다.

③ 외다리서기와 윗몸일으키기 등 복근훈련을 한다

좋은 목소리를 만드는 데 웬 복근운동까지 해야 하는지 의아해할 수 있다. 하지만 목소리를 만드는 시작점인 호흡을 안정적으로 하려면 복근을 단련해야 한다. 복근이 탄탄해야 배로 깊은 복식호흡을 할 수 있고, 목소리가 흔들리지 않는다.

④ 연필을 물고 입술과 혀를 최대한 움직이면서 책을 읽는다

토론을 연습할 때 간과하는 것이 하나 있다. 발음이다. 맞춤법이 엉망인 글을 보면 집중이 되지 않듯이 발음이 엉망인 말을 들으면 설득력이 떨어질 뿐만 아니라 오해를 불러일으키기도 한다. 이를 개선하기 위해서는 다음과 같은 노력이 필요하다.

성대가 진동해 발생한 소리가 우리가 알아들을 수 있는 언어음으로 바뀌는 현상을 '조음'이라 한다. 조음이 잘 돼야 발음을 명확하게 할 수 있다. 어조나 음색이 아무리 좋아도, 발음이 엉망이면 상대방이 말을 알아듣기 힘들다. 정확하게 발음하는 연습을 하려면, 연필을 물고 입술과 혀를 최대한 움직이면서 책을 또박또박 읽는 연습이 효과적이다. 단전에 힘을 주고 '아, 에, 이, 오, 우'를 외치거나 '가, 갸, 거, 겨, 고, 교, 구, 규' 등 한글을 읽어보는 것도 좋다.

이것이 너무 어렵다면, '에' '애' '의'를 구분하는 것부터 시작해 보

자. 이는 발음에서 필수적으로 짚고 넘어가야 하는 부분이다. '내게'와 '네게'를 구분하지 못하면 아예 상반되는 뜻이 되어버리지 않는가? 또한, 요즘 아이들이 '의'와 '에'를 구분하지 못하는 경우가 많은데, 이는 발음에서 오는 문제인 경우가 많다.

> 1. 내게 / 네게
> 2. 나의 / 나에

위의 두 가지를 구분하기 위해서 다음 발음을 연습해보자.

으/이	어/에	아/애
(고모음, 폐모음)	(중모음, 반개모음)	(저모음, 개모음)

또한 같은 글자라도 처음에 오는지, 중간에 오는지, 마지막에 오는지에 따라서 발음이 달라진다.

예) 대한민국은 국민의 의사를 존중하는 민주주의의 국가다.
　　　　　　　(에) (으이)　　　　　　　　　(이) (에)

아나운서처럼 발음이 정확한 롤모델의 말을 평소에 유심히 관찰하면 좋은 연습이 된다.

⑤ **구강과 비강을 자극하는 훈련을 한다**

좋은 목소리는 목구멍의 아래(후두부)가 아니라 중간(입 주위)과 윗부분(코 주위) 사이, 즉 마스크가 울려서 나는 소리다. 흉골(좌우 늑골이 맞닿는 뼈) 바로 아래 움푹 파인 곳을 꾹꾹 누르면서 힘차게 소리 내보자. "음……" 이 소리가 바로 후두부에서 나는 소리다. 이번에는 힘차고 길게. "음-흠--" 이때 "음……"은 후두부에서, "흠--"은 코 주위에서 나는 소리다. 방송촬영이 있는 날 집을 나서기 전 나는 현관에서 힘차고 길게 소리를 낸다. "음-흠--" 긴장될 때도 몇 차례 이렇게 소리를 내면 마음이 안정된다.

고갯짓, 손놀림이 말보다 강하다

사람의 마음을 움직이려면 목소리가 좋아야 함은 물론 몸짓 언어도 좋아야 한다. 말은 크게 말verbal language, 눈빛과 표정 등 몸짓 언어body language, 목소리 등 의사 언어paralanguage 세 가지로 구분할 수 있다. 어떤 언어가 가장 강력한 힘을 발휘할까? 일부 연구에 의하면 의사소통에서 말이 차지하는 비중은 고작 7%에 불과하고, 목소리와 같은 의사 언어의 비중이 38%, 몸짓 언어의 비중이 55%에 달한다고 한다. 사람들의 마음을 움직이는 데 말 자체보다는 목소리와 몸짓 언어가 훨씬 중요하다는 내용이다.

2000년 미국 대선을 보면 몸짓 언어와 의사 언어가 얼마나 중요한지를 확인할 수 있다. 당시 미국은 토론에 능한 앨 고어가 압도적으로 우세할 것이란 의견이 지배적이었다. 그런데 세 차례에 걸친 토론회를 한 결과 많은 사람의 예상을 깨고 앨 고어에 비해 상대적으로 토론에서 뒤처진 조지 부시가 좋은 평가를 받으면서 선전했다.

이유가 뭘까? 말로 하는 토론은 앨 고어가 잘했다. 하지만 고어는 부시가 자신의 의견을 말할 때 한심하다는 듯 고개를 갸우뚱거리고 눈동자를 돌려 비웃는 모습을 보였다. 그뿐만이 아니다. 토론 도중 연거푸 한숨을 내쉬거나 부시의 말을 부인하는 듯 필요 없는 군소리도 여러 차례 했다.

우리나라에도 앨 고어 같은 사람들이 많다. TV 토론을 보다 보면 목에 핏대를 세우고, 쌍심지를 치켜뜨고, 눈을 부라리며 고압적으로 말하는 사람들을 종종 본다. 그런 모습을 볼 때마다 안타깝다. 과연 시청자들은 그들의 어떤 모습을 기억할까? 불행히도 그 사람이 했던 내용이나 목소리 톤은 잊어버리거나 어렴풋하게 기억한다. 대신 그때 그 순간 그 몸짓과 표정만 또렷이 기억한다. 몸짓 언어는 이렇게 강렬하다.

입으로 하는 말만 잘한다고 말을 잘하는 것은 아니다. 몸짓 언어와 의사 언어까지 잘해야 진짜 말을 잘하는 것이다. 특히 언어 중에서도 가장 강력한 몸짓 언어를 잘 구사해야 토론의 달인이 될 수 있다.

몸짓 언어는 정지된 자세posture와 움직이는 몸짓gesture으로 나뉜다. 그 전달 창구는 ①얼굴과 눈빛 및 표정, ②손과 팔, ③다리와 발, ④

어깨와 몸통 및 허리 등의 네 가지로 나뉜다. 결국 온몸이 입술이자 혀인 셈이다. 모든 몸짓은 부정적이건 긍정적이건 의미를 담고 있다. 사람들은 보통 거부감의 표현으로 등을 돌린다. 말을 잘하려면 거기까지 읽어야 한다.

말을 주고받을 때 미세한 것이라도 상대의 몸짓 변화 하나하나를 놓쳐서는 안 된다. 고갯짓, 손놀림, 발뿌리 등의 방향까지 살펴야 한다. 또 몸짓이 의식적인 것인지 무의식적인 것인지까지도 포착할 수 있어야 한다. 때로는 작은 몸짓 하나가 입으로 하는 백 마디 말보다 더 진실하기 때문이다.

몸짓 변화는 세 가지 의미를 지닌다. 녹색, 적색, 황색 등 교통신호와 비슷하다. 상대방은 몸짓으로 "당신의 지금 말씀은 참 좋은 말씀이군요" 아니면 "이제 더 이상 듣기 싫어요"를 알게 모르게 말한다. 상대의 몸짓 변화가 녹색 신호라면 말을 계속해도 좋지만, 적색 신호라면 계속해 봐야 별 소용이 없다. 또 황색 신호일 것 같으면 잠시 생각해 봐야 한다. 말을 계속 할 것인지, 그만둘 것인지를…….

상대방의 몸짓 언어를 간파하는 능력을 키우는 것 못지않게 자신의 몸짓 언어를 갈고 닦는 것도 중요하다. 다른 사람의 몸짓 언어는 노력하면 잘 볼 수 있지만 자신의 몸짓 언어는 다르다. 다른 사람의 허물을 잘 보면서도 정작 자신의 허물은 잘 볼 수 없는 것처럼 자신의 몸짓 언어가 좋은지 나쁜지를 알기란 쉽지 않다.

좋은 방법이 있다. 자신의 말하는 모습을 비디오에 담아 보자. 잘못된 몸짓이라도 남에게 지적받으면 기분 나쁘지만, 직접 자신의 눈으로 보면 쉽게 반성할 수 있다. 자녀의 나쁜 버릇을 고치기 위한 방법으로도 아주 요긴하다. 백문이 불여일견이다. 아이에게 몸짓 언어의 중요성을 말로 설명하는 것보다 말할 때의 아이의 몸짓을 촬영해 보여주는 것이 훨씬 효과적이다. 요즘엔 스마트폰으로 손쉽게 동영상을 촬영할 수 있으니 부담 없이 시도해 볼 수 있다.

몸짓은 말을 담는 그릇이다. 그래서 몸짓이 바뀌면 말도 바뀐다. 따라서 토론을 할 때 말만 잘하려고 하지 말고 몸짓 언어에도 신경을 써야 한다. 상대방의 말을 경청하는 태도를 유지하고, 고개를 끄덕이거나 미소를 지어 상대방의 말을 경청하고 있음을 보여주는 것이 좋다. 바른 자세를 유지하는 것도 중요하다. 삐딱하게 앉거나 턱을 괴는 등의 자세는 불성실하고 상대방을 무시하는 듯한 느낌을 준다. 반듯하면서도 긴장하지 않은 부드러운 자세로 토론에 임하도록 노력해야 한다. 눈과 혀가 서로 다른 말을 할 때 현명한 자는 눈을 믿는다.

07

토론에서 배우는 인간관계의 기본

대화와 토론은 약자의 연대이자 강자와의 협상이다.

혜민이 엄마는 오지랖이 넓은 혜민이 때문에 걱정이 많다. 어렸을 때부터 친구들이 싸우면 쫓아가서 말리고 화해를 시키는 것을 좋아했다. 친구들이 싸우든 말든 무심하게 자기 할 일만 하는 이기적인 아이보다는 훨씬 바람직한 모습이지만, 그러느라 자기 시간을 많이 뺏기는 게 늘 불안하다. 곧 중학교에도 갈 텐데, 중학교에 가서도 여전하면 공부에 지장이 있을 것 같아 이만저만 걱정스러운 것이 아니다.

우리 주변에는 혜민이 같은 아이가 꼭 한두 명씩 있다. 부모 입장에서는 너무 남의 일에 많이 끼어들어 걱정스러울 수도 있지만, 이런 아이들이 토론을 잘할 가능성이 크다.

나는 어렸을 때부터 친구들 사이에서 조정자나 중재자 역할을 많이 했다. 친구들 사이에서 갈등이 생기면 이쪽저쪽 친구들의 이야기를 듣고 객관적으로 잘잘못을 따져주기도 하고, 오해가 생긴 부분은 풀어 주면서 관계를 회복할 수 있도록 노력했다.

친구들을 서로 소개해 주는 역할도 즐겨 했다. 사람들 중에는 정말 좋은 친구를 혼자만 독차지하고 싶어 하는 사람들이 있는데, 나는 친구들을 소개하고 연결해 주는 일이 재미있었다. 이 친구와 저 친구를 만나게 해 주면 서로 잘 통할 것이라 생각하고 소개해 주었는데, 실제로 둘도 없는 친구가 되었을 때의 기분은 이루 말할 수 없을 정도로 좋았다. 그때는 단지 좋아서 했던 일들인데, 지금 와서 생각해 보면 친구들 사이에서 소개자, 조정자, 중재자 역할을 많이 한 덕분에 비교적 토론 능력을 쉽게 키울 수 있었던 것 같다.

토론은 차이와 갈등을 해결하는 과정이다. 어렸을 때부터 싸움은 말리고 흥정은 붙이는 조정자나 중재자 역할을 많이 하다 보면 차이를 인정하고, 그로 인한 갈등을 해결하는 방법을 터득하게 된다. 아이와 직접 토론을 접해 보는 것도 좋지만 아이가 친구들 사이에서 조정자, 중재자 역할을 많이 할 수 있도록 격려해 주는 것도 토론 능력을 키우는 좋은 방법이다.

조정자·중재자와 토론 진행사회자는 닮은꼴!

흔히 토론 구성원이라고 하면 토론을 지켜보는 청중, 방청객, 비평가와 토론하는 사람, 즉 토론발표자만 떠올리기 쉽다. 조금 더 토론을 이해하는 사람은 진행사회자까지도 생각할 수 있다. 진행사회자는 말 그대로 토론이 원활하게 진행될 수 있도록 사회를 보는 사람이다. 이밖에도 토론을 하려면 꼭 필요한 구성원들이 있다. 바로 토론을 기획 운영하는 사람과 토론을 주최 조직하는 사람이다.

이 토론의 다섯 가지 구성원은 토론의 규모와 상관없이 다 있어야 한다. 집에서 부모와 아이가 토론을 한다면 부모가 청중, 토론발표자, 진행사회자, 기획운영자, 주최 조직자 1인 5역을 하는 것이나 마찬가지다. 학교에서 선생님이 토론식 수업을 한다면 선생님이 사회자, 기획운영자, 주최 조직자 역할을 다 하는 셈이다.

청중, 방청객, 비평가
(토론을 지켜보는 사람)

토론발표자
(토론하는 사람)
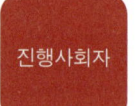
진행사회자
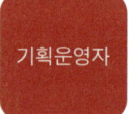
기획운영자
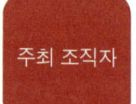
주최 조직자

토론의 구성원

토론의 구성원 중 어느 하나라도 빠지면 토론이 잘 이루어지지 않지만, 그중에서도 특히 진행사회자의 역할이 중요하다. 토론 진행사회자 하면 떠오르는 사람 중 하나가 손석희 씨다. 그는 TV 토론 프로그램의 대명사인 '100분 토론'을 2002년 1월부터 약 8년간 진행한 장본인이다. 손석희 씨가 토론을 진행하는 모습을 보면 진행사회자가 어떤 역할을 해야 하는지 알 수 있다.

진행사회자는 어느 한쪽으로 치우치지 않고 중립을 유지해야 한다. 토론발표자에게 골고루 발언 기회를 주고, 분위기가 너무 가라앉아 있을 때는 토론의 쟁점을 살려야 하고, 격앙되었을 때는 분위기를 정리해 다시 토론을 차분하게 진행하도록 이끌어야 한다.

이러한 진행사회자의 모습은 조정자 및 중재자와 상당히 유사하다. 친구들끼리 싸움이 났을 때 어느 한 친구의 이야기만 듣고 편을 들어주면 조정이나 중재는 불가능하다. 양쪽 친구의 이야기를 공평하게 다 듣고 제삼자의 입장에서 객관적으로 생각하면서 싸움을 말려야 한다.

토론발표자로 토론을 하는 것도 좋지만, 진행사회자 역할을 해보면 또 다른 토론의 묘미를 느낄 수 있다. 진행사회자뿐만 아니라 토론의 구성원은 저마다 고유의 역할이 있기 때문에 제대로 토론을 이해하려면 청중, 기획운영자, 주최 조직자 역할까지 다 해 보는 것이 좋다. 그러려면 토론의 자리 배치에 대해서도 알아야 한다.

방송에서 토론자들의 자리는 어떻게 배치할까? 사회자의 오른쪽이 상석이고 왼쪽이 아랫자리다. 사회자로부터 가까운 좌석이 상석이고 먼 좌석이 아랫자리다. 보통 사회자의 오른쪽에 여당이, 왼쪽에 야당이 앉는다. 또 우파는 사회자의 오른쪽에, 좌파는 사회자의 왼쪽에 앉는다. 이것은 18세기 말 프랑스 혁명 이후의 전통이다.

협상, 조정, 중재는 비슷하면서도 다르다

좋은 친구들을 서로 연결해 주는 소개자, 친구 들 사이에서 싸움이 일어났을 때 협상가나 조정자, 중재자 역할을 많이 하면 토론 능력이 길러진다. 그런데 소개자 역할은 그리 헷갈릴 것이 없는데, 협상가, 조정자, 중재자 역할은 다소 혼란스러운 것이 사실이다.

차이와 갈등을 해결하는 방법은 크게 ①대화 dialogue ②협상 negotiation ③알선 conciliation ④조정 調停, mediation ⑤중재 仲裁, arbitration ⑥재판 jurisdiction 등 여섯 가지다. 노사 쟁의에서는 알선, 조정, 중재를 묶어서 '조정 調整'이라 한다. ①에서 ⑥까지의 순서는 첫째 갈등의 정도가 작은 것에서 큰 것으로, 둘째 절차가 자유로운 비공식적 소통에서 절차상 공식적 소통으로, 셋째 토의의 비공개적 소통에서 논쟁의 공개적 소통으로 나아가는 단계다.

결혼에 비유하면 각 소통 방식의 차이를 쉽게 이해할 수 있다. 결혼은 크게 연애결혼, 중매결혼, 가문 결혼 세 가지로 구분된다. 연애결혼은 남녀가 직접 만나 사랑을 나누고 결혼을 결정하는 것이다. ①대화와 ②협상은 연애결혼과 비슷하다. 당사자들이 직접 만나 문제를 해결하기 때문이다. 하지만 협상은 직접 당사자가 나서지 않고 대리인을 내세울 수 있다. 이때 대리인이 협상가이다. 협상가가 당사자를 대신한다는 점에서 협상은 대화에 비해 공식적이다.

협상가의 역할은 '네고시에이터(협상가)'라는 영화를 보면 잘 알 수 있다. 1998년에 개봉된 비교적 오래된 영화지만 지금까지 이 영화만큼 협상의 묘미를 제대로 표현한 영화를 만난 적이 없다. 영화의 주인공, 새뮤얼 잭슨과 또 다른 주인공인 케빈 스페이시는 영화에서 둘 다 뛰어난 협상가로 등장한다. 두 명의 최고 협상가가 서로 한 치의 밀림도 없이 의사소통을 하고 논리를 전개하는 모습이 영화를 보는 내내 손에 땀을 쥐게 한다. 이 영화에서 알 수 있는 것은 협상에서 제안은 겉으로 말하는 것이지만 한계와 목표는 말하지 않는다는 것이다. 모든 협상에서 한계와 목표 사이에 협상가의 본심이 있다. 이를 생각하고 협상하는 것이 대화, 넓게 보자면 토론의 능력이다.

③알선과 ④조정은 중매결혼과 비슷하다. 중매결혼은 남녀의 만남을 주선하는 제삼자가 있다. 이때의 제삼자는 당사자를 대신하는 대리인과는 다르다. 제삼자인 중매쟁이는 서로 잘 맞는다고 생각하는 남녀를 연결해 줄 수는 있지만 강제로 결혼시킬 권한은 없다. 그런 점에서 조정자와 중매쟁이는 닮았다. 조정자는 갈등의 당사자들이 만나서 대화를 하게 만들고, 조정안을 만들 수는 있다. 하지만 조정안은 아무런 구속력이 없다. 당사자들이 조정안을 따르지 않아도 그만이다.

'조정자'를 생각하면 늘 '예수'가 떠오른다. 성경에서는 조정자가 아닌 '중보자'라 번역했지만 같은 의미다. 예수는 하나님과 인간을 화해시키는 임무를 맡았지만 아무런 권한이 없었다. 예수가 아무리 열심히 하나님의 뜻을 전해도 하나님을 믿고 안 믿고는 사람들의 자유다. 예수에게는 강제할 권리가 없다. 또한, 사람들이 하나님을 믿지 않아도 심판할 권리는 하나님에게 있지, 예수에게는 없다는 점에서 '조정자'와 많이 닮았다.

⑤중재와 ⑥재판은 가문 결혼과 비슷하다. 가문 결혼에도 중매결혼처럼 제삼자인 중매인이 있어야 한다. 하지만 결정권은 중매결혼의 경우 남녀 당사자들에게, 가문 결혼의 경우 제삼자인 양가의 부모들에게 있다는 점이 다르다. 이처럼 중재는 강제력이 있다. 갈등의 당사자들은 중재안에 반드시 따라야 한다. 만약 따르지 않으려면 ⑥재판을 하는 수밖에 없다.

이처럼 소개자, 협상가, 조정자, 중재자의 역할은 비슷하면서도 다르다. 어떤 역할을 경험하든 다 토론 능력을 키우는 데 도움이 되지만, 진행사회자 능력을 향상시키기 위해서는 조정자 역할을 해 보는 것이 좋다. 어찌 보면 조정자 역할이 가장 어렵다. 권한은 없으면서 갈등의 당사자들을 화해시켜야 하기 때문이다. 그만큼 조정자 역할을 많이 경험하면 아이가 더 깊어지고 단단해지니, 어디서든 조정자 역할을 하려는 아이를 오지랖 넓다고 혼내지 말고 아낌없이 칭찬해 주길 바란다.

갈등 해결과 결혼의 소통방식 비교

요약 및 정리

듣기를 잘하는 사람은 말을 잘하는 법이다.
1) 친밀한 관계 형성:
 ①이름을 불러준다, ②악수한다, ③듣는 사람의 관심에 집중한다.
2) 경청의 요령:
 ①쳐다보면서, ②메모하면서, ③맞장구치면서, ④생각하면서 듣는 것.
3) 메모의 요령:
 ①발언자의 이름, ②발언 내용의 핵심 ③들으면서 떠오르는 자신의 생각까지 적는 것.

토론 능력은 질문 능력에 달려 있다. 질문 리스트를 작성하고 질문의 순서를 정한다.
1) 질의(질의응답): 사실을 확인하는 질문. 대표적으로 상임위 대정부 질의가 있다.
2) 질문(질문 답변): 사실뿐만 아니라 의견까지 묻는다. 대표적으로 본회의 대정부 질문이 있다.
3) 심문(심문 대답): 감춰진 사실 조사. 대표적으로 법원이 진술할 기회를 주는 심리 절차가 있다.
4) 신문(신문 대답): 감춰진 사실 조사. 대표적으로 국가기관이 직접 대면하여 벌이는 일문일답이 있다.

토론에서는 포인트와 스토리를 살려 말해야 한다.
1) "요지는, 왜냐하면, 예컨대, 그래서" 순서로 말한다. ①"요지"는 주장과 의견, ②"왜냐하면"은 이유와 근거, ③"예컨대"는 사례와 증거, ④"그래서"는 요약과 결론을 나타낸다.
2) 포인트는 세 가지가 적당하다. 세상의 모든 것을 세 가지로 쪼개고 묶을 수 있는 것이 분석과 종합이다.
3) 스토리를 살린다는 것은 세 가지를 말하더라도 적절한 순서로 말해야 한다는 뜻이다.

토론은 말하는 내용보다 몸짓 언어와 목소리가 설득력을 좌우할 때가 많다.
1) 몸짓 언어: 네 가지로 표현된다. ①얼굴과 눈빛 및 표정, ②손과 팔, ③발과 다리, ④어깨와 몸통 및 허리가 그것이다.
2) 목소리: 어조, 음색, 발성 등으로 나뉜다.
3) 상대의 몸짓 언어와 목소리 등을 읽을 수 있어야 한다.

토론의 구성원
①발표자, ②진행사회자, ③기획운영자, ④주최조직자, ⑤청중비평자 등으로 구성.

3장

육각형 인재는 책상에서 만들어지지 않는다

HARVARD SECRETS

01

1일 4문 토론 :
매일 이것만 질문해도 아이는 성장한다

비전이란 보이지 않는 것을 바라보는 것이다.

아이에게 관심이 많은 부모라면 이것저것 묻고 싶은 것들이 많다. 아이가 어려서 하루 종일 부모 품에 있을 때는 아이의 일거수일투족을 지켜볼 수 있어 궁금증이 덜하다. 하지만 아이가 유치원에라도 가기 시작하면 질문이 많아진다.

    사랑하는 내 아이가 밖에서 잘 지냈는지, 밥은 굶지 않았는지, 공부는 열심히 했는지 궁금한 것이 당연하다. 아이에게 질문을 많이 하는 자체는 잘못된 일이 아니다. 오히려 일방적인 잔소리와 훈계를 늘어놓는 것보다 질문을 던지는 것이 자녀와의 관계를 좋게 만드는 비결이기도 하다. 또한, 질문은 아이의 사고력을 키워 주기 때문에 토론을 하는 데도 도움이 된다.

문제는 부모들이 아이들의 사고력을 키워 주는 질문보다 단순히 부모의 궁금증을 풀기 위한 질문들을 많이 한다는 데 있다.

"오늘 학교에서 공부 열심히 했어?"

"오늘 숙제는 뭐야?"

"오늘 친구들과 싸우지 않고 잘 지냈어?"

이처럼 부모가 관심 있고 궁금해하는 질문들을 계속하면 아이는 조금씩 대답을 회피하다 어느 순간 완전히 입을 닫는다. 보통 질풍노도의 시기인 사춘기가 시작되는 초등학교 고학년쯤이면 부모들의 호기심을 충족시키기 위한 질문에 대꾸를 안 하기 시작한다.

질문을 많이 하는 것보다 질문의 내용이 중요하다. 하루에 딱 네 가지만 질문해도 충분하다. 부모의 호기심을 채우는 질문이 아닌 아이의 사고력을 키워 주는 질문 네 가지만 하면 아이는 스스로 성장한다.

사실, 가치, 의지, 문제 제기를 묻는 질문 네 가지

대학에서 강의를 할 때 학생들에게 발표를 시키거나 리포트를 받아 보면 사실만 나열하는 경우가 많다. 사실만으로는 설득력 있게 발표를 할 수도, 리포트를 작성하기도 어렵다. 사실에 가치를 더해야 한다. 사실은 이러이러한데, 그 사실에 대해 내가 생각하는 가치는 이렇다고 자신의 생각을 분명히 했을 때 말과 글은 힘을 얻는다.

많은 사람이 사실과 가치를 구분하지 않고 말한다. 이야기를 듣다 보면 어디까지가 사실이고, 어디까지가 개인적인 생각인지 구분이 안 된다. 학생들이 제출한 리포트를 읽을 때 어떤 사실이나 다른 사람의 생각을 인용할 때 출처를 분명히 밝히지 않아 읽기가 힘든 경우가 종종 있다. 사실과 가치를 구분하지 못하면 말을 잘할 수도, 글을 잘 쓸 수도 없다.

여기에 또 한 가지 말과 글을 구성하는 중요한 요소가 있다. 바로 '의지'다. '사실'은 객관적 사실이나 지식을, '가치'는 주관적인 느낌이나 생각과 의견을, 그리고 '의지'는 실천 의지를 의미한다. 이 사실과 가치 그리고 의지를 잘 구분하고 적절하게 사용해야 토론을 잘할 수 있다.

아이가 사실과 가치, 의지를 잘 구분할 수 있게 하려면 질문을 잘해야 한다. 질문이 사실을 묻는 것인지, 가치를 묻는 것인지, 의지를 묻는 것인지 모호하면 대답도 모호할 수밖에 없다. 정확하게 사실, 가치, 의지를 구분해 각각에 해당하는 질문 하나씩, 하루에 총 세 가지만 하면 된다.

사실을 묻는 질문: "오늘 있었던 일 중 기억나는 게 무엇일까?"

아이가 학교에서 돌아왔을 때, 아이와 저녁 식사를 할 때, 혹은 아이가 하루를 마치고 잠자리에 들 때 언제라도 좋다. 하루를 보내고 편하게 대화할 수 있는 시간을 택해 아이에게 첫 번째 질문을 한다. 첫 번째 질문은 하루 동안 아이에게 어떤 일이 일어났는지를 묻는 것으로, '사실'과 관련된 질문이다.

기억나는 것 한 가지만 물어도 괜찮지만, 이왕이면 세 가지를 답하도록 묻는 게 좋다. 세 가지를 물어보는 데는 이유가 있다. 일상은 비슷한 것 같으면서도 날마다 다르다. 어떤 날은 정신이 없을 정도로 수많은 일들이 일어나는가 하면, 어떤 날은 아무 일도 일어나지 않은 것처럼 밋밋하다. 일이 많은 날은 그 많은 일 중 세 가지만 뽑기가 힘들 것이다. 그렇지만 자기 나름대로 중요도를 감안해 최종적으로 세 가지를 뽑아내는 과정에서 생각하는 힘이 쑥쑥 자란다.

하루가 밋밋해 특별히 기억에 날 만한 일이 없는 날도 마찬가지다. 세 가지는커녕 한 가지도 기억나는 일이 없는 것 같아도 하루를 되돌아보며 세 가지를 이야기하다 보면 역시 생각하는 힘이 커진다. 사실을 묻는 질문은 다음과 같이 조금 더 쪼개서 해도 좋다.

"오늘 학교(유치원)에서 뭘 배웠니?"
"점심시간에 반찬으로 무엇이 나왔니?"
"오늘 오전(혹은 오후) 중 가장 기억나는 게 뭘까?"

가치를 묻는 질문: "너의 생각은 어떠니?"
"오늘 있었던 일 중 가장 기억나는 게 뭘까?"라고 물으면 아이는 여러 가지로 대답할 것이다.

"체육 시간에 편을 나눠 축구를 한 게 제일 기억에 남아요."

"오늘 OO이 생일이었는데, 그 애 집에서 생일 파티를 한 게 제일 기억에 남아요."

"OO가 새로 산 가방을 보여주었는데, 그게 제일 기억에 남아요."

그럼 두 번째 질문, "무엇을 느꼈니?"라고 묻는다. 이 질문은 바로 가치, 아이의 주관적인 느낌이나 생각, 의견을 묻는 질문이다. 사실을 묻는 질문과는 달리 가치를 묻는 질문은 대답하기가 조금 더 어렵다. "너의 생각은 어떠니?" 혹은 "너의 의견은 무엇이니?" 같은 질문을 던져도 좋다. 혹시 아이가 금방 대답을 하지 못하고 뜸을 들이더라도 채근하지 말고 스스로 생각해 볼 수 있도록 기다려 주는 것이 중요하다. 시간이 걸리더라도 결국 아이는 자기 나름대로의 느낌, 생각, 의견을 정리해 대답한다.

"축구가 재미있어요. 우리 편이 3:1로 이겼는데, 그중 한 골은 제가 넣었어요. 그래서 기분이 아주 좋았어요."

"정말 맛있는 음식들이 많았어요. 제가 좋아하는 치킨, 피자, 김밥도 있었고, 후식으로 나온 아이스크림도 얼마나 맛있었는지 몰라요."

의지를 묻는 질문: "앞으로 어떻게 할 거니?"

사실과 가치를 묻는 질문은 아이가 어떤 대답을 해도 자연스럽게 이어서 할 수 있는데, 의지를 묻는 질문은 그렇지 않다. 의지를 묻는 질문은 대화의 내용에 따라 자연스럽게 나올 수도 있고, 하기 어려울 때도 있다. 아이가 대화를 할 때마다 꼭 의지를 묻는 질문까지 해야 한다는 부담감은 갖지 않아도 된다. 자연스럽게 내용이 이어질 수 있으면 하고, 그렇지 않으면 건너뛰어도 무방하다.

예를 들어 "오늘 있었던 일 중 기억나는 게 뭘까?"라고 물었을 때 아이가 "체육 시간에 편을 나눠 축구를 한 게 제일 기억에 남아요"라고 대답하고 그 이유를 "축구가 재미있어요. 우리 편이 3:1로 이겼는데, 그중 한 골은 제가 넣었어요. 그래서 기분이 아주 좋았어요"라고 했을 때는 의지와 관련한 질문을 하기가 애매하다. 하지만 "축구를 했는데 아깝게 1:2로 졌어요. 그것도 경기 종료 1분 남겨 놓고 한 골을 먹어서 얼마나 분하고 속상했는지 몰라요"와 같은 대답이 나오면 자연스럽게 의지를 묻는 질문을 할 수 있다.

"그렇구나. 다음에는 어떻게 할 거니?"

"마지막에 방심했던 게 문제였던 것 같아요. 끝까지 경기에 집중할 필요가 있을 것 같아요."

어른들이 생각하는 것보다 아이들은 객관적으로 자기를 돌아보고 반성할 줄 안다. 또한 스스로 앞으로 어떻게 해야 할지도 정할 수 있다.

의지를 묻는 질문은 일상적인 대화를 할 때보다 책을 읽고 토론할 때 더 자연스럽게 할 수 있다. 예를 들어 '흥부와 놀부'를 읽고 아이가 흥부를 불쌍해하고, 놀부를 비판한다면 "네가 놀부였다면 어떻게 할까?" 혹은 "네가 흥부였다면 어떻게 했을까?"와 같이 물어볼 수 있다.

문제 제기를 끌어내는 질문: "무엇이 궁금하니?"

여기에서 더 나아가 아이가 궁금한 것을 스스로 찾아내는 능력을 문제 제기라 한다. 문제 제기는 세 가지로 나뉜다. 질문 거리, 토의 거리, 논쟁 거리가 그것이다.

생각의 힘을 키우는 질문과 유도 질문은 다르다

질문을 많이 하면 아이들의 사고력이 향상된다고 말하면 대뜸 "저는 평소에 아이에게 질문을 많이 하는데요?"라고 말하는 부모들이 있다. 생각하는 힘을 키워 주기 위한 질문과 마치 취조하듯 사실을 조사하기 위해 던지는 유도 질문은 다르다.

부모 : "너 학교 갔다 오는 길에 PC방 들렀지?"
아이 : "아니에요."
부모 : "그런데 왜 평소보다 30분이나 늦었어?"
아이 : "아니라니까요. 같이 집에 올 친구를 기다리다가 늦은 거예요."
부모 : "정말이야?"

질문의 형식을 취했지만 위의 예처럼, 부모가 미리 답을 정해놓고 아이의 대답을 유도하는 심문에 가깝다. 이처럼 사실 조사를 위해

던지는 질문을 '유도 질문leading question'이라 한다. 예컨대 "너 담배 언제 끊었지?"라고 물으면 아이는 엉겁결에 "어저께부터요"라고 대답할 수 있다. 아이 스스로 담배를 피웠던 사실을 인정하게 만드는 셈이다. 대부분의 부모들이 자기도 모르는 사이에 이런 유도 질문을 한다. 유도 질문은 아이의 생각하는 힘을 키우는 데 아무런 도움이 되지 않는다. 오히려 부모의 유도 질문에 말려들지 않기 위해 잔머리를 굴리면서 거짓말을 하게 된다.

사실을 조사하기 위해서가 아니라, 아이의 생각을 부모가 원하는 방향으로 이끌기 위해 유도 질문을 하는 경우도 많다. 예컨대 학원에 가지 않고 혼자 공부하고 싶어 하는 아이에게 "이번에 성적이 많이 떨어졌는데 아무래도 혼자 공부해서 그런 것 같지 않니?"와 같이 질문한다면 이것 또한 유도 질문이다. 이런 경우 부모들은 대부분 원하는 답이 나올 때까지 집요하게 유도 질문을 한다.

> 아이 : "이번에 성적이 떨어진 건 사실이지만 학원에는 가고 싶지 않아요."
> 부모 : "왜? 혼자 공부하는 것보다는 학원에서 공부하는 게 낫지 않을까?"
> 아이 : "싫어요. 저는 혼자 차분하게 공부하는 게 더 좋아요."
> 부모 : "그러지 말고 일단 딱 한 달만 다녀보면 어떨까? 다녀보

> 고 별 도움이 되지 않는다면 그때 그만둬도 되잖아."

답을 정해놓고 던지는 질문은 아이로 하여금 대답할 의욕을 상실하게 만든다. 부모가 자신의 생각을 존중하지 않는다는 것을 느끼는 순간, 아이는 반감을 갖기 시작한다. 대화든 토론이든, 서로가 열린 마음으로 상대방의 생각을 존중해야 제대로 할 수 있다. 혹시라도 지금껏 자기도 모르는 사이에 아이에게 유도 질문을 해 왔다면, 지금부터라도 아이의 생각을 제대로 끌어내 발전시킬 수 있는 질문다운 질문을 시작하기 바란다. 그것을 유발질문이라고 한다.

긍정적인 반응이 아이의 생각을 확장시킨다

일상생활 속에서 아이와 함께 1일 4문 토론을 연습할 때는 아이가 어떤 대답을 하든 긍정적인 반응을 보이고 존중해 주는 것이 중요하다. 그렇게 하지 않으면 아이는 자신의 생각을 키우는 대신 부모가 원하는 답을 찾는 데 머리를 쓰게 된다. 예를 들어 "오늘 있었던 일 중 가장 기억에 남는 게 뭘까?"라고 질문했을 때 아이가 "친구랑 게임해서 이긴 게 가장 기억에 남아요"라고 대답했다고 생각해 보자. 아이가 게임에 빠져 있는 것을 편안하게 받아들일 수 있는 부모는 그리 많지 않다.

게임이 아이들에게 미치는 나쁜 영향은 수를 헤아릴 수 없이 많다. 게임에 빠져 공부에 흥미를 잃어버리는 것은 둘째 치고, 인성에 문제가 생긴다. 게임을 하느라 사람들과 직접 어울릴 시간이 부족해 현실에서 대인관계를 맺을 시간이 적어지기 때문이다. 그래서 아이가 하루 중 친구랑 게임한 일이 가장 기억에 남는다고 대답하면 부모들은 대부분 부정적인 반응을 보인다.

"게임 말고는 기억에 남는 일이 없니? 넌 어떻게 된 애가 게임밖에 모르니?"

"게임에서 이길 생각 말고 제발 공부에서 이길 생각 좀 해라."

이렇게 말로 표현할 때는 말할 것도 없고, 말로 하지 않더라도 얼굴 표정과 행동으로 게임을 좋아하는 아이를 못마땅해하는 반응을 보인다.

아이가 게임을 지나치게 좋아해 공부도 안 하고 대인관계에도 문제가 생길까 걱정하는 부모의 마음은 충분히 공감한다. 하지만 질문에 아이가 못마땅한 대답을 했다고 부정적인 반응을 보이면 더 이상 1일 4문 토론은 불가능하다. 기껏 대답을 했는데 인정받지 못하고 혼이 나거나 면박을 당하는데 부모의 질문을 즐길 수 있는 아이는 단언컨대 없다.

1일 4문 토론을 할 때뿐만 아니라 어떤 대화나 토론을 할 때도 상대방의 이야기를 긍정해 주고 존중해 주는 것은 기본이다. 특히 대화나 토론의 상대가 자녀일 때는 더욱 긍정적인 반응을 보여주어야 한다. 긍정적인 반응이 아이의 두뇌에 활력을 불어넣어 더 많은 생각을 이끌어 내기 때문이다.

"아! 친구랑 게임을 해서 이겼구나. 재미있었겠네."

"네, 정말 재미있었어요."

"어떤 게임을 했는데? 엄마도 해보고 싶다."

"OOO이라는 게임인데, 제가 가르쳐 드릴까요?"

긍정적인 반응을 보여주고 공감해 주면 아이는 신이 나서 이야기를 계속한다.

아이가 엉뚱한 대답을 했을 때도 절대 무시해서는 안 된다. 아이들과 대화를 하다 보면 종종 전혀 상상하지도 못한 엉뚱한 대답을 할 때가 있다. 예전에 한 후배가 했던 말이 기억난다. 아들이 대여섯 살쯤 되었을 때 "우리 OO이는 앞으로 커서 뭐가 되고 싶어?"라고 물었더니 "난 엄마가 될 거야"라고 말했다고 한다. 당황한 후배는 말을 얼버무리고 화제를 바꿨다고 했다.

하지만 부모 입장에서 당황스러운 말이 나오더라도 우선은 긍정적인 반응을 보여야 한다. 그런 다음 왜 부모가 당황스러운지를 설명해야 아이의 생각이 확장된다.

"와! 멋진 생각이네? 그런데 어떻게 엄마가 되겠다는 생각을 했어?"

"엄마가 참 좋아. 내가 말하면 웃어주고, 맛있는 것도 만들어 주고, 잠잘 때는 동화책도 읽어 주잖아. 그래서 나도 앞으로 엄마처럼 좋은 사람이 될 거야."

일단 긍정을 먼저 해 줘야 아이의 다음 생각을 끌어낼 수 있다. 긍정은 아이의 사고력을 확장시키고, 무한한 상상의 나래를 펼침으로써 창의력을 개발할 수 있게 만들어 주는 강력한 힘이다. 얼마나 긍정적인 반응을 보였느냐에 따라 아이의 사고력과 창의력이 달라진다고 해도 과언이 아니다.

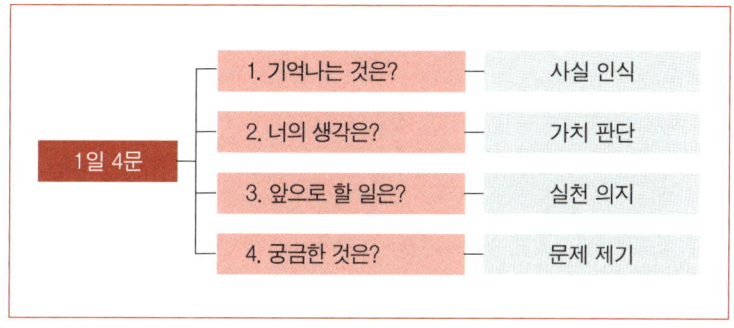

02

문답형 토론 :
스스로 생각하는 힘을 기른다

**날로 새로워라! 오늘도 새로워라!
변화만이 발전과 진보를 낳는다.**

모든 토론의 기본은 문답이다. 문답을 잘하면 어떤 형식의 토론이든 잘할 수 있다. 따라서 아이의 토론 능력을 키워 주려면 평소 아이와 함께 문답을 즐기는 것이 좋다. 아이와 문답형 토론을 할 때는 아이에게 사고력과 창의력을 키워 줄 수 있는 질문을 하는 것 못지않게 아이로부터 많은 질문을 끌어내는 것도 중요하다. 질문이 없는 아이는 발전하기 어렵다. 질문은 곧 세상에 대한 호기심이며, 사고력을 발전시킬 수 있는 중요한 열쇠이기 때문이다.

자녀에게 질문을 던져서 답을 끌어내는 것뿐만이 아니고 질문까지 끌어낼 수 있는 부모는 훌륭하다. 그렇다면 어떻게 그렇게 할 수 있을까? 도움이 될까 싶어 나의 경험담을 소개하고자 한다. 경기도 율곡교육연수원장 시절에 교육감 승용차를 탈 일이 있어서 교육감에게 토론 정책 제안을 할 기회가 있었다. 그런데 막상 승용차를 타 보니 정적이 흘렀다. 정적을 깨고 싶은데 어떻게 할까?

정적을 깨는 비결은 질문이다. 어렵게 질문을 던지니 간단한 답을 들을 수 있었다. 어쨌든 정적은 깨졌다. 그래서 다시 질문을 던지니 또 간단한 대답이다. 다시 또 질문을 던지니 긴 대답과 함께 질문이 돌아왔다. 질문을 던져 답을 끌어낸 것에서 그치지 않고 질문과 관심을 끌어낸 것이다. 이렇듯 질문을 반복하면 아이에게 관심을 받을 수 있다. 또한, 문답이 익숙해지면 아이의 사고력과 상상력이 풍부해진다.

위대한 철학자나 과학자, 성인들은 대부분 문답의 달인이었다. 많은 사람이 위대한 사람은 태어날 때부터 뭔가 특별한 능력을 갖고 있었으리라 생각하지만, 그들을 특별하게 만든 것은 '문답'이다. 뉴턴은 떨어지는 사과를 보고 "왜 사과가 옆이나 위로 떨어지지 않고 밑으로만 떨어지는 것일까?"라는 의문을 품었다. 스스로에게 던진 그 질문에 대한 답을 찾으려고 노력한 결과 발견한 것이 '만유인력'이다.

일국의 왕자였던 가우타마 싯다르타는 "왜 인간은 생로병사하는가?"라는 질문을 던지고 오랜 시간 답을 찾기 위해 고행을 마다하지 않았다. 그가 바로 '부처'다. 이처럼 끊임없이 질문하고 답을 찾으면서 생각하는 힘을 키운 결과, 깨달음을 얻고 중요한 발견을 할 수 있었던 것이다.

질문을 멈추지 않는 아이로 만드는 것은 부모의 몫이다. 아이가 문답의 중요성과 재미를 알게 되면, 아이는 스스로 질문하고 답하는 것까지 즐기게 된다. 부모나 교사가 자녀나 학생들에게 질문을 던지는 모습은 크게 다섯 가지 유형으로 나뉜다.

유형 1) 질문하기보단 설명하려 든다.
유형 2) 질문을 던지는 것이 중요함을 알지만 질문 만들기가 어렵다.
유형 3) 질문을 던졌는데 아이가 대답을 못하니 자신이 대답한다.
유형 4) 질문을 던져서 답을 끌어낸다.
유형 5) 질문을 던져서 답을 끌어낼 뿐만이 아니고 질문까지 끌어낸다.

아이들의 질문엔 질문으로 답하는 것이 최고

부모가 아이들의 사고력을 키울 수 있는 질문을 하는 것도 중요하지만, 아이가 스스로 궁금증을 품고 질문했을 때 잘 대답해 주는 것도 아주 중요하다. 가슴에 손을 얹고 자신이 어떤 유형의 부모인지 생각해 보자. 아이들이 질문했을 때의 부모의 반응은 대략 다음과 같은 다섯 가지 유형으로 구분할 수 있다.

유형 1) 질문 끌어내기의 중요성을 모른다. 또한, 질문이 있냐고 묻지도 않는다.
유형 2) 질문 끌어내기의 중요성을 알지만 아이에게 질문을 받는 게 두렵다.
유형 3) 질문을 받자마자 촉새처럼 대답한다.
유형 4) 질문을 받으면 다른 사람에게 물어본다(중계질문).
유형 5) 질문을 받고 질문한 아이에게 역질문한다(반전질문).

질문을 받지 않는 유형 1은 질문의 중요성을 아예 모르는 사람이다. 기껏 아이가 질문을 해도 "뭐 그런 쓸데없는 질문을 하니? 그런 질문할 시간 있으면 책을 한 자라도 더 봐라."라고 핀잔을 주며 질문을 받지 않는다. 부모뿐만 아니라 선생님들 중에도 이런 유형이 있는데, 아이들의 사고력을 차단하는 것은 물론 마음에 깊은 상처를 남기는 위험천만한 유형이다.

유형 2는 질문의 중요성을 알지만 대답하기가 귀찮거나 두려워 아이가 질문하지 않았으면 하는 유형이다. 노골적으로 아이의 질문을 무시하지는 않지만, 유형 1만큼이나 반성해야 할 유형이다. 아이의 사고력과 창의력이 발달하기를 바란다면 아이가 아무리 대답하기 어려운 엉뚱한 질문을 하거나 지치도록 질문을 계속하더라도 받아주어야 한다.

유형 3은 가장 일반적인 모습으로, 아이가 질문하면 있는 지식, 없는 지식을 총동원해 열심히 대답한다. 유형 1과 2에 비해 모범적이지만, 최선의 모습은 아니다. 아이는 부모의 설명을 듣고 궁금증은 해결할 수 있겠지만, 아이 스스로 생각해 볼 수 있는 힘은 자라지 않는다. 학교에서 선생님의 일방적인 강의를 듣고 아이의 사고력이 발달하지 못하는 것과 같은 이치다.

대학 교수 초입 시절, 나도 촉새처럼 바로 대답하는 유형이었다. '형식이 내용을 지배하는가?'란 주제를 놓고 토론이 벌어졌을 때, 한 학생이 내 설명에 수긍할 수 없다며 막무가내로 우겼다. 다른 학생들은 구경꾼이 되어 교수와 학생의 싸움을 구경했다. 강의를 마칠 무렵이 다 되었지만 결론이 나지 않았다. 나는 학생을 설득하지 못했고, 학생은 자기주장을 굽히지 않았다. 얼굴이 벌겋게 달아올라 강의실을 나왔던 것으로 기억한다. 연구실에 돌아와서도 한참 동안 흥분을 가라앉히지 못했다. 그 후에도 몇 차례 비슷한 논쟁이 계속됐다. 그러면서 겨우 깨달았다.

"질문을 던져 질문을 끌어내라. 그리고 질문에 질문으로 답하라."

비싼 수업료를 치르고 얻은 결론이었다. 질문을 받자마자 촉새처럼 즉시 대답하는 것은 결코 좋은 교육법이 아니었다. 아직 다른 학생들이 그 질문을 충분히 공유하지 못한 상태에서 이루어지는 소통이기 때문이다.

그렇다면 어떻게 해야 할까? 유형 4처럼 질문을 받아 다른 사람에게 답을 하게 만들면 된다. 예를 들어 A에게서 질문을 받으면, 교사는 모든 것을 알 수도 없거니와 답을 알고 있더라도 곧바로 대답하지 않는 게 좋다. 떠들고 있는 다른 학생에게 묻는다. "저 뒤에 앉아 있는 B군, 이제 금방 A가 뭐라고 질문했어요?" 아니면 "A의 질문에 대해 어떻게 생각합니까?" 수백 명이 있는 강의실이라 해도 이내 곧 조용해진다. 자신도 지적을 받으면 어떡하나 하는 걱정에 모두들 주목한다. 이것이 중계질문relay question*이다.

부모가 아이와 문답을 할 때 중계질문을 활용할 수 있다. 예를 들어 작은아이가 질문했을 때 큰아이에게 "넌 어떻게 생각하니?"라고 물어 큰아이가 대답하게 하는 것도 좋은 방법이다. 문답은 여러 사람이 함께하면 할수록 더 많은 생각을 끌어낼 수 있기 때문에, 아이가 외동이 아니라면 가능한 한 가족들이 함께 모여 유형 4와 같은 방식으로 문답을 하면 훨씬 효과적이다.

마지막으로 최고의 대답은 유형 5처럼 질문에 질문으로 답하는 것이다. 부모들이 가장 대답하기 어려운 질문은 엉뚱한 질문이다. 지식을 묻는 질문이라면 인터넷이나 백과사전을 찾아서라도 대답해주면 되는데, 딱히 정답이 없는 질문을 하면 곤혹스러울 수 있다. 이

---

* A의 질문에 B가 대답하게 하는 것이 중계질문이다. 하나의 질문에 중계질문은 세 번 정도가 적당하다. 그 이상 진행하면 약발이 떨어져 오히려 역효과다. 이렇게 해도 좋은 대답이 나오지 않을 경우, 아니 이미 답이 나왔다 하더라도 질문한 학생에게 되묻는 것이 중요하다. 보통 질문을 한 사람이 다른 사람보다 그 문제에 대해 할 말이 더 많은 법이기 때문이다.

때 질문으로 답을 하면 고민이 말끔히 해결된다.

예를 들어, 아이가 "엄마, 달에 토끼가 살아요?"라고 물으면 어떻게 대답하는 것이 좋을까? 아이를 키우면서 한 번쯤은 들어 보았음 직한 질문이다. 학부모들을 대상으로 강의할 때, 아이에게 이런 질문을 받은 적이 있는지, 그랬다면 어떻게 대답했는지를 물어보곤 한다. 부모들의 답변은 다양했다. 아이의 상상력을 키워 주고 싶어 "그럼, 토끼가 살지"라고 대답했다는 부모들도 있었고, 정확한 지식을 알려 주어야 한다고 생각해 "달엔 공기가 없기 때문에 토끼 같은 생명체가 살 수가 없다"라고 대답한 부모들도 있었다.

부모들은 과연 어떻게 대답한 것이 아이에게 더 좋은 것이냐며 한바탕 질문을 퍼부었다.

가장 좋은 대답은 아이로 하여금 스스로 생각해 볼 수 있도록 질문으로 답하는 것이다. 단, 질문으로 답할 때 먼저 아이의 질문을 인정하고 공감해 주는 것이 중요하다.

"엄마, 달에 토끼가 살아요?"
"와, 정말 좋은 질문이네. 우리 ○○가 왜 그게 궁금할까?"
"동화책을 봤는데, 토끼가 달에서 절구를 찧고 있었어요."
"그렇구나. 동화책에 토끼 말고 달에 사는 동물이 또 있었니?"

이렇게 다시 물으면 아이는 또다시 상상의 나래를 펼친다. 훌륭한 선생님이나 부모는 즉답을 하지 않는다. 아이들의 질문을 끌어내고 질문을 던지면서 아이들 스스로 답을 찾게 만든다. 주입식으로 배운 지식은 금방 잊어버리지만, 생각하고 또 생각하며 힘들게 얻은 지식이나 지혜는 쉽게 잊히지 않는다. 답을 찾으면서 아이의 사고력이 발달함은 두말할 것도 없다.

왜? 어떻게? 질문이 사고력을 키운다

질문은 아이들의 사고력을 향상시키는 데 큰 도움이 되지만, 모든 질문이 아이들의 생각을 넓혀 주는 것은 아니다. 질문도 질문 나름이다.

자녀 교육에 관심이 많은 나연이 엄마는 일찌감치 질문의 중요성을 깨닫고, 나연이가 어렸을 때부터 질문을 많이 했다. 새로운 것을 알려주거나 공부를 도와줄 때도 일방적으로 설명하기보다는 질문을 던져 아이 스스로 답을 찾을 수 있도록 도와줬다.

그런데 처음에는 퀴즈 풀듯이 질문을 즐기던 아이가 언제부터인가 질문을 해도 별 흥미를 보이지 않았다. 꼭 한 번 더 물어야 마지못해 대답을 했다. 초등학교 고학년이 되자 더 대답을 잘 안 했다. 대답만 안 하는 것이 아니라 아예 엄마와 대화를 하려 하지 않았다.

"나연아, 왜 엄마가 묻는데 대답을 안 해?"

"그냥요."

"그런 말이 어디 있어? 이유도 없이 대답을 안 하는 게 말이 되니?"

화가 나서 나연이를 다그치자 나연이는 한참 침묵한 후 어렵게 말문을 열었다.

"엄마가 하는 질문은 재미없어요. 꼭 시험 보는 기분이에요."

"뭐라고?"

"엄마가 하는 질문에는 이미 다 답이 정해져 있잖아요."

예상치 못했던 아이의 대답에 나연이 엄마는 크게 당황했다. 그동안 나연이를 위해 했던 질문들이 나연이에게는 큰 스트레스였던 모양이다. 나연이 말을 듣고 곰곰이 생각해 보니, 나연이의 말도 맞았다. 특히 공부를 도와줄 때의 질문은 나연이가 제대로 알고 있는지를 확인하는 질문들이어서 재미없고 부담스러울 수도 있겠다는 생각이 들었다.

"나무로 지붕을 이고, 바람에 날리지 않도록 돌을 올려놓아 지은 집이 뭘까?"

"너와집."

"그렇지. 그럼 남부 지방과 북부 지방 집의 차이점은 뭘까?"

"남부 지방 집은 바람이 잘 통하고 북부 지방 집은 방이 서로 붙어 있어요."

"딩동댕, 맞았네."

나연이가 잘 아는 내용에 대해 질문할 때는 경쾌하게 탁구 게임을 하듯 빠르게 질문과 답이 오갔다. 하지만 잘 모르는 내용을 물을 때는 나연이는 물론 질문을 하는 엄마도 힘들기는 매한가지였다. 질문을 해도 대답을 하지 못하고 멍한 표정으로 있는 아이를 보면 부아가 치밀어 오르기도 했다. 나연이 엄마 입장에서는 질문에 답하지 않는 아이가 야속하고 걱정스러웠겠지만, 단순히 아는 지식을 묻는 단답형 질문은 아이의 사고력을 향상시키는 데 큰 도움이 되지 않는다. 아는 내용을 묻는 질문이었을 때는 단지 기억 속에 있는 답을 끄집어내는 것에 불과하다. 모르는 내용을 묻는 질문이었을 때는 더 좋지 않다. 사고력과는 상관도 없는 질문에 자신감을 잃고, 나연이처럼 문답을 재미없는 시험처럼 느낄 뿐이다. 아이들의 사고력을 키워 주려면 단답형 질문보다는 '왜'와 '어떻게'처럼 생각을 묻는 질문을 해야 한다. 예를 들어 똑같이 지식을 묻는 질문이라도 '왜'와 '어떻게'를 활용한 질문만 더 해도 문답의 수준이 많이 달라진다.

"남부 지방과 북부 지방 집의 차이점은 뭘까?"

"남부 지방 집은 바람이 잘 통하고 북부 지방 집은 방이 서로 붙어 있어."

"왜 그럴까?"

"남부는 더우니까 바람이 잘 통하게 만들었을 것 같아. 북부는 추우니까 방이 붙어 있는 게 아닐까?"

"어떻게 그렇게 생각했을까?"

"네 맞아요"라고 말하는 순간 아이들의 생각은 멈춘다. 하지만 '왜'와 '어떻게'를 물으면 아이들은 계속 생각한다. 그러면서 미처 답을 하지 못했던 아이들도 또 다른 답을 생각하면서 사고력을 키울 수 있다. '왜'와 '어떻게'라는 질문을 많이 받아보지 못한 아이라면 처음에는 어떻게 답을 해야 할지 몰라 침묵할 수도 있다. 답을 하지 못해도 괜찮다. '왜'와 '어떻게'라는 질문을 받는 순간 아이의 두뇌는 이미 생각을 시작한다. 정답이 있는 단답형 질문에 대답할 때와는 달리 두뇌가 활발하게 움직인다. 그러면서 사고력이 무한대로 확장할 수 있음은 물론이다.

질문을 끌어내는 데도, 말을 끌어내는 데도 방법이 있다

문답이 아이의 사고력을 향상시키는 데 도움이 되는 것은 분명하다. 문제는 생각보다 질문하고 대답하는 데 익숙하지 않은 아이들이 너무도 많다는 것이다. 물론 어른들의 잘못이다. 세상에 대한 무한한 호기심으로 조잘조잘 끊임없이 질문을 하던 아이들의 입을 닫게 만든 것도, 질문했을 때 꿀 먹은 벙어리를 고수하는 것도 다 어른들 잘못이다.

굳게 다문 아이들의 입을 열게 할 수 있는 방법이 있다. 우선 아이들이 침묵하고 있을 때 질문을 끌어내려면 어떻게 해야 할까? 사실 아이와 일대일로 문답을 즐길 때는 고민이 덜하다. 하지만 사람 수가 많으면 많을수록 아이들의 입은 쉽게 열리지 않는다. 아이들이 여럿일 때는 다음과 같은 단계로 질문을 끌어낼 수 있다. 이 방법은 부모뿐만 아니라 선생님들이 수업을 할 때도 유용한 방법이다.

우선 아이들 모두에게 질문한다. 이를 '전체질문'이라 한다. 전체질문에서 자신 있게 반응을 보이는 사람은 거의 없다. 이때 전체를 몇 개의 소집단으로 나눠 질문하면 질문을 끌어낼 수 있다. 예컨대 학교일 경우 "맨 앞줄에 앉은 친구들 중 질문 있는 사람 없나요?"라고 물으면 손을 드는 사람이 나올 수 있다. 이것을 '소집단질문'이라 한다. 이래도 반응이 없다면 특정 개인의 이름을 거명하는 '지명질문'을 던질 수 있다. 질문이 너무 없어 분위기가 가라앉았을 때 질문을 할 만한 아이를 포착해 질문하는 것도 좋다.

집에서는 아이들이 많아야 2~3명이기 때문에 전체질문에서 바로 지명질문으로 건너뛰게 되는 경우가 많다.

지명을 받으면 책임감이 생겨 대부분 입을 열게 된다. 지명질문이 너무 강제적인 것 같은 느낌이 들지만 지명을 받고 나서야 비로소 좋은 의견을 말하는 사람들도 있다.

선생님들 중에는 평소에는 말 한마디 없던 학생이 막상 지명을 해서 질문을 하게 하거나 발표를 하게 하면 조목조목 논리적으로 이야기를 잘해 깜짝 놀랐다는 분들이 많다. 지명질문을 할 때는 학생들의 몸짓 언어를 보고 누구를 지명할 것인지를 판단할 수 있다.

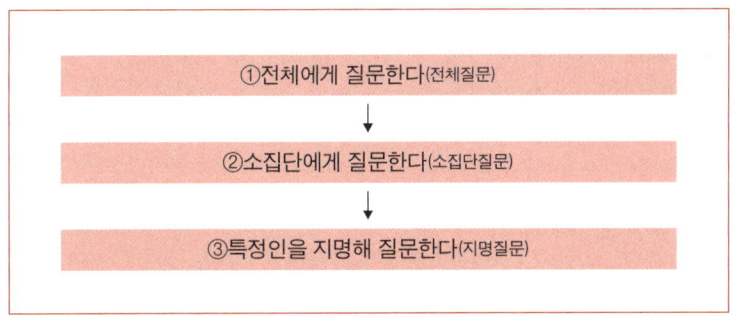

질문을 끌어내는 순서

아이들이 침묵할 때도 질문을 끌어낼 때와 같은 방법으로 입을 열게 할 수 있다. 우선 "누가 이야기해볼까?"와 같이 전체에게 기회를 주고, 소집단으로 나누어 말하게 하고, 마지막으로 특정인을 지명하면서 기회를 준다. 이 방법은 처음부터 아이들이 질문에 답을 하지 않았을 때 사용할 수 있는 방법이며, 문답을 하다 막힌 경우에는 다른 방법을 써야 한다. 충분히 이야기가 나왔다 하더라도 사용할 수 있는 방법이 있다. 다음과 같이 해보자.

---

1. "다른 말을 해 보자."
2. "빠진 말을 해 보자."
3. "보다 깊은 말을 해 보자."
4. "이제까지 나왔던 말을 비교해 보자."
5. "이제까지 나왔던 말의 관계를 지어 보자."
6. "이제까지 나왔던 말 중 가장 중요한 말은 무엇일까?"
7. "전혀 새로운 말을 해 보자."

1번은 가장 기본적인 방법이다. 이야기가 어느 정도 나왔을 때 "다른 얘기가 없을까?" 하면 "다 얘기했는데요"라고 말하거나 아이들이 여럿일 때는 "아무개와 똑같아요"라고 말할 수 있다. 그럴 때는

"똑같은 얘기라도 좋으니 다르게 표현해볼까?"라고 말하면 그제야 입을 여는 경우도 많다. 2번 "빠진 말을 해 보자"도 효과가 좋다. 신기하게도 아이들은 더 이상 할 얘기가 없다고 하다가도 "빠진 말을 해 보자"라고 말하면 그제야 어떤 이야기가 빠졌을까 고민하고 빠진 말을 한다. 언어가 가진 놀라운 힘이다.

보통 1~3번까지만 해도 대부분 아이들이 입을 연다. 여기서 끝내도 되지만 조금 더 토론을 잘하려면 4~7번까지 시도해 보는 것도 좋다. 결국 토론이란 나와 다른 사람들의 이야기를 비교해 차이를 발견하고, 이야기들의 관계를 파악해 설득력 있게 이야기하는 과정이기 때문이다. 또한 말이 너무 많이 나왔을 때는 6번 "이제까지 나왔던 말 중 가장 중요한 말은 무엇일까?"라는 말로 아이들 스스로 어떤 이야기가 가장 중요한 것인지 생각해 볼 필요가 있다. 7번 "전혀 새로운 말을 해 보자"는 한 주제에 매몰되어 더 이상 이야기가 진전되지 않을 때 할 수 있는 제안이다. 상황에 따라 1~7을 적절하게 사용하면 아이들로부터 더 많은 이야기를 끌어낼 수 있다.

모든 공부는 문답식 토론으로 가능하다

문답식 토론으로 스스로 생각하는 힘을 키우면, 공부도 문답식으로 재미있게 할 수 있다. 부모들이 집에서 아이들의 공부를 도와줄 때 문답식 토론을 활용하면 좋다. 하지만, 정작 문답식 토론 수업이 필요한 곳은 학교다. 수업을 문답식 토론 수업으로 바꾸기만 해도 학교가 지금보다 훨씬 재미있고 유익한 공간이 될 수 있을 것이다.

이미 토론식 수업에 관심을 가지고 있는 선생님들이 많다. 하지만 교육청이나 교원 단체에서 주최하는 교사 토론 연수 강의에 가 보면 늘 참석자의 대부분은 국어나 사회 교과 교사들이다. 왜 영어나 수학, 다른 과목 선생님들은 토론 교육에 관심이 없는 것일까? 과목 성격상 토론식 수업이 불가능하다고 말하는 분들이 많지만, 그건 편견이다. 수학이나 영어도 충분히 토론식 수업을 할 수 있다.

고등학교 시절 이야기다. 2학년 때 수학 선생님 한 분께서 도시에서 우리 학교로 부임해 오셨다. 실력이 좋으신 분인데, 건강이 좋지 않아 요양 겸 시골에 오셨다는 소문이 파다했다. 아닌 게 아니라 그분의 수업 방식은 독특했다. 수업 시간에 다룰 진도의 범위 안에서 중요한 문제 하나를 뽑고, 칠판을 4등분으로 나누면서 물었다. "이 문제를 풀 수 있는 학생, 누구 없나요?" 예습을 한 학생이라면 누구나 칠판 앞에 설 수 있었다. 문제를 푼 4명의 학생이 제자리로 돌아간 후에는 또 물었다. "누구의 풀이가 가장 좋은가요? 어느 부분이 틀렸나요?" 이것이 토론식 수학 공부의 한 예였다. 토론은 문답을 통해 이루어지기 때문이다.

내 기억으로는, 그 후 수학을 어려워하고 지겨워하는 친구들의 수가 줄었다. 수업 시간은 재미있고, 유익하고, 공정했다. 수학을 좋아하는 친구들이 많아졌고, 수업의 진도가 잘 나갔으며, 수업 시간에 보다 많은 친구들이 참여할 수 있었다. '재미, 유익, 공정'은 토론의 성공 여부를 가르는 기준이다.

이런 방법은 어떨까? 영어 독해를 예로 들어 보자. 우선 다음 시간에 다룰 진도의 범위 안에서 학생들의 예습을 자극하기 위해서는 교사의 질문이 중요하다. "다음 시간에 이런 것들을 공부하고자 하는데, 질문을 준비해 오세요."

수업 시간이 돌아왔다. 교사는 질문한다. "나는 강의에 앞서 여러분의 질문이 중요하다고 생각합니다. 질문이 없으면 강의 시간이 지루하지 않을까요?" 아니면 "이런 것들은 알고 있나요?" 학생들의 질문을 받아 칠판에 적어 나간다. 일종의 브레인스토밍이다. 손을 드는 순서에 따라 질문을 적어 나가되, 가능하면 많은 학생들이 질문에 참여하도록 한다. 아니면 교사가 묻고 싶은 질문을 칠판에 적는다.

칠판에 적힌 질문을 처리하는 방법은 다음과 같다. 첫째, 질문들 가운데 다른 학생이 대답할 수 있는 것이 있는지 찾아본다. 스스로 해결하면 학생들의 실력 향상은 더 잘된다. 둘째, "누구의 질문이 좋나요?" 비교도 해 본다. 셋째, 질문들을 분류한다. 바로 범주화, 체계화의 작업이다. 이는 브레인스토밍 후의 마인드맵에 해당한다. 글쓰기의 구성뿐만 아니라 논리적 사고를 위해서도 아주 중요하다. 넷째, 그룹을 편성하여 그룹별로 해결하게 한다.

이처럼 문답식 토론을 활용하면 어떤 과목도 토론식 수업을 할 수 있다. 학교에서든, 집에서든 아이들이 문답식으로 공부할 수 있는 날이 빨리 왔으면 좋겠다.

브레인스토밍을 하면 토론이 쉽다

토론을 잘하려면 창의력이 있어야 한다. 아무리 논리적으로 말을 잘해도 누구나 할 수 있는 평범한 이야기로는 사람들의 마음을 움직이기 어렵다. 남들은 미처 생각지 못한 창의적인 이야기라야 주목을 받을 수 있다. 브레인스토밍이 토론에 도움이 되는 것도 다 이런 이유에서다.

브레인스토밍은 집단 토의의 일종이다. 특정한 주제나 문제에 대해 머릿속에 떠오르는 아이디어를 자유롭게 이야기하면서 창의적인 아이디어를 얻거나 합리적인 해결책을 모색하는 방법이다. 사람이 많을수록 다양하고 참신한 아이디어를 얻을 가능성이 크지만 부모와 자녀 몇 명이 해도 괜찮다. 아이와 함께 놀이처럼 브레인스토밍을 하다 보면 아이의 창의력이 쑥쑥 자랄 것이다.

브레인스토밍은 1938년 미국 광고대리점의 부사장이었던 오즈번에 의해 개발된 회의 방식이다. 말 그대로 브레인Brain, 즉 두뇌에서 스토밍Storming, 바람을 일으켜 폭발적으로 많은 아이디어를 내는 것을 말한다. 브레인스토밍을 할 때는 누가 어떤 아이디어를 내든 무시하거나 비판해서는 안 된다. 어떤 아이디어든 자유롭게 이야기하다 보면 창의적이면서도 기발한 생각이 나올 수 있기 때문이다.

본격적인 토론을 시작하기 전에 브레인스토밍을 하면 토론을 보다 효과적으로 진행할 수 있다. 예컨대 '성소수자의 법적 결혼 인정해야 한다'라는 주제로 토론을 한다면 돌아가면서 이것과 연관된 단어를 말해 본다. 차별과 차이, 호모포비아, 행복권, 자기결정권과 평등권, 성정체성, 성적 지향, 결혼, 이성애 중심주의, 인권, 다양성, 패션계, 네덜란드, 광기와 폭력, 소수자 인권, 다수와 소수, 새 결혼 형태, 연민, 커밍아웃, 아우팅 등 다양한 단어가 나올 수 있다. 이때 더 많은 단어를 말할 수 있는 사람일수록 토론을 잘한다. 그만큼 다른 사람보다 창의적인 생각을 많이 하는 사람이기 때문이다.

브레인스토밍을 한 다음에는 단어들의 순서를 정하거나 단어와 주제의 관계를 지어 본다. 예컨대, 동성애와 결혼, 네덜란드를 고르면 네덜란드는 동성 결혼을 합법화하고 있다는 문장을 만들 수 있다. 이렇게 한 후 뒤죽박죽된 단어와 문장들의 순서를 만들고, 서열을 정하고, 조합을 잘하면 유기적이고 논리적인 짜임새를 갖추게 된다.

03

버츄카드 토론 :
놀이처럼 즐기며 자기 감정을 배운다

단어를 잡아라. 그러면 주제가 뒤따라온다.
주제를 잡아라. 그러면 단어가 뒤따라온다.

서현이 엄마는 요즘 서현이 때문에 고민이 많다. 초등학생일 때는 그러지 않았는데, 중학생이 되면서부터 점점 이기적인 아이로 변하고 있기 때문이다. 그렇게 된 데는 부모의 잘못도 크다. 좋은 대학에 가려면 중학생 때부터 열심히 공부해야 한다는 생각에 서현이에게 공부 이외의 부담은 일절 주지 않으려 노력했다. 초등학생일 때는 가끔 심부름도 시키고, 최소한 자기 방은 스스로 청소하게 했었는데, 지금은 아무것도 시키지 않는다. 그럴 시간에 공부를 더할 수 있도록 배려하는 게 서현이를 위하는 것이라 생각했기 때문이다.

그런데 언제부터인가 서현이가 부모의 배려를 아주 당연하게 받아들이기 시작했다. 어쩌다 불가피하게 심부름을 시키면 "내가 왜?"라고 말하고, 주말에 대청소를 할 때는 거실에서 TV를 보고 있다가도 공부한다는 핑계를 대고 자기 방으로 쏙 들어가 꼼짝도 하지 않았다. 야단을 치면 또 잔소리를 한다며 노골적으로 불만을 드러내곤 한다.

비단 서현이 엄마만의 고민은 아닐 것이다. 입시 위주의 교육은 상대적으로 인성 교육을 소홀하게 만들었다. 지성과 인성을 함께 키울 수 있는 좋은 방법이 '토론'이다. 그중에서도 '버츄카드를 활용한 토론'은 그 어떤 유형의 토론보다 인성 교육을 하는 데 효과적이다. 버츄카드를 활용하면 마치 카드놀이를 하듯 재미있게 토론을 즐기면서도 우리가 살아가는 데 필요한 미덕을 살펴보고 실천할 수 있다.

버츄카드와 함께 미덕을 배운다

버츄카드는 버츄 프로젝트 인터내셔널Virtues Project International*에서 개발한 인성교육 도구다. '버츄Virtue'는 라틴어로 '미덕'을 의미한다. 사람들이 살아가면서 소중히 지켜야 할 미덕은 수도 없이 많다. 감사, 배

---

* 버츄 프로젝트는 1975년 미국의 한 작은 도시에서 청소년의 사회 문제를 해결하기 위해 시작되었다. 그 후 1991년 캐나다 정신과 의사이자 지역사회운동가인 린다 케벌린 포포프와 소아과 의사이자 비교 종교학자인 단 포포프, 그리고 월트 디즈니 영상기술 분야 예술 감독 존 케벌린에 의해 범세계적인 인성교육 프로그램으로 개발되었다.

려, 겸손, 사랑, 화합 등 전 세계 모든 문화권에서 소중히 여기는 360여 가지 미덕 가운데 52개 미덕을 선별해 카드에 담은 것이 바로 '버츄카드'이다. 52개의 미덕을 살펴보면 잘 알겠지만, 이 미덕만 충분히 연마해도 얼마든지 좋은 인성을 만들 수 있다.

감사	결의	겸손	관용	근면
기뻐함	기지	끈기	너그러움	도움
명예	목적의식	믿음직함	배려	봉사
사랑	사려	상냥함	소신	신뢰
신용	열정	예의	용기	용서
우의	유연성	이상 품기	이해	인내
인정	자율	절도	정돈	정의로움
정직	존중	중용	진실함	창의성
책임감	청결	초연	충직	친절
탁월함	평온함	한결같음	헌신	협동
화합	확신			

버츄카드를 활용하는 방법은 다양하다. 가장 간단한 방법은 아이

와 함께 각자 버츄카드를 뽑고, 내용을 확인한 뒤, 실천하도록 노력하는 것이다. 아이들 내면에는 이미 버츄카드에서 말하는 52개의 미덕이 숨어 있다. 부모의 역할은 잠자고 있는 미덕을 깨워 아이 스스로 그 미덕의 가치를 생각해 볼 수 있는 기회를 주는 것이다. 각 버츄카드에는 미덕의 내용과 연마 방법은 물론, 개인의 다짐까지 담겨 있기 때문에, 버츄카드를 뽑고 읽어 보는 것만으로도 충분하다.

예를 들어 '신뢰' 버츄카드에는 다음과 같은 내용이 적혀 있다.

〈앞면〉

"신뢰는 안심하고 어떤 것에 의지하는 것입니다. 신뢰는 삶에 대한 긍정적인 태도입니다. 모든 일이 순리에 따라 올바른 방향으로 진행될 것이라고 믿는 것입니다. 자신과 세상에 대한 신뢰가 있으면 설사 어려운 일이 발생해도 우리는 그 속에서 선물을 발견하고 교훈을 얻게 됩니다."

〈뒷면〉

신뢰의 미덕은 우리 안에 있습니다.
- 모든 일에는 무언가 좋은 점이 있다는 사실을 믿으세요.
- 고통스러운 경험 속에서도 무언가 배울 것을 찾아보세요.

- 신뢰의 미덕을 통해 걱정을 몰아내도록 해 보세요.
- 최선을 다하기만 하면 그것으로 충분하다는 사실을 기억하세요.
- 특별한 사유가 없는 한 사람들을 믿으세요.
- 잔소리를 하거나 걱정을 늘어놓거나 사람들을 자신의 뜻대로 조종하려고 하지 마세요.

이렇게 다짐해 보세요.
- 나는 사람들을 신뢰합니다.
- 나는 다른 사람들을 조종하려고 하지 않습니다.
- 나는 두려움이나 걱정을 털어 버립니다.
- 나의 마음은 평온합니다.
- 나는 내가 혼자가 아니라는 사실을 알고 있습니다.

한 부모는 아이와 함께 버츄카드를 즐기는 동안 스스로의 삶을 되돌아보고 반성할 수 있었다고 고백했다. 아이에게 '용기'가 필요하다고 말하면서 정작 자신은 어려운 일이 있을 때마다 피하려고만 들었고, 아이에게 '자율'을 이야기하면서도 아이의 일거수일투족을 간섭하며 자율성을 방해했음을 버츄카드를 통해 확인할 수 있었다고 한다.

버츄카드는 아이의 인성 교육만을 위한 도구가 아니다. 부모에게도 자신을 성찰할 수 있는 좋은 계기를 마련해준다. 또한, 부모가 버츄카드의 덕목을 실천하려고 노력하는 모습은 그 자체로 훌륭한 인성 교육이 된다. 아이에게 미덕을 설명하고 실천하라고 백 번 말하는 것보다 훨씬 효과적이다.

매일 그날의 버츄카드를 뽑아도 좋고, 일주일에 한 번씩 버츄카드를 뽑고 이야기해 보는 시간을 가져도 좋다. 아이가 최대한 부담감을 갖지 않고 놀이처럼 시작하도록 돕는 것이 중요하다.

버츄카드로 문제 해결 능력도 쑥쑥

버츄카드를 잘 활용하면 아이의 문제 해결 능력도 키워줄 수 있다. 부모에게 자식은 늘 어린아이 같은 존재다. 아이가 자라 중학생, 고등학생이 되고, 결혼해 어른이 되어도 늘 물가에 내놓은 어린아이 같겠지만 아이들은 아주 어렸을 때부터 스스로 문제를 해결할 수 있는 힘을 갖고 있다.

초등학교 3학년 도현이의 엄마는 아이와 버츄카드 놀이를 하면서 깜짝 놀랐다고 한다. 처음에는 간단하게 버츄카드를 뽑고 읽어보는 것으로 만족했다. 아이는 매일 "오늘은 어떤 미덕이 필요할까?" 궁금해하며 카드를 뽑고, 하루 종일 그 카드를 들고 다녔다. 그러다 저녁식사 시간이 되면 카드에 적힌 미덕을 실천하기 위해 어떤 노력을 했는지 이야기했다. 물론 실천하지 못한 날도 많았지만 다시 한 번 그날의 미덕 카드 내용을 상기해보는 것만으로도 도현이 엄마는 만족스러웠다.

그러던 어느 날 아이가 잔뜩 화가 난 얼굴로 집에 돌아왔다. 왜 그러느냐고 물었더니 씩씩거리며 친구와 싸운 이야기를 쏟아냈다.

"민수가 나보고 돼지라고 그랬어요. 하지 말라고 그랬는데도 몇 번이나 돼지라며 놀렸어요."

민수는 도현이와 제일 친하게 지내는 친구였다. 유치원 때부터 같이 붙어 다니던 친구라 더 속이 상했던 모양이다. 평소 같았으면 왜 민수가 그런 이야기를 했는지 자초지종을 물으며 화해하기를 권했겠지만 아이가 너무 화가 난 상태라 말을 아꼈다. 대신 화난 아이의 감정을 존중하고 공감해 주며 말했다.

"정말 속이 많이 상했겠다."

"네, 이젠 민수랑 다시는 놀지 않을 거예요."

"그래, 충분히 이해해. 엄마도 친구가 돼지라고 놀렸으면 화가 많이 났을 거야."

"그렇죠? 민수 정말 나쁜 애죠?"

아이의 감정을 공감해 주며 말을 들어주자 도현이는 조금씩 진정이 되었다.

"자, 그럼 이제 어떻게 하는 게 좋겠는지 우리 버츄카드로 말해볼까?"

버츄카드를 가져다주자 도현이는 한참 동안 이 카드, 저 카드를 보며 고민했다. 그러더니 '용서'와 '용기' 카드를 골랐다.

"민수를 용서해 줄 거야?"

"아니에요. 생각해 보니 먼저 장난을 시작한 건 저였어요. 민수가 하지 말라고 그러는데 제가 툭툭 치며 장난을 쳤어요. 그래서 저보고 돼지라고 한 거예요. 그러니 먼저 용서를 구하는 게 맞는 것 같아요."

"아 그랬구나. 그럼 용기 카드는 왜 골랐을까?"

"내가 먼저 잘못해 놓고 민수한테 화를 내서 말을 걸기가 어색할 것 같아요. 용기가 필요해요."

이처럼 초등학교 3학년, 아니 그보다 더 어린 아이들도 스스로 문제를 해결할 수 있는 능력을 갖고 있다. 다만 부모들이 아이를 믿지 못하고 조언을 한다는 명분 아래 아이가 스스로 문제를 해결할 기회를 박탈하는 경우가 많다. 친구와 싸웠을 때, 선생님한테 혼이 나 풀이 죽어 있을 때, 성적이 떨어져 의기소침해 있을 때 버츄카드는 문제를 해결할 수 있는 훌륭한 열쇠 역할을 한다. 부모는 아이가 고른 버츄카드를 보고 물어보기만 하면 된다.

"왜 이 카드가 너에게 필요할까?"

"왜냐하면 제가 선생님께 예의 없게 굴어서 혼이 났으니까 앞으로는 '예의'를 지키려고요."

"왜냐하면 그동안 저는 저를 믿지 못했던 것 같아요. 열심히 공부해도 안 될 거라고 생각했어요. 앞으로는 열심히 공부하면 된다는 '확신'이 저에게 필요해요."

이처럼 아이들은 저마다 자기가 처한 문제를 정확하게 분석하고 스스로 해결 방법을 제시한다. 문제가 있을 때 아이와 함께 대화나 토론을 해도 좋지만 버츄카드를 활용하면 대화나 토론을 풀어 가기가 더 쉽다.

버츄카드, 칭찬카드로도 활용 가능

뉴질랜드 원주민 마오리족은 아이가 잘못을 저질렀을 때 마을 사람들이 그 아이를 둘러앉아 재판을 한다고 한다. 처음 이 이야기를 들었을 때는 '재판'이라는 단어에 어쩐지 아이에게 너무 가혹하다 싶었는데, 마오리족의 재판은 우리가 흔히 생각하는 재판과는 사뭇 달랐다.

아이가 잘못하면 마오리족 사람들은 돌아가면서 한마디씩 칭찬을 하는데, 이게 그들의 재판이다.

"이 아이는 인사를 참 잘해."

"이 아이는 씩씩해서 좋아."

잘못을 했는데 칭찬을 듣는 아이는 꾸지람을 들었을 때보다 더 깊이 후회하고 반성한다고 한다. 꼭 마오리족 얘기가 아니더라도 칭찬의 효과는 이미 잘 알려져 있다. 칭찬도 버츄카드 놀이를 하면서 하면 더 효과적이다.

동하 엄마는 동하와 버츄카드를 활용한 칭찬을 주고받으면서 관계가 좋아졌다. 남자아이들이 대부분 그렇듯 동하도 게임을 너무 좋아했다. 학교에서 돌아오다 PC방으로 새는 일도 잦고, 어쩌다 집에 일찍 와도 게임에만 매달렸다. 밥 먹는 시간도 아까워 컴퓨터가 있는 방으로 갖다 달라고 하거나 컵라면을 먹으면서 게임을 하니 부모 입장에서는 답답할 노릇이었다.

"게임 좀 그만하고 밥 먹어."
"네가 게임 하듯이 공부하면 전교 1등을 하겠다."

자연히 부모의 잔소리가 많아질 수밖에 없었고, 잔소리가 늘어남에 따라 동하의 반항도 거세졌다. 그럴수록 잔소리와 혼을 내는 강도를 높였지만 상황은 더 악화될 뿐이었다. 동하의 인성은 점점 거칠어졌고, 부모와 아예 대화조차 하기 싫어하는 지경에까지 이르렀다.

잔소리로는 도저히 아이를 변화시킬 수 없다는 것을 느낀 동하 엄마는 방법을 바꿨다. 매일 동하와 버츄카드 중 하나를 골라 서로 칭찬하기로 약속했다. 물론 동하는 어색하고 오글거려서 싫다고 했지만 열심히 설득해 겨우 동의를 얻어냈다.

처음에는 동하 엄마도 선뜻 칭찬할 거리를 찾지 못해 애를 먹었다. 아이가 못마땅하니 장점보다는 단점이, 잘한 일보다는 눈에 거슬리는 일이 먼저 눈에 들어왔기 때문이다. 그래도 의무적으로 좋은 점을 찾아 칭찬했다.

"하루 한 번씩 칭찬하자는 엄마의 제안을 '존중'해줘서 고마워."
"학교 갔다 와서 도시락 바로 내놔서 고마워. 네가 엄마를 '배려'해줘서 설거지를 한꺼번에 할 수 있었어."

"너에겐 '끈기'라는 미덕이 있어. 좋아하는 일은 끝까지 하잖아."

매일 버츄카드에서 미덕을 찾아 칭찬해 주자 동하가 조금씩 변하기 시작했다. 칭찬을 하기로 약속해 놓고도 처음에는 어색해서인지 버츄카드를 골라 보여주기만 하고, 도통 입을 열지 않았다. 하지만 시간이 지날수록 왜 그 버츄카드를 골랐는지 이유를 말하며 고마움을 표현했다.

"오늘 엄마는 '이해'의 미덕을 보여주셨어요. 엄마가 싫어하는 게임을 하는데도 화를 내지 않고 이해하려고 노력해 주셔서 감사해요."

"오늘 버츄카드는 '헌신'이에요. 엄마도 하고 싶은 일이 많은데, 늘 가족들을 먼저 챙겨 주시잖아요."

버츄카드를 활용한 칭찬을 하면서 서로를 보는 시각도 많이 달라졌다. 예전에는 보이지 않던 장점들이 눈에 들어오기 시작했고, 단점으로만 보였던 것도 어떻게 보느냐에 따라 장점이 될 수 있다는 것을 확인했다. 예를 들어 동하가 한 번 게임을 시작하면 몇 시간씩 계속하던 것이 예전에는 단점으로만 보였지만 다른 시각으로 보면 끈기가 있다고 볼 수도 있다.

버츄카드를 칭찬카드로 활용하면 아이와의 관계를 돈독하게 만들 수 있고, 이는 아이와 토론을 즐기는 데 중요한 기초가 된다. 서로를 이해하고 존중하는 마음이 없이는 토론이 아닌 말싸움을 하기 쉽기 때문이다. 아이와 함께 토론을 해 보고 싶어도 아이가 마음을 열지 않아 잘 되지 않는다면 버츄카드를 이용한 칭찬을 해 볼 것을 적극 추천한다.

버츄카드, 이렇게도 이용할 수 있어요

버츄카드는 가정뿐만 아니라 학교, 직장, 각종 상담이나 모임에서 다양한 방법으로 활용할 수 있다. 버츄카드를 활용하는 방법은 일일이 소개하기도 어려울 정도로 많지만 그중 많이 사용하는 것 몇 가지만 추가로 소개하면 다음과 같다.

1. 버츄카드 뽑고 자신의 경험 이야기하기

여러 사람이 함께 할 때 효과적인 방법이다. 돌아가면서 52개의 버츄카드 중 하나를 뽑고, 카드의 내용을 조용히 낭송한 다음 현재 자신의 삶과 연관 지어 그 미덕이 자신에게 어떤 확신을 심어 주는지 혹은 어떤 새로운 통찰을 제공해 주는지 함께 이야기한다. 이때 다른 사람들은 경청하고 미덕을 인정해 주는 데 그쳐야 한다. 조언이나 충고는 하지 않는다.

2. 버츄카드 뽑고 자기 성찰하기

혼자서도 버츄카드를 활용할 수 있다. "오늘은 내게 어떤 미덕이 필요할까?" 혹은 "현재 직면해 있는 문제를 해결하는

데 어떤 미덕의 도움을 받아야 할까?"를 생각하며 눈을 감고 카드를 한 장 뽑는다. 그런 다음 카드 내용을 조용히 낭송하고 카드에 적힌 미덕에 대해 생각해 보고 실천한다.

3. 버츄카드를 이용해 서로의 미덕 칭찬하기

한 학교 선생님은 일주일에 한 번씩 친구들끼리 미덕을 칭찬하는 시간을 갖고, 칭찬을 많이 받은 아이에게 보석상을 수여한다. '친절' 미덕을 칭찬받은 경우라면 친절 보석상을 수여하는 방식이다. 이런 방법으로 반의 분위기가 훨씬 좋아졌다고 한다.

4. 버츄카드 4문

버츄카드를 가지고 다음과 같은 네 가지 질문을 통해 아이의 생각을 확장시킬 수 있다.

1) 카드 내용 중 기억나는 단어는?
2) 너의 생각은?
3) 앞으로 하고 싶은 것은?
4) 궁금한 것은?

04

밥상머리 토론 :
다름을 인정하고 같음을 지향한다

말씨, 글씨, 마음씨가 솜씨, 맵시를 좌우한다.

얼마 전 식당에서 참으로 안타까운 광경을 목격한 적이 있다. 한참 식사를 하는데, 옆 테이블에 가족으로 보이는 세 사람이 앉았다. 엄마, 아들, 딸 세 명이 모처럼 외식을 하러 나온 것 같았는데 자리에 앉자마자 각자의 스마트폰을 꺼내 들여다보기 시작했다. 무엇을 하는지는 알 수 없으나 연신 손가락으로 액정 화면을 건드리며 각자의 스마트폰에 빠져 있었다. 아이들은 말할 것도 없고, 엄마도 문자를 보내는지 연신 손가락을 바쁘게 움직이며 스마트폰만 쳐다보았다. 식당 종업원이 주문을 받으러 왔을 때조차 스마트폰에 시선을 고정한 채 각자 메뉴를 말하고 다시 침묵했다.

대화가 없는 그 가족에게 괜히 신경이 쓰였다. 설마 음식이 나와도 스마트폰을 보면서 식사를 할까? 설마는 곧 현실로 나타났다. 음식이 나와도 그 가족은 말 한마디 없이 각자 스마트폰 삼매경에 빠진 채 식사를 했다. 결국 그들이 서로를 쳐다보며 이야기를 주고받는 모습을 보지 못하고 식당을 나올 수밖에 없었다.

스마트폰이 나오기 전에도 아이들은 직접 사람들과 대화하기보다 문자를 주고받는 것을 더 좋아했다. 그런데 작은 컴퓨터나 마찬가지인 스마트폰이 등장하면서 이제는 아이들뿐만 아니라 어른들까지도 스마트폰에서 눈을 떼지 못하는 세상이 되어 버렸다. 이제는 심지어 집에서 식사를 할 때도 스마트폰을 사용하는 사람들이 많다.

식사 시간은 가족들과 대화할 수 있는 좋은 시간이다. 함께 이야기하면서 서로의 일상을 공유하고, 때로는 서로의 관심사를 나누면서 가족 간의 유대를 다질 수 있는 절호의 기회다. 대화뿐만 아니라 조금만 더 발전시키면 함께 토론을 즐길 수 있는 시간으로도 활용할 수 있다. 식사를 할 때만이라도 스마트폰을 꺼두고 대화와 토론을 하면 아이의 토론 실력이 향상될 것이다.

밥상머리 토론은 가벼운 주제가 적당

토론을 잘하는 아이들은 대부분 부모와 스스럼없이 대화를 나누면서 자랐다는 공통점을 지닌다. 대화를 나누는 시간이 주로 식사 시간이었음은 물론이다. 꼭 토론의 형식을 갖추지 않더라도 자유롭게 대화하고, 서로의 생각을 나누는 것만으로도 훌륭한 토론 연습을 한 셈이다.

바쁜 현대인들이 가족들과 편하게 대화할 수 있는 시간은 단연 식사 시간이다. 특히 아빠가 아이와 대화할 수 있는 시간은 식사 시간이 전부나 마찬가지라 해도 과언이 아니다. 토론 실력은 다양한 사람과 다양한 생각을 나눌수록 향상된다. 토론을 잘하는 아이들을 보면 어느 한쪽 부모와만 이야기를 많이 나누기보다는 엄마와 아빠와 모두 대화를 나눈 경우가 많다. 하지만 요즘은 부모가 너무 바빠 식사조차 같이 못하는 경우도 많은데, 이럴 경우 형제가 도움이 된다. 실제로 형제가 없는 외동보다는 형제가 많은 아이가 토론을 잘한다. 또한, 친가나 외가 한쪽과 교류가 많은 것보다 양쪽 골고루 친밀한 가정에서 자란 아이가 토론을 잘한다.

하지만 밥상머리 토론을 할 때 주의할 점이 있다. 기본적으로 식사 시간은 즐겁고 행복해야 한다. 그러려면 대화나 토론의 주제가 가벼워야 한다. 부모들 중에는 식사 시간에 아이에게 잔소리를 늘어놓는 분들이 많다. 하지만 요즘은 부모가 너무 바빠 식사조차 같이 못하는 경우도 많은데, 이럴 경우 형제가 도움이 된다. 실제로 형제가 없는 외동보다는 형제가 많은 아이가 토론을 잘한다. 또한, 친가나 외가 한쪽과 교류가 많은 것보다 양쪽 골고루 친밀한 가정에서 자란 아이가 토론을 잘한다.

"아침에 5분만 일찍 일어나도 편하잖아. 왜 눈 뜨면 바로 일어나지 못하니?"

"햄과 소시지만 먹지 말고 나물 반찬도 좀 먹어. 편식하면 안 돼."

설령 아이를 위한 잔소리라 하더라도 아이가 받아들이지 못하면 밥맛을 떨어뜨리는 잔소리에 불과하다. 성적 이야기처럼 아이에게 부담을 주거나 비난하는 이야기는 더욱 더 좋지 않다.

"중간고사 성적표 나왔니? 이번에는 성적 좀 올랐니?"

"친구를 잘 사귀어야 해. 왜 요즘 학교를 빠지는 OO와 자주 어울리니?"

부모 입장에서는 식사 시간 외에는 아이와 대화할 수 있는 시간이 없어 식사 시간을 빌려 평소 하고 싶었던 이야기를 할 수도 있다. 하지만 잔소리나 아이를 비난하는 말은 밥상머리 토론을 방해한다. 좋은 소리도 세 번 들으면 지겹다는데, 아이가 싫어하는 잔소리와 비난을 늘어놓는다면 밥상머리 토론은커녕 부모와 함께 식사하는 것 자체를 거부할 수도 있다.

밥상머리 토론의 주제는 가볍고 즐거운 것이어야 한다. 일반적으로 집에서뿐만 아니라 밖에서도 사람들과 식사를 할 때 정치, 종교처럼 호불호가 확실히 갈리는 주제는 잘 꺼내지 않는다. 자칫 이야기가 조금만 과열되어도 서로 감정이 상하기 쉽기 때문이다. 밥을 함께 먹는다는 것은 서로 조금 더 알고 친하게 지내고 싶다는 표현인데, 무겁고 민감한 주제를 꺼내 충돌하면 그것만큼 난감한 일도 없다.

밥상머리에서 아이를 교육하는 것도 수위 조절을 잘해야 한다. 옛날 아버지들은 주로 밥상머리에서 아이들을 훈계했다. 일명 '밥상머리 교육'이다. 함께 식사를 하면서 아이에게 살아가면서 지켜야 할 가치나 다른 사람들과 더불어 살기 위해 필요한 덕목을 가르치는 것은 좋은 일이다. 아이의 인성 교육에 도움이 된다. 그러나 부모가 일방적으로 '이래야 한다, 저래야 한다'를 지시하고 훈계하는 교육이라면 아이들에게 반감을 살 뿐이다. 그런 밥상머리 교육이 즐거울 리 없다.

즐겁고 유쾌한 밥상머리 토론을 하려면 잔소리와 비난을 거두고 아이가 말할 수 있는 기회를 많이 주어야 한다. 주로 질문으로 아이의 생각을 끌어내고 열심히 듣고 공감해주는 것으로도 밥상머리 토론은 성공한다.

밥상머리 토론에 적합한 주제
vs 피해야 할 주제

적합한 주제

- 부담 없이 이야기할 수 있는 가벼운 주제(예: "이번 주말에 뭐할까?")

- 아이의 호기심을 자극할 수 있는 주제
- 아이가 궁금해하고 관심을 갖는 주제
- 호불호가 갈리지 않는 주제
- 사실적인 주제 혹은 지식적인 것에 대한 주제

피해야 할 주제
- 아이에게 부담을 주는 주제(예: "이번 시험 준비는 잘되고 있니?")
- 아이의 인격을 공격하거나 비난하는 주제

옳고 그름을 따지지 말고 다름을 인정하라

밥상머리 토론의 주제는 가벼운 것이 무난하다. 하지만 가벼운 주제로 밥상머리 토론에 익숙해지고, 서로의 의견을 존중하며 자기 이야기를 할 수 있을 정도가 되면 다소 진지하고 무거운 주제를 밥상머리에 올려도 괜찮다. 신문이나 TV에서 한창 이슈가 되는 주제도 좋고, 시사적인 문제나 철학적 주제도 나쁘지 않다.

대학 논술 시험에서 우수한 성적으로 합격한 한 학생은 인터뷰에서 아버지와 밥상머리에서 토론을 했던 것이 큰 힘이 되었다고 밝혔다. 그 학생은 중학생 때부터 아침 식사를 하면서 아버지와 그날 신문을 보며 정치, 경제, 사회, 문화와 관련된 이야기를 두루 나눴다고 한다.

사실 아침 식사 시간은 길어야 30분이기 때문에 심도 깊은 토론을 하기는 쉽지 않다. 그래서 그 학생도 그날의 주요 뉴스를 훑어보고 잘 이해가 안 되는 부분을 아버지에게 묻거나 아버지의 질문에 간단하게 대답하는 정도가 대부분이었다고 한다.

토론은 사실을 바탕으로 논리적으로 자기 생각을 말하는 소통이다. 많은 사람이 말만 잘하면 토론을 잘할 수 있고, 글만 잘 쓰면 논술을 잘할 수 있다고 착각한다. 하지만 토론이나 논술은 사실을 바탕으로 정확한 근거와 예시를 들지 않으면 설득력을 발휘하기 어렵다. 그런 의미에서 그 학생이 아침 식사 시간에 아버지와 함께 시사 문제를 훑어보고 짧게라도 생각을 나눈 것은 큰 도움이 되었을 것이 분명하다.

가벼운 주제로 토론을 하는 것만으로도 토론 실력이 늘지만, 이왕이면 한 걸음 더 나아가 시사적인 문제나 조금 더 생각을 요하는 깊이 있는 주제로 이야기를 나누면 토론 실력이 더 빠르게 일취월장할 수 있다. 다만, 전제 조건이 있다. 다양한 생각이 나올 수 있는 어렵고 무거운 주제일수록 옳고 그름을 따지지 않고 생각의 다름을 인정해야 한다.

부모들은 이성적으로는 아이를 하나의 독립된 인격체로 대우해야 한다고 생각하면서도 실제로는 자신의 부속물이나 가르치고 지도해야 할 대상으로 보는 경우가 많다. 그런 오만한 생각을 하지 않더라도 아이의 생각을 조금 더 키워 주고 싶어 과도한 설명을 늘어놓거나 자기 생각을 강요하는 실수를 종종 저지른다.

물론 아이 생각이 어설플 수 있다. 그렇다 하더라도 옳고 그름을 따져서는 안 된다. 부모와 아이가 동등한 입장에서 자신의 생각을 이야기하고 서로의 다름을 인정해야 한다. 굳이 아이 생각에 이렇다 저렇다 토를 달지 않아도 토론을 통해 생각의 힘이 커지면 스스로 자신의 생각을 발전시킨다.

아이의 잘못을 지적하거나 꾸중하고 싶을 때도 부모가 자신의 분노를 다스린 후에 조치를 취해야 한다.

"엄마가 지금 화가 엄청 났거든. 있다가 저녁에 보자."

이런 식으로 우선 마음을 진정한다. 부모가 자신의 마음이 진정되지 않은 상태에서 자녀를 꾸중하고, 겁을 주는 것은 역효과만 가져올 뿐이다. 자녀에게 나쁜 말도 해야 할 때가 있다. 그러나 나쁜 말도 기분 좋게 할 수 있어야 한다. 그것이 부모의 실력이다. 나쁜 말도 기분 좋게 하면 궁극적으로 좋은 말이 될 수 있다.

자녀교육은 무작정 자녀를 키운다고 되는 것이 아니다. 부모가 자녀와 힘을 합쳐 함께 성장하고 성숙해지는 것이다. 가정에서도 이런데, 학교라고 무엇이 다를까. 학생 교육도 마찬가지다. 교사가 무작정 가르치기만 한다고 되는 게 아니다. 교사와 학생이 함께 성장하고 성숙하는 것이다. 그야말로 교학상장敎學相長인 셈이다.

05

독서토론 :
종합적인 사고력을 높인다

한 사람이 열 권의 책을 읽는 것보다 열 사람이 같은 한 권의 책을 읽고 대화와 토론을 해 보는 것이 교육적으로 효과적이다.

독서의 중요성은 새삼 이야기할 필요조차 없을 정도로 많은 부모가 인식하고 있다. 확실히 어렸을 때부터 책을 많이 읽은 아이는 생각하는 힘이 강하다. 이해력도 좋고, 핵심을 파악하는 판단력도 뛰어나며, 상황을 분석하고 종합하는 능력도 우수하다. 그래서인지 공부를 잘하는 아이들 중에는 책을 많이 읽는 아이들이 많다. 특별한 사교육을 받지 않고도 책을 많이 읽으면서 종합적인 사고력을 키운 덕분에 우수한 성적을 자랑하는 아이들도 심심치 않게 본다.

책을 많이 읽는 것만으로도 생각하는 힘이 크기 때문에 토론을 하는 데도 도움이 된다. 책을 통해 얻은 풍부한 지식이 토론하는 데

든든한 지원군 역할을 하는 것도 사실이다. 하지만 책을 읽은 후 토론을 하면 토론 능력은 더 배가 된다. 한 사람이 열 권의 책을 읽는 것보다 열 사람이 한 권의 책을 읽고 대화와 토론했을 때 교육적으로 효과적이다.

세종과 더불어 책을 좋아하고 많이 읽기로 정평이 난 정조는 '토론과 독서는 수레의 바퀴나 새의 날개와 같아서 하나만 버려도 학문을 할 수 없다'라고 말했다. 그만큼 토론은 중요하다. 지금부터라도 아이에게 좋은 책을 읽히기 위해 노력하는 것만큼 독서토론을 시도해 볼 것을 권한다.

독서토론을 하는 방법은 다양하다. 책을 읽고 자유롭게 자신의 생각을 이야기할 수도 있고, 주제를 정해 각자의 생각을 이야기할 수도 있다. 아이에게 책에 담긴 이야기를 묻고 답하는 것도 훌륭한 독서토론 방법 중 하나이다. 어떤 형태로든 책을 읽는 데 그치지 말고 토론을 해 보는 것이 중요하다.

제대로 정독하는 것이 독서토론의 기본

독서토론은 말 그대로 책을 읽지 않고서는 불가능하다. 책을 읽어도 제대로 읽어야 한다. 어떻게 읽는 것이 제대로 읽는 것일까?

한 초등학교 부모가 자신의 아이를 자랑하는 이야기를 들은 적이 있다.

"우리 아이는 정말 책을 좋아해요. 한글을 깨치면서 바로 책을 읽기 시작해 손에서 책을 놓은 적이 없어요."

부모 옆에 있던 아이도 부모의 칭찬이 나쁘지 않은 듯 자랑스러운 표정을 짓고 있었다. 그 아이를 보며 "와, 대단하구나. 지금까지 읽은 책이 몇 권이나 되니?"라고 물었다.

"글쎄요. 정확하게 세 보지는 않았지만 1,000권쯤 되는 것 같아요."

대견해서 또 물었다.

"정말 대단하구나. 읽었던 책 중 가장 재미있었던 책이 뭘까?"

"장발장, 갈매기의 꿈, 어린 왕자……."

아이는 거침없이 책 제목을 나열했다. 그중 한 책을 골라 내용을 물었다.

"그렇구나. 갈매기의 꿈은 어떤 내용이었어?"

"음. 그러니까……, 갈매기가 나오는 내용이에요. 갈매기가 더 높이 날고 싶어 하는 건데……, 음…… 너무 오래전에 읽어서 더 이상은 기억이 안 나요."

최근에 읽었다는 책의 내용을 물어봐도 마찬가지였다. 아주 기본적인 내용만 어렴풋하게 기억할 뿐이었다. 물론 어른들도 책을 읽고 시간이 지나면 내용을 잊어버린다. 하지만 읽고 아무것도 기억할 수 없다면 과연 책을 읽었다고 말할 수 있을까? 분명 재미있게 읽었는데, 어떤 부분이 재미있었는지를 기억하지 못한다면 책을 읽지 않은 것과 별반 다를 바가 없다.

책의 기본적인 내용조차 기억하지 못하는 상태에서는 독서토론이 불가능하다. 우선 아이가 책을 제대로 정독하는 것부터 도와주어야 한다. 방법은 간단하다. 아이가 책을 읽으면 책의 내용, 즉 사실을 묻는 질문을 하면 된다.

"이 책의 줄거리를 말해 줄래?"

"가장 기억에 남는 이야기는 뭘까?"

이 질문은 두 가지 효과가 있다. 첫째는 아이가 부모에게 줄거리를 말해 주기 위해 조금 더 열심히 책을 정독하게 만든다는 것이고, 둘째는 책 내용을 더 오래 기억할 수 있다는 것이다. 영화도 보고 다른 누군가에게 줄거리를 이야기해 주면 더 오래 기억에 남는다. 책도 마찬가지다. 책을 읽고 다른 누군가에게 책의 내용을 이야기하면 더 오래 기억할 수 있다.

함께 책을 읽고 아이가 줄거리를 이야기하다 막힐 때 도와주어도 좋다. 이해력의 수준에 따라 기억하는 내용이 제한적일 수도 있는데, 기억을 되살려 주는 정도에서 힌트를 주어도 괜찮다. 내용을 물을 때 질문을 조금 더 쪼개도 좋다. 예를 들어 "주인공이 누구누구 나와?", "그래서 A 주인공은 어떻게 돼?"와 같이 질문을 쪼개면 아이가 조금 더 세부적인 내용까지 기억하며 이야기할 수 있다.

줄거리뿐만 아니라 가치와 의지를 물어야 생각이 큰다

"줄거리 좀 얘기해 줄래?", "기억나는 내용이 뭘까?", "주인공이 누구야?" 이런 질문은 책의 내용, 즉 사실을 묻는 질문이다. 독서토론은 기본적으로 책의 내용을 토대로 하는 토론이기 때문에 사실을 기억하는 일은 중요하다. 하지만 아이의 생각을 본격적으로 키워 주기 위해서는 사실을 묻는 질문으로 그쳐서는 안 된다. 가치와 의지를 묻는 질문으로 나아가야 한다.

아이가 줄거리를 다 이야기하면 가치와 관련된 질문을 해야 생각이 확대된다. 사실은 책을 읽고 기억하는 내용이다. 반면 가치는 기억에서 더 나아가 책을 읽고 난 후 느끼는 감정이나 생각을 말한다. 예를 들어 책을 읽고 "주인공이 불쌍하다", "책이 감동적이었다"와 같은 느낌을 가치라 할 수 있다.

"책을 읽고 난 후의 느낌이 어땠어?"
"책을 읽고 난 후 어떤 생각이 들어?"
"너의 의견은 어때?"

아이가 자신의 생각이나 느낌을 이야기했을 때 "왜 그런 느낌이 들었을까?", "왜 그런 생각을 했을까?"와 같이 이유를 묻는 질문을 하면 아이의 생각이 조금 더 구체화되고 논리적으로 발전한다. 예를 들어 신데렐라를 읽고 난 후의 느낌을 물었을 때 아이가 "불쌍해"라고 말했을 때 "왜 신데렐라가 불쌍해?"라는 질문을 하면 이야기가 풍성해진다.

"신데렐라는 엄마도 없는데, 계모하고 언니들한테 구박만 받잖아. 옷도 헌 옷만 입고, 매일 청소하고 집안일 하느라 고생해서 불쌍해."

이처럼 '왜'라는 질문을 던짐으로써 이야기는 한결 풍성해지고,

그만큼 생각할 거리도 많아진다. 가치를 묻는 질문을 한 다음에는 '의지'를 묻는 질문을 할 차례다. 책을 읽고 느끼고 생각하는 것으로도 의미가 있지만, 아이의 토론 실력을 향상시키려면 한 단계 더 나아가야 한다. 토론은 사실과 가치를 넘어 자신의 의지까지 분명히 밝혀야 잘할 수 있다. 여기서 말하는 '의지'는 실천을 의미한다. 즉, 책에서 느끼고 생각한 것을 현실에서 어떻게 활용할 것인가를 말할 수 있는 질문을 해 주어야 한다.

"만약 네가 신데렐라라면 어떻게 할래?"
"책에서 얻은 교훈을 생활 속에서 어떻게 활용할 거야?"

자신의 느낌과 생각을 정리하지 못한 상태에서는 대답하기 난감한 질문일 수도 있다. 아이가 잘 대답하지 못하면 질문을 조금 더 쪼개 주는 게 좋다. 그러면 조금 더 쉽게 대답할 수 있다.

"신데렐라가 너무 착해서 고생했다면 넌 착하게 살고 싶어? 아니면 어떻게 살고 싶어?"

이전에 아이가 한 이야기를 토대로 구체적으로 '의지'를 묻는 질문을 하면, 아이의 생각은 더 깊어지고, 의지는 실천으로 이어질 수 있다.

마지막으로 사실, 가치, 의지를 묻는 질문 외에 궁금한 점이 있는지를 물어보면 독서토론이 더 풍성해진다.

"책을 읽으면서 혹 궁금했던 점이 있을까?"

혼자 생각으로는 잘 풀리지 않는 의문점이 있었는지를 묻는 질문이다. 일종의 문제 제기를 유도하는 질문으로, 토론을 할 때 문제 제기 능력은 아주 중요하다. 궁금증이 없다면, 문제 제기할 거리가 없다면 토론 자체가 불가능할 수도 있고, 설령 어렵사리 한다 해도 토론이 잘 진행되기 어렵기 때문이다.

논쟁 거리가 분명한 책이 토론하기가 쉽다

"아이들과 독서토론을 하기에 좋은 책 좀 추천해 주세요."

독서토론에 관심이 많은 부모가 종종 하는 질문이다. 꼭 독서토론이 아니더라도 이왕이면 좋은 책을 읽히고 싶은 게 부모의 마음이다. 하지만 아무리 좋은 책이라도 아이가 흥미를 느끼지 못하면 책 읽기를 강요해서는 안 된다. 어떤 책이든 아이가 관심을 갖고 읽고 싶어 하는 책을 읽고 독서토론을 하는 것이 좋다.

다만, 독서토론을 재미있게 하려면 논쟁 거리가 있는 책이 유리하다. 토론은 크게 논쟁형 토론, 토의형 토론, 문답형 토론으로 나뉘는데, 이 중 가장 기본적이고 쉬운 것이 '논쟁형 토론'이다. 다양한 의견을 논하는 토의형 토론이나 문답형 토론에 비해 논쟁형 토론은 주로 찬반 혹은 A 아니면 B처럼 양자택일을 하면 되기 때문에 자기 입장을 선택하기도 편하고 논리를 풀어가기도 쉽다. 넥타이 100개 중 하나를 선택하기는 어렵지만 넥타이 2개 중 하나를 고르기는 상대적으로 수월한 것과 마찬가지다.

특히 생각하는 힘이 약한 어린아이일수록 논쟁 거리가 분명한 책으로 독서토론을 하는 것이 좋다. 아이가 어렸을 때는 모든 것을 흑백으로 나눈다. 우리 아이들도 그랬다. 영화를 보고 나오면 "주인공 옆에 있던 아저씨는 좋은 사람이야? 나쁜 사람이야?"라며 등장인물을 모조리 좋은 편과 나쁜 편으로 구분하곤 했다. 심지어는 가족이나 주변 사람들까지도 우리 편과 상대 편으로 편을 갈랐다. 아이 생각의 크기로는 A와 B 사이에 수많은 다른 것들이 존재한다는 것을 알 수가 없다.

아주 어린아이가 아니더라도 대부분의 아이들은 논쟁형 토론을 재미있어 한다. 아이들이 독서토론에 흥미를 느껴 계속 재미있게 할 수 있게 하기 위해서라도 처음에는 논쟁 거리가 분명한 책으로 독서토론을 하는 것이 좋다.

신문도 독서토론의 좋은 소재다

책뿐만 아니라 신문을 읽고 토론하는 것도 크게 보면 독서토론이다. 요즘에는 뉴스도 인터넷으로 많이 보는데, 인터넷 신문보다는 종이 신문을 권한다. 인터넷은 속도가 생명이다 보니 기사가 깔끔하게 정제되지 않은 상태에서 올라오는 경우가 많다. 반면 종이 신문은 논리 전개가 명확하고 정확한 표준어를 사용해 기사를 쓰기 때문에 사고력과 어휘력을 키우는 데 도움이 된다.

1. 신문 사설 읽고 핵심 파악하기

신문을 읽든, 책을 읽든, 교과서를 읽든 핵심을 정확히 파악해야 한다. 핵심을 파악하는 능력을 기를 수 있는 좋은 방법이 있다. 신문 사설을 하나 읽고 핵심을 담고 있다고 생각하는 단어 3~5개를 골라 밑줄을 긋는다. 그런 다음 사설을 보지 않고 단어만으로 전체 사설 내용을 재현하는 연습을 하면 핵심 파악 능력을 기르는 데 도움이 된다.

2. 성향이 다른 2개 이상의 신문 보기

똑같은 사건이나 주제라도 어떻게 보느냐에 따라 내용이 달라진다. 따라서 신문을 읽더라도 2개 이상의 성향이 다른 신문을 보면 좋다. 서로 다른 시각에서 쓴 기사를 읽다 보면 시각이 넓어져 조금 더 폭넓은 사고를 할 수 있다.

토론, 독서, IB 교육

요즘 IB 교육에 대한 관심이 뜨겁다. IB 교육이란 전 세계 160여 국가에서 운영 중인 국제바칼로레아기구에서 개발한 국제 공인 교육과정이다. 질문을 기반으로 한 학습, 협력을 통한 탐구 수행, 서술/논술형 평가로 학생들의 생각을 끌어내는 교육을 목표로 하고 있다.

IB 교육은 단순한 글쓰기 교육이나 말하기 교육이 아니다. 어떤 주제에 대해 자신의 생각을 충분한 예시와 근거를 토대로 논리적으로 자신의 주장을 피력하는 것이다. 어쩐지 토론과 많이 닮았다는 생각이 들 것이다. 당연하다. IB 교육은 토론을 뼈대로 삼기 때문이다.

IB 교육이 제대로 이루어지기 위해서는 토론이 우선되어야 한다. 첫째로, 자신의 의견을 피력해야 하기 때문에 논리적으로 이야기를 하여 상대방을 설득하는 연습하기 필요하기 때문이고 둘째로, 학습의 순서상 말하기가 글쓰기보다 앞서기 때문이다. 아이들이 말과 글을 익히는 과정을 보면 예외 없이 말부터 배운다. 말을 못하면서 글쓰기부터 하기란 불가능하다. 글도 처음에는 눈으로 보고 말을 하는 것부터 익힌 다음 손으로 글을 쓰는 단계에 접어든다. 그런데 내로라하는 유명 IB 학원 중 먼저 토론을 하고 이후에 논술을 가르치는 학원은 많지 않다. 대부분 주제를 주고 글쓰기를 시킨 다음 첨삭을 하거나 의견을 주는 수준에서 그친다. 토론을 통해 생각을 키우거나, 논리력을 갖추지도 못한 상태에서 글쓰기부터 하니 몇 년씩 교육을 해도 진전이 없는 것은 당연하다.

토론과 글쓰기는 따로 떼어낼 수 있는 것이 아니다. 토론을 소홀히 한 글쓰기는 반쪽짜리에 불과하고, 반대로 글쓰기로 마무리되지 않은 토론 역시 반쪽짜리에 그칠 위험이 크다. 토론과 글쓰기는 함께했을 때 비로소 그 효과를 극대화시킬 수 있다.

처음부터 논리적으로 정리를 하며 글을 쓸 필요는 없다. 일단 아이와 독서토론을 한 후, 토론에서 오갔던 이야기를 글로 정리하도록 한다. 전체적인 줄거리를 적고, 책을 읽고 느낀 소감이나 생각을 적으면 된다. 이미 독서토론을 하면서 한 번씩 다 했던 이야기들이기 때문에 그리 어렵지 않게 쓸 수 있다. 아이가 조금 더 쉽게 글쓰기를 할 수 있게 하려면 독서기록장을 만들어 두는 것도 좋다. 노트에 써야 할 항목들을 구분해놓으면 아이들이 부담감을 덜 느낀다. 독서기록장의 양식은 특별히 정해진 것이 없다. 인터넷에서 쉽게 구할 수 있는 독서기록장을 보면 양식이 조금씩 다르지만 전체적인 줄거리와 느낌이나 생각을 적을 수 있는 것이면 된다.

토론에서 나왔던 이야기를 글로 쓰면 책 내용도 더 오래 머리에 남고 생각도 조금 더 깊어지고 정리된다. 말로 할 때는 맥락에 어긋나거나 논리가 맞지 않는 것을 스스로 느끼기 어렵지만 글로 쓰면 이런 문제가 선명하게 드러나기 때문에 자연스럽게 다시 생각해 보고 정리하게 된다.

독서토론을 한 후 글쓰기를 꾸준히 하면 아이의 생각은 자연스럽게 확장된다. 독서를 통해 쌓은 풍부한 지식은 논술을 하는 데 필요한 객관적 사실의 중요한 토대를 제공한다. 또한 토론과 글쓰기를 하면 분석력과 사고력을 비롯해 종합적인 사고력과 논리력이 이중 삼중으로 발달하기 때문에 논리적인 글쓰기도 어렵지 않게 할 수 있다.

독서 기록장

읽은 날짜 :

책 이름		지은이	
기억나는 줄거리 (사실)			
가장 재미있거나 인상 깊었던 부분과 이유 (가치)			
어떻게 활용할 수 있을까? (의지)			
궁금한 점이 있다면? (문제 제기)			

06

체험 학습 토론 :
보고, 느끼고, 판단하는 힘을 키운다

말과 생각과 행동은 삼위일체다.

모든 학습은 오감을 동원했을 때 그 효과가 극대화된다. 부모들이 아이들에게 체험 학습을 할 기회를 많이 주고 싶어 하는 것도 이 때문이다. 책상 앞에 앉아 교과서와 씨름만 하는 것보다 아이와 함께 교과서에서 나온 장소를 찾아보고, 느끼고, 경험하면 책 10번을 읽었을 때보다 훨씬 많은 것을 배울 수 있다. '백문불여일견', '백견불여일각'이라는 말도 있다. 아이가 어릴 때 여행을 다니고, 이곳저곳 데리고 돌아다니는 부모들은 경험을 토대로 뻗어나가는 사고력과 창의성의 중요함을 아는 사람들이다.

다만 체험 학습이 현장을 찾고 보는 것만으로 끝나면 그 효과가 반감되기 쉽다. 현장을 체험한 후의 느낌과 생각을 함께 이야기해야 체험 학습의 효과를 극대화시킬 수 있다. 그런데 많은 부모가 아이와 함께 체험 학습을 했다는 것만으로 만족한다. 사실 바쁜 시간을 쪼개 아이와 체험 학습을 시도했다는 것만으로도 박수를 보낼 일이지만, 이왕이면 체험 학습을 한 후 느끼고 경험한 일들을 주제로 토론을 하는 게 좋다. 보고 느낀 것을 말과 글로 정리함으로써 그 경험은 사고력을 향상시키는 소중한 원동력이 되는 것이다.

말할 수 있는 만큼 보인다

'아는 만큼 보인다'라는 말이 있다. 나는 중학교 시절 경주로 수학여행을 갔을 때 석굴암을 본 적이 있다. 해 뜨기 전에 석굴암에 도착해야 부처의 이마에 햇살이 비치는 장관을 볼 수 있다며 잠도 덜 깬 상태로 비몽사몽 산을 올랐다. 하지만 고생 끝에 마주한 석굴암은 기대 이하였다. 일단 날씨가 흐려 부처 이마 위를 비추는 햇살을 보지 못해 실망이 컸다. 선생님이 석굴암의 역사적 가치와 구조가 얼마나 과학적인지를 설명했지만 귀에 들어오지 않았다. 빨리 숙소에 들어가 모자란 잠을 더 자고 싶은 마음뿐이었다. 석굴암과의 첫 만남은 그렇게 허탈하게 끝났다.

    두 번째 석굴암을 만난 것은 대학교 때였다. 당시 사학과를 전공하면서 석굴암 답사 여행을 갔었는데, 다시 본 석굴암은 중학교 때 처음 보았던 석굴암과는 느낌부터 달랐다. 사실적이면서도 환상적인 조각물들이 단숨에 내 마음을 사로잡았다. 옷자락 하나하나가 마치 살아 숨 쉬는 듯했고, 석굴암 중앙에 있는 본존불뿐만 아니라 본존불 바로 뒤에 있는 11개의 관음보살상도 가히 예술이었다.

석굴암에 녹아 있는 과학도 보였다. 한 치의 오차만 있었더라도 석굴암의 둥근 아치 모양의 천장은 그 오랜 세월을 버티지 못했을 것이다. 일본의 석굴암 재건사업으로 망가지긴 했지만 석굴암의 습도 조절 기능은 자연과 과학을 이해하지 못했다면 결코 구현할 수 없는 것이다.

왜 처음에는 보지 못했던 것들을 두 번째 만남에서는 볼 수 있었을까? 답은 분명하다. 아는 만큼 보이기 때문이다. 아무런 사전 지식도 없이 반강제적으로 석굴암을 보았을 때와 미리 석굴암에 대해 알아보고 이해한 상태에서 본 석굴암은 다를 수밖에 없다.

개인적으로는 '아는 만큼 보인다'라는 말보다 '말할 수 있는 만큼 보인다'라는 말을 선호한다. 둘 다 비슷한 의미이지만 '말'은 '인식'을 전제로 한 것이어서 '말할 수 있는 만큼 보인다'라는 것은 '아는 만큼 보인다'라는 것보다 한 걸음 더 나간 것으로 봐도 무방하다. 굳이 '말할 수 있는 만큼 보인다'라는 것을 강조하는 이유는 토론은 결국 말로 하는 것이기 때문이다. 아는 데서(인식) 그치지 않고, 그것을 말로 하는 과정에서 인식은 더욱 구체화되어 체험 학습을 하는 데도, 이후 토론을 하는 데도 도움이 된다.

말할 수 있으려면 준비부터 해야 한다. 우선 가능한 한 체험 학습을 언제, 어디로 떠날 것인가부터 토론으로 결정하는 것이 좋다. 일방적으로 부모가 좋다고 생각하는 장소를 선정하는 것보다 아이와의 토론을 통해 장소를 합의하면 사전 준비를 신명나게 할 수 있을 뿐만 아니라 체험 학습의 효과도 크다.

  체험 학습은 꼭 역사적 장소를 다녀오는 것만을 의미하지 않는다. 부모와 아이가 함께 천연 염색을 해 본다든지, 요리를 한다든지, 축구공을 만든다든지 하는 것들 모두 체험 학습이 될 수 있다.

  기본적인 체험 학습의 일정이 결정되면 그다음부터는 본격적으로 사전 준비를 시작할 차례다. 사전 준비를 얼마나 체계적으로 철저히 하느냐에 따라 체험 학습의 승패가 달라진다. 요즘에는 유튜브나 인스타그램을 활용하면 아이도 얼마든지 필요한 정보를 구할 수 있다. 이때 부모는 별도로 체험 학습에 필요한 자료를 찾아본다.

  각자 자료를 찾아본 다음에는 대화를 하는 것이 중요하다. 최대한 아이에게 말할 수 있는 시간을 많이 주고, 아이가 미처 준비하지 못한 내용에 한해서 부모가 조사한 내용을 보탠다. 질문을 통해 아이 스스로 부족한 부분을 깨닫고 추가로 준비하게 해 주면 더 좋다. 예컨대 석굴암 체험 학습을 할 때 아이가 관음상을 빼놓았다면 "가운데 있는 불상 뒤에도 보살상들이 있던데, 그 보살상들은 어떤 의미일까?"와 같이 질문해 호기심을 불러일으켜주는 정도면 충분하다. 너무 세세하게 지적하면 체험 학습을 떠나기도 전에 아이가 피곤해하며 의욕을 상실할 수도 있다.

  마지막으로 전문가와 대화를 할 수 있으면 금상첨화다. 부모가 아이보다는 아무래도 인식 수준이 높겠지만, 처음 해 보는 것이라면 아이와 큰 차이가 없을 수도 있다. 비슷한 수준의 아이들끼리 공부를 하거나 토론을 하면 실력이 잘 늘지 않는다. 확실히 인식 수준이 높은 전문가와 대화를 해 보면 체험 학습의 질이 한층 더 좋아진다. 전문가라 하면 너무 거창하게만 생각할 수도 있는데, 이는 생각하기 나름이다. 예를 들어 석굴암을 가려고 했을 때 이미 석굴암을 가봤던 옆집 부모나 친구도 전문가가 될 수 있다.

질문하고 질문으로 답한다

아이와 함께 체험 학습을 떠나면 부모들은 하나라도 아이가 더 보고 느끼기를 원해 조바심을 내기 마련이다. 아이에게 많은 것을 알려주고 싶어 마치 강의를 하듯 지루하게 설명을 늘어놓는 부모들도 많다. 그럴수록 체험 학습의 효과도 떨어지고, 체험 학습에 대한 아이의 흥미도 떨어진다. 내가 아는 학부모 중 아이가 어렸을 때부터 함께 걷기 여행을 했던 분이 있다. 대한민국을 한 바퀴 돌 계획으로 시간 날 때마다 배낭을 메고 걷기 여행을 했다고 한다. 아빠라면 누구나 한 번쯤은 아들과 이런 종류의 여행을 꿈꾼다. 그렇지만 여러 가지 여건상 정작 실행에 옮기는 아빠는 그리 많지 않다.

아빠와 아이가 도란도란 이야기를 나누며 함께 배낭여행을 하는 모습은 상상만 해도 흐뭇하다. 그런데 우연히 아이와 대화를 하다 아이가 아빠와의 대화를 썩 즐기지 않는다는 사실을 알게 되었다.

"아빠는 너무 설명을 길게 해요. 한 번 설명했다 하면 30분에서 1시간은 기본이에요. 그래서 아빠랑 함께 여행을 할 때는 궁금한 것이 있어도 질문하지 않아요."

아이 아빠도 알고 있었다. 아빠에게도 할 말은 있었다.

"저도 섭섭합니다. 어쩜 아이가 그렇게 아빠 마음을 몰라주는지. 어떻게든 더 알려주고 싶은 마음에 사전 조사도 철저히 하고 공부도 열심히 하거든요. 그런데 지루하고 재미없다고만 하니 저도 답답할 따름입니다."

같은 부모로서 아빠의 마음을 충분히 이해한다. 하지만 준비 과정에서도 아이에게 말할 수 있는 기회를 많이 주어야 하듯이, 여행을 하거나 체험 학습을 할 때는 더더욱 말할 기회를 많이 주어야 한다. 부모가 말하는 시간이 많을수록 아이는 입을 닫고, 체험 학습에 대한 호기심도 닫아 버린다.

아이 스스로 호기심을 갖고 말할 수 있도록 해야 한다. 체험 학습의 효과를 높이려면 사전에 미리 조사한 내용과 실제가 어떻게 다른지 비교 감상하는 것이 좋다. 그럴 수 있도록 부모는 질문을 던지기만 하면 된다.

"실제로 보니까 어때?"

"어떤 점이 다른 것 같아?"

이런 질문을 하면 아이는 보고 느낀 것을 편하게 이야기한다. 그러면서 자연스럽게 질문을 할 수도 있다. 아이가 질문을 할 때도 기다렸다는 듯이 설명 보따리를 풀어놓아서는 안 된다. 아이의 질문에 질문으로 답해야 아이가 더 많은 생각을 할 수 있다.

현재 석굴암은 사진 촬영을 할 수 없다. 플래시 조명이 석굴암을 훼손할 수도 있기 때문이라는 게 이유다. 보통 체험 학습을 할 때 사진을 많이 찍는다. 사진 자체가 기록의 역할을 하고, 체험 학습에서 보고, 느끼고, 배운 것을 오래 기억할 수 있게 해 주기 때문에 권장할 만한 사항이다. 그래서 석굴암 촬영 금지를 섭섭해하는 사람들이 많다. 아이들도 마찬가지여서 부모에게 질문을 할 수 있다.

"왜 사진을 못 찍게 하는 거예요?"

이때 알고 있는 지식을 총동원해 답변하느라 애쓸 필요가 없다.

"글쎄, 왜 그럴까? 왜 못 찍게 하는 것 같아?"

이렇게 질문으로 답하는 것이 가장 좋다. 질문을 많이 해 아이가 말할 수 있는 시간을 많이 주면 줄수록 아이의 인식 수준도 높아지고, 더불어 토론 능력도 향상된다.

토론 후 글쓰기로 마무리!

체험 학습을 하는 동안 아이에게 질문을 많이 하면 그 자체로도 훌륭한 토론이 된다. 하지만 아이의 토론 능력을 확실하게 키워 주려면 체험 학습 후 간단하게라도 토론을 하는 것이 좋다.

체험 학습 토론도 기본적인 맥락은 독서토론과 같다. 크게 사실,

가치, 의지를 묻는 질문만 해도 된다. 조금 더 수준 높은 토론을 하려면 여기에 문제 제기를 끌어내는 질문을 덧붙여도 좋다.

"오늘 체험 학습에서 본 것 중 가장 기억나는 게 뭘까?"(사실)

"너의 생각은 어때?"(가치)

"오늘 보고 느낀 걸 어떻게 활용할 수 있을까?"(의지)

"체험 학습을 하면서 궁금한 건 없었니?"(문제 제기)

단, 아이가 대답을 할 때 '왜냐하면'과 '예컨대'로 대답하도록 한다. 예를 들어 아이가 석굴암을 보고 "둥근 아치 모양의 천장이 제일 좋았어요"라고 대답했다면 "그렇구나, 왜 천장이 제일 좋았는지 '왜냐하면'으로 대답해 줄래?"라고 유도한다.

"왜냐하면 나사나 못으로 고정시키지도 않았는데 천장이 그대로 있는 게 신기해요."

'왜냐하면'은 이유를 설명하는 것으로, 자기 생각을 '왜냐하면'으로 풀어내는 연습을 많이 하면 논리적 설득력이 향상된다. '예컨대'는 토론에서 중요한 증거를 말하는 것으로, '예컨대'를 자주 말하다 보면 사실에 입각해 토론을 풀어내는 능력이 좋아진다.

토론을 마친 후에는 독서토론 때와 마찬가지로 글쓰기를 하는 것이 좋다. 앞에서도 이야기했지만, 토론 후 글쓰기를 하지 않으면 반쪽짜리 토론이 될 공산이 크다. 체험 학습의 내용과 느낌, 생각을 간단히 정리할 수 있는 체험 학습 노트를 마련해 꼭 글쓰기로 마무리하도록 한다.

체험 학습 노트

장소 혹은 소재		날 짜	
함께한 사람들			
체험 학습 중 기억나는 내용 (사실)			
가장 재미있거나 인상 깊었던 것과 이유 (가치)			
어떻게 활용할 수 있을까? (의지)			
궁금한 점이 있다면? (문제 제기)			

07

가족회의 :
갈등을 풀고 더불어 사는 방법을 경험한다

듣기 싫은 말도 기분 좋게 할 수 있는 것이 실력이다

필자의 큰아이는 중학생 시절 당시 유행했던 '학교 밖에 길이 있다' 라는 신문 광고를 오려 책상 앞에 붙여 놓았던 것으로 기억한다. 영화에 관심이 많았던 아이라 그 문구가 더욱 가슴에 와닿았던 모양이다. 큰아이는 그 문구를 방패 삼아 공부를 소홀히 했다. 아내와 나는 애가 탈 노릇이었다. 시간 날 때마다 "어떤 직업을 갖든 보편적 소양을 위해 우선 공부를 열심히 해야 한다"라고 말했지만 아이에게 전혀 먹히지 않았다. 설득도 하고 때로는 야단도 쳐보았지만 아이는 요지부동이었다.

그러던 어느 날 모 신문기자가 우리 집에 왔다. 기자와 함께 가족회의에서 이 문제를 놓고 이야기를 했다. 부모와 자식이라는 관계를 떠나 대등한 입장에서 서로 이야기를 했는데, 효과가 있었다. 그냥 이야기할 때는 아예 들으려 하지 않던 아이가 가족회의에서는 귀 기울여 들으려 노력했고, 받아들였다.

그 이전에도 가족회의는 종종 했다. 그 무렵 나는 원탁토론 운동을 열심히 펼치고 있었고, 나름대로 가족회의를 중요시했기 때문이다. 하지만 말이 좋아 가족회의지, 아이들 입장에선 회의가 아니었다. 그저 아빠의 일방적 잔소리를 듣는 자리에 불과했다. 그런데 그날 회의만큼은 그럴 수가 없었다. 모 일간지에서 우리 가족을 소개하기 위해 취재기자가 집으로 와 지켜보는 가운데 가족회의를 진행했기 때문이다. 아이와 나는 대등한 토론자 입장에서 서로의 생각을 이야기했고, 그런 분위기가 아이의 마음을 움직이게 했던 것이다.

그 일을 계기로 우리 집의 가족회의는 완전히 달라졌다. 가족 모두가 대등한 토론자가 되어 가족 간의 갈등을 주제로 토론을 하거나 모두의 의견이 필요한 사항들을 의논해 합의를 도출해냈다. 그러면서 우리 가족의 관계가 더 돈독해진 것은 물론이다. 가족회의를 하면서 온 가족이 눈물을 훔치며 울어본 적도 있다. 그 후련함을 잊을 수 없어 지금도 종종 가족회의를 즐긴다.

발언권은 언제나 아이부터

가족회의는 어떻게 하느냐에 따라 결과가 다르다. 앞에서도 이야기했지만, 가족회의란 명목 아래 일방적으로 아빠나 엄마가 잔소리나 훈계를 늘어놓는다면 그 가족회의는 시간만 허비하는 회의로 전락한다. 가족회의를 성공적으로 진행하려면 사회자 역할을 하는 부모가 최대한 말을 아껴야 한다. 부모가 말을 많이 하거나 먼저 결론을 내리면 아이들은 입을 다물고 만다.

부모도 가족회의의 구성원으로 먼저 말을 하는 게 무슨 큰 문제냐고 생각한다면 오산이다. 직장 내 꼴불견 상사 중 하나가 한 턱 내겠다고 하고 먼저 주문을 하는 사람이라고 한다.

"먹고 싶은 것 마음껏 시켜. 오늘은 내가 쏘는 거니까. 난 짜장면!"

보통 이렇게 상사가 먼저 주문을 하면 나머지 직원들은 알아서 짜장면 수준의 메뉴를 시킨다. 웬만큼 간덩이가 붓지 않고서는 '동파육'이나 '팔보채'처럼 비싼 음식을 시킬 수가 없다. 이런 모습을 보면 진정한 평등이란 무조건 똑같은 것이 아니라 약자를 배려하는 것이란 생각이 든다. 어른과 아이가 달리기를 할 때 똑같은 조건이란 같은 출발선에 서는 것이 아니라 아이의 불리함을 배려해 출발선 자체를 다르게 하는 것처럼 말이다.

가족회의도 마찬가지다. 가족회의를 잘 진행하려면 약자인 아이들에게 발언 기회를 먼저 주어야 한다. 예를 들어 아빠가 사회자고 자녀가 둘이라면, 1차 발언 순서는 ①작은아이, ②큰아이, ③엄마다. 아빠는 아직 말하지 않는다. 2차는 ②큰아이, ①작은아이, ③엄마 순으로 발언 기회를 준다. 2차 발언 때도 아빠는 입을 다문다. 3차는 ③엄마, ①작은아이, ②큰아이 순으로 발언을 할 수 있도록 한다. 단, 엄마가 입김이 센 경우에는 3차 때도 엄마가 맨 마지막에 말하는 것이 좋다. 요즘에는 예전과는 달리 아빠보다 엄마가 집안의 대소사를 주도하는 경우가 많은데, 먼저 이야기를 해서 가족회의에 큰 영향을 끼칠 수 있는 사람이라면 엄마든, 아빠든 발언을 제일 나중에 하고, 최대한 말을 아끼는 것이 바람직하다.

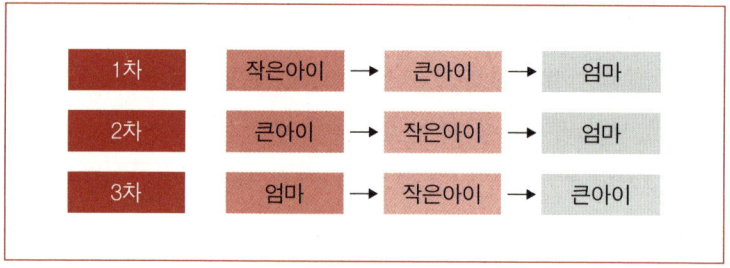

가족회의를 할 때 발언 순서

이런 순서로 한 사람이 세 번 정도 발언하면 웬만한 가족 문제는 거의 해결된다. 특히 자녀 사이에 다툼이 발생했을 때 부모가 섣불리 참견하는 것보다 자녀끼리 서로 돌아가면서 발언하도록 기회를 주는 것이 좋다. 자신의 생각을 말하다 보면 자신을 돌아보게 되고 스스로 해결책을 찾을 수 있게 되기 때문이다.

사회자인 아빠는 어느 정도 문제가 풀릴 무렵 토론을 마무리한다. 그렇게 하는 것이 백 마디 말을 하는 것보다 훨씬 효과적이다. 젊은 시절 어떤 선교 단체에서 성경 공부를 한 적이 있다. 여러 명이 1주일에 한 번씩 지도자를 중심으로 빙 둘러앉는다. 진도의 범위 안에서 문제마다 모든 사람에게 자신의 느낌을 말할 수 있는 기회가 주어졌다. 보통 10개의 문제를 푸는데, 늘 지도자는 마지막에 말하곤 했다. 그 지도자의 말은 짧고도 명쾌했기에 감동을 받았다. 아이들도 마찬가지다. 장황하게 이야기했을 때보다 간단하게 한두 마디 할 때 더 감동을 받는다. 돌이켜보면 그 성경 공부 지도자는 나의 토론 운동 노하우에 지대한 영향을 미쳤다.

충분한 가족회의를 통해 사회자인 부모가 하고 싶은 말을 아이의 입을 통해 하게 만들면 그것만큼 좋은 회의가 없다. 가족회의에 익숙해지면 아이가 사회를 보게 하는 것도 좋다.

추석 같은 명절, 많은 가족이 모였을 때에도 비슷하다. 회의할 안건, 같이 이야기하고 싶은 주제가 있다면 수십 명이 동그랗게 앉은 뒤, 한 사람이 사회를 본다. 이번에도 역시 제일 어린 아이가 맨 처음 말하게 해 주인공이 되게 해준다. 약 1분 30초, 혹은 2분의 발언 시간이 끝나면 모든 사람이 나이 순서대로 같은 시간 동안 말할 기회를 주고, 제일 마지막에는 제일 나이가 많으신 어르신이 발언을 한다. 참여자들의 이야기가 끝나면 마지막으로 사회자가 이야기를 한다. 이와 같은 방식이면 아무리 가족들이 많아도 40분 안에 대가족 회의가 끝난다. 이는 가족들을 격려하는 좋은 회의 방식이다.

발언 시간을 지켜야 공정하다

'100분 토론'이나 '대선 토론'을 보면 종종 사회자가 "발언 시간 1분 남았습니다" 혹은 "발언 시간 다 됐습니다"라는 말을 하는 것을 볼 수 있다. 주어진 발언 시간을 넘기면 하고 싶은 말을 다 하지 못해도 더 할 수가 없다. 토론을 잘 모르는 사람들이 보면 하던 말을 마무리나 할 수 있게 조금만 시간을 더 주지, 너무 야박하다는 느낌을 받을지도 모른다. 하지만 회의나 토론을 할 때 발언 시간을 준수하는 것은 매우 중요하다. 발언 시간을 지키지 않으면 공정한 회의나 토론이 불가능하기 때문이다. 예를 들어 발언 기회가 똑같이 세 번씩 돌아갔더라도 한 사람은 2분, 다른 사람은 5분 동안 이야기했다면 결코 공정하다고 볼 수 없다.

가족회의도 마찬가지다. 발언 시간을 정해놓고 지켜야 한다. 발언 시간은 토론의 성격에 따라 다르지만 가족회의의 경우 2분 혹은 3분이 적당하다. 사회자는 한 사람이 발언할 때마다 종료 1분을 남겨두고 오른팔을 들어 알려주고, 발언 시간이 끝나면 두 팔로 가위 표시를 하거나 손을 흔들어 알려준다. 가족 모두가 정해진 시간 안에 발언을 끝내는 연습을 해야 한다.

2~3분이 너무 짧다고 생각할 수도 있다. 사안에 따라 발언 시간이 더 길어야 할 때도 있겠지만, 2~3분은 웬만한 주제에 대해서 자기 생각을 충분히 이야기할 수 있는 시간이다. 정해진 시간 내에 하고 싶은 말을 다 하려면 자연스럽게 자신의 생각을 압축하고 정리하

는 연습도 하게 된다. 그러면서 장황하게 말을 늘어놓지 않고 핵심적인 말을 논리적으로 말할 수 있는 능력도 생긴다. 첨예한 갈등이 발생했을 때는 더더욱 발언 시간 안에 이야기할 수 있어야 한다. 토론의 달인들은 대부분 짧은 시간 안에 충분히 자기 이야기를 한다.

의제를 정하고 처리하는 방법도 여러 가지

가족회의를 하려면 의제*가 필요하다. 의제는 가족회의의 안건 혹은 주제 정도로 이해하면 무난하다. 의제를 정할 때는 아이를 참여시키는 것이 좋다. 일방적으로 부모가 의제를 정하고 가족회의를 하자고 하면 거부감을 갖기 쉽다. 의제가 꼭 하나일 필요는 없으니 가족 구성원이 각각 의제를 하나씩 내는 방법도 괜찮다.

가족 일부의 문제를 가족회의 전체 의제로 채택하는 것도 좋다. 보통 아이들끼리 혹은 부부가 싸우면 당사자들끼리 풀려고 한다. 이른바 '양자 간 대화'를 시도하는 것이다. 그렇게 해서 갈등이 풀리면 더할 나위 없이 좋은 일이지만, 갈등이 더 악화되는 경우가 많다. 당사자들끼리 대화를 하다 보면 자칫 감정싸움으로 번질 위험이 크기 때문이다.

---

* 회의나 토론의 형태에 따라 주제를 부르는 이름이 다르다. '의제'는 토의형 토론이나 회의의 주제를 의미한다. 보통 논쟁형 토론의 주제는 '논제', 대화의 주제는 '화제', 논술의 주제는 그대로 '주제'라 부른다.

큰아이가 대학에 입학한 후, 작은아이와 사이가 좋지 않았던 적이 있다. 큰아이는 대학에 입학한 후 몇 차례 술을 마시고 밤늦게 귀가했다. 그러면서 당시 고등학생이었던 동생에게 "공부 열심히 해"라는 이야기를 했는데, 작은아들은 그런 형을 불만스러워했다. 큰아이는 동생이 걱정돼서 한 말인데 고깝게 받아들이기만 하니, 큰아들은 큰아들대로 작은아들에 대한 불만이 있었다.

둘의 갈등은 가족회의에서 풀어졌다. 지금도 그때 작은아이가 했던 말을 또렷이 기억하고 있다.

"형은 나더러 열심히 공부하라고 말만 하면 뭐하나. 한밤이 되어도 집에 들어오지 않으면 지금쯤 뭘 하고 있을까 생각하느라 공부에 집중할 수가 없는데."

작은아이가 왜 형을 불만스러워했는지가 밝혀지는 순간이었다. 이후 큰아이의 귀가 시간이 빨라졌다. 그날 이후 아내와 문제가 생기면 주로 아이들과 함께 푼다. 아이들 앞이니 더 감정을 억제하고 자신의 생각을 논리적으로 이야기하다 보니, 감정싸움으로 번지는 일이 없을뿐더러 아이들이 훌륭한 조언자나 중재자 역할을 하기 때문에 비교적 쉽게 문제를 풀 수 있다. 이처럼 부부 양자 간 bilateral 대화로 풀리지 않는 문제는 가족 다자 간 multilateral 회의로 푸는 것이 좋다.

때로는 공식적인 회의로 풀리지 않는 문제도 있다. 이때는 사적인 대화로 푸는 것이 효과적이다. 공식적인 회의에서는 이견을 좁히지 못해 감정싸움으로 치닫기 쉬운 문제도, 사적인 자리에서는 한결 부드럽게 풀리는 경우가 많다.

가족회의에 올라온 의제들을 푸는 방법은 여러 가지가 있다. 의제를 효율적으로 처리하려면 일단 메모와 경청이 중요하다. 가족마다 개인별 가족회의 노트를 가져와 메모를 하면서 경청하면, 의제를 심도 있게 논의할 수 있다. 이것이 경청의 힘이다.

의제 처리 방법은 세 가지가 있다. 상정된 의제 가운데 하나를 선택해 다루면 집중 처리, 하나씩 다루면 순차 처리, 한꺼번에 다루면 일괄 처리라 한다. 이 중 가장 어려운 것이 일괄 처리다. 일괄 처리를 잘하면 다른 방식의 처리도 잘할 수 있다. 우선 가족 모두 각자가 하고 싶은 말을 하게 한다. 여러 가지를 한꺼번에 다루다가 의견이 하나로 모아지면 훨씬 재미있다.

가족회의일수록 감정의 거리두기가 필요하다

가족회의를 성공적으로 하려면 감정을 앞세우지 말아야 한다. 가족회의뿐만 아니라 다른 회의와 토론을 할 때도 마찬가지다. 하지만 가족회의를 할 때 감정을 조절하기란 쉽지 않다. 다른 어떤 관계보다도 돈독하고 허물없는 가족이기에 오히려 사소한 말 한마디에 감정이 격해지는 경우가 많다. 따라서 가족회의를 할 때는 더더욱 공식적인 절차가 중요하다. 자유로운 회의를 한답시고 한 사람만 자유롭게 말하는 게 보통이다. 한 사람이 아니라 모두의 자유를 위해서 필요한 게 절차다. 절차가 자유로울 때보다 엄격할 때 오히려 소통이 잘되는 경우도 많다.

    회의 중 감정에 휘둘리지 않으려면 적절한 감정의 거리두기emotional distance를 하는 것이 좋다. 이를 위해서 첫째, 부부나 아이들에게도 공식적 호칭을 쓴다. 예컨대 부인을 '당신' 혹은 'OO 엄마'라고 불러서는 안 된다. 특히 '당신當身'은 웃어른을 높이어 일컫는 3인칭(예컨대 아버님 생전에 당신께서), 부부가 서로 상대를 일컫거나 기도할 때 신을 일컫는 2인칭 등에 어울리는 호칭이다. 이런 말은 가족회의뿐만 아니라 다른 회의나 토론에서도 가급적 쓰지 않는 게 좋다. 당신이라는 말이 상대방을 비하하는 말은 아니지만 하오체의 예사 높임말로 아주 높임말이 아니기 때문에 공식적인 자리에는 어울리지 않는다. 그렇다면 가족들을 서로 어떻게 불러야 할까? 개인적으로는 'OOO 토론자'로 부를 것을 권한다. 엄마든, 아빠든 'OOO 토론자'로 불리는 순간, 호칭에서부터 토론자들의 평등은 시작되는 셈이다.

    둘째, 문어체나 격식체의 아주 높임말을 쓴다. 격식체는 이성적이고 비격식체는 감정적이기 때문이다. 군부대에서 사용하는 '다' 혹은 '까'로 끝나는 말이 그 좋은 예다. 격식체로 합쇼체(아주 높임), 하오체(예사 높임), 하게체(예사 낮춤), 해라체(아주 낮춤) 등이 있고, 비격식체로 해체(두루 낮춤), 해요체(두루 높임) 등이 있다. 예컨대 "안녕하십니까?"는 격식체이고, "안녕하세요?"는 비격식체이다. "맞습니다. 맞고요."는 비격식체여서 자칫하면 "막 가자는 거요?"로 끝나버린다. 나는 토론을 진행할 때 나이 어린 발언자에게도 존댓말을 쓴다. "우리 OOO 팀장님께서는 어떻게 생각하십니까?" 격식체를 통해서 이성을 발동시키고 "우리"라는 말을 통해 친근감을 줄 수 있기 때문이다.

셋째, 공간의 거리를 고려한다. 부부 대화에도 팔이 닿지 않을 정도로 2~3m 정도 떨어져서 앉아본다. 회의에서도 참석자의 자리를 미리 지정하고 명패를 붙여 두면 공식적인 느낌이 든다.

넷째, 발언 순서를 조정한다. 예컨대 A와 B가 언쟁하는 경우 A 다음에 곧바로 B가 이어서 발언하면 곤란하다. 그 사이에 C나 D가 말하게 한다.

"한 번 말씀하신 분께는 다른 분들의 말씀을 다 듣고 난 뒤에 발언 기회를 드리겠습니다."

또 같은 10분간의 발언 시간도 5분씩 두 번 나누어 쓰게 하면 감정이 조절된다.

다섯째, 감정이 격해졌을 때는 휴식 시간을 활용한다.

"잠시 쉬었다가 합시다."

"잠깐, 메모 좀 하겠습니다. 천천히 말씀해 주시겠습니까?"

이것이 포즈 버튼 pause button 이다. 2~3초 정도만 쉬어도 전혀 다른 느낌이 든다. 전화 통화의 경우라면 잠시 끊었다가 다시 건다. 남의 말이 끝나기가 무섭게 곧바로 말하는 것은 좋지 않다. "세 박자 쉬고 나서" 즉 끝까지 듣고, 느끼고, 생각하고 나서 말한다.

여섯째, 마이크 혹은 손수건 같은 대용품을 정해 그것을 들고 있는 사람만이 발언해도 좋다. 재미도 있을뿐더러 공식적인 느낌을 주어서 감정을 조절하기가 한결 수월해진다.

요약 및 정리

1일 4문

하루 네 가지만 질문해도 아이의 토론 능력은 향상된다. 독서토론, 체험학습 토론, 답사 토론, 가족회의에서 질문을 할 때도 마찬가지다. 말할 수 있는 만큼 세상이 보인다.

1) 기억나는 것은 무엇인가? — 사실 인식
2) 너의 생각은 무엇인가? — 가치 판단
3) 앞으로 어떻게 하고 싶은가? — 실천 의지
4) 궁금한 점은 무엇인가? — 문제 제기(질문 거리, 토의 거리, 논쟁 거리)

다섯 가지 문답 유형

1) 자녀나 학생에게 질문을 던질 때 부모나 교사의 유형
  ① 질문이 아니라 설명을 하려고 한다.
  ② 질문을 만들지 못한다.
  ③ 질문을 던지고 자기 자신이 대답한다(자문자답).
  ④ 대답을 끌어낸다.
  ⑤ 대답을 끌어내는 것뿐만 아니라 새로운 질문까지 끌어낸다.

2) 자녀나 학생으로부터 질문을 받았을 때 부모나 교사의 유형
  ① 애초에 질문을 끌어내는 중요성을 모른다.
  ② 질문 받는 것을 두려워한다.

③ 질문을 받자마자 촉새처럼 대답한다.
④ 질문을 받으면 답을 알아도 다른 사람에게 묻는다(중계질문).
⑤ 질문을 받으면 질문한 사람에게 역질문한다(반전질문).

3) 문답의 최고의 경지는 무엇일까? 아이에게 질문을 던져 대답뿐 아니라 질문까지 끌어내라. 아이의 질문을 받으면 중계질문이나 반전질문으로 대답해라.

아이에게서 많은 말이나 생각을 끌어내는 질문을 '유발질문'이라고 한다. 대표적인 유발질문 일곱 가지를 알아보자.
① 이제까지 나온 말들과 다른 말은 없는가?
② 빠진 말은 없는가?
③ 보다 깊은 말은 없는가?
④ 이제까지 나온 말들을 비교해 볼까?
⑤ 말끼리 서로 관계를 지어볼까?
⑥ 이제까지 나온 말들 중 가장 중요한 말은 무엇인가?
⑦ 전혀 새로운 말을 해볼까?

4장

더 넓은 세상을 살아갈 내 아이를 위해서

HARVARD SECRETS

01

어릴 때 꼭 배워야 할 설득과 합의

길게 보고 큰 말을 하면 큰일을 할 수 있다.
진리의 섬광은 서로 다른 견해들이 부딪힐 때 튀어 나온다.

토론이란 결국 자신의 생각을 상대방에게 이해하고 설득시키는 과정이다. 가장 간단하면서도 효과적으로 설득과 합의를 배울 수 있게 도와주는 토론 방식으로 '피라미드 토론'을 꼽을 수 있다. 집에서는 물론 학교에서 선생님들이 아이들을 가르칠 때도 유용하게 활용할 수 있는 토론 방식이다. 피라미드 토론은 먼저 1대 1로 상대방과 토론해 합의를 본 후, 다시 2대 2로 확장시켜 4명이 함께 토론을 거쳐 합의를 보고, 또다시 4대 4, 8대 8과 같은 식으로 토론 인원을 배로 확장하면서 합의를 이끌어 내는 방식이다. 처음에는 1대 1로 토론을 시작했다가 점점 토론에 참여하는 사람이 많아지는 형태여서

엄밀하게 말하면 역 피라미드 모양의 토론이라 할 수 있다.

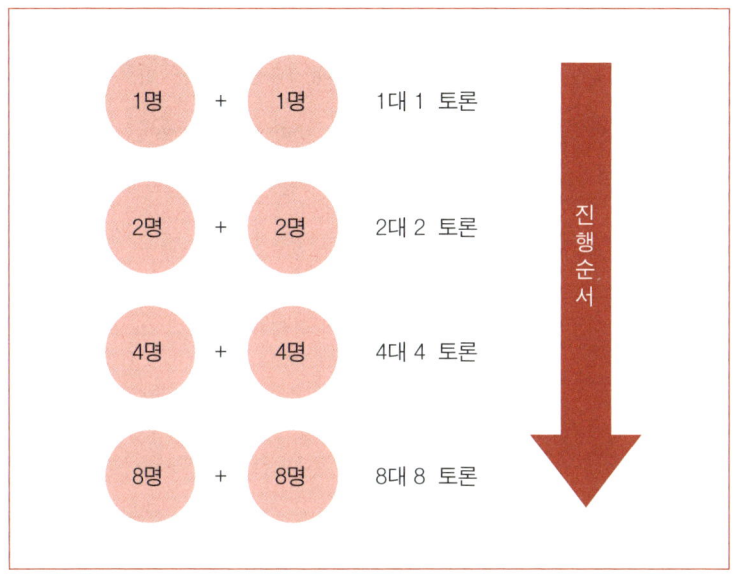

피라미드 토론 방식

피라미드 토론은 보통 1대 1로 시작해서 전체 인원이 절반으로 나뉠 때까지 계속한다. 혹은 한 팀이 8명을 넘어서지 않는 범위까지 계속한다. 어떤 형태로든 각 단계에서 합의를 보지 못하면 다음 단계로 넘어갈 수 없기 때문에 아이들은 자연스럽게 설득과 합의를 하는 방법을 배운다. 피라미드 토론을 활용하는 방법은 다양하지만, 그중 실생활에서 보다 쉽고 유용하게 활용할 수 있는 방법을 소개하면 다음과 같다.

피라미드 토론, 수업 후 마무리하는 데 효과 만점

피라미드 토론은 인원이 적을 때보다는 인원이 많을 때 그 효과를 더 많이 기대할 수 있는 토론 방식이다. 많은 인원이 한꺼번에 토론을 하면 효율성도 떨어지고, 무엇보다 토론을 하는 동안 말 한마디 하지 못하는 아이들이 생길 수 있다. 그런데 피라미드 토론을 하면 1+1, 2+2, 4+4, 8+8…… 과 같은 식으로 1대 1 토론부터 시작해 점차 참여 인원수를 늘려나가기 때문에 한 사람도 소외될 염려가 없다. 그래서 집에서보다는 학교나 동아리와 같은 모임에서 활용하면 더 효과적이다.

나 역시도 피라미드 토론 방식을 수업 시간에 많이 활용했다. 50분 수업이라면 35~40분가량 수업을 하고 나머지 10~15분은 피라미드 토론을 하는 데 썼다. 문답식 수업도 즐겨 했지만 피라미드 토론을 했을 때 학생들의 참여도가 더 좋았다. 아무래도 선생님께 질문을 하거나 질문에 답하는 것은 부담스러운 반면, 학생들끼리 피라미드 토론을 하는 것은 부담도 덜하고 재미도 있었기 때문인 듯싶다.

혹 수업 시간 중 피라미드 토론을 하면 토론 기술은 늘지 모르겠지만 학습 효과는 떨어지는 것이 아니냐고 우려하는 분들이 있을 수 있다. 하지만 수업 시간을 쪼개 하는 피라미드 토론은 수업내용과 동떨어진 것이 아니다. 수업에 집중하지 않으면 피라미드 토론 자체가 불가능하기 때문에 오히려 학생들이 수업에 집중하고, 그만큼 수업 분위기도 좋아졌다.

수업에 피라미드 토론을 적용하는 방법은 간단하다. 우선 강의가 끝나면 학생들에게 각자 오늘 배운 내용 중 가장 중요한 내용을 세 가지씩 적도록 한다. 그리고 각각에 대해 '왜냐하면'과 '예컨대'를 활용해 그 내용을 선정한 이유와 근거를 설명하도록 한다.

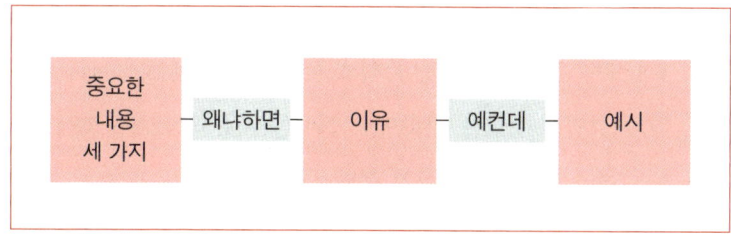

수업에서의 피라미드 토론 활용법

각자 중요한 내용을 세 가지씩 적는 것부터 훌륭한 토론 연습이다. 수업 시간이 아무리 짧아도 수업 내용이 세 가지에 그칠 리가 없다. 대부분 그보다는 훨씬 많은 내용을 강의할 것이다. 그 많은 내용 중 가장 중요한 것 세 가지를 적으려면 중요한 내용과 덜 중요한 내용을 구분할 줄 알아야 한다. 전체 수업 내용을 귀 기울여 듣지 않으면 중요도를 판단할 수 없다. 결과적으로 수업에 집중할 수밖에 없고, 수업 내용을 듣고 중요한 것 세 가지를 골라내면서 판단력이 향상된다.

이후의 과정은 기본적인 피라미드 토론 방식과 동일하다. 먼저 두 명씩 짝을 지어 1대 1로 토론을 한다. 수업 내용 중 중요한 것 세 가지를 합의하는 토론이다 보니 겹치는 내용도 꽤 있다. 그럴 수밖에 없는 것이 수업 시간에 선생님이 가르치는 내용은 주관적 가치가 아닌 객관적 지식이 대부분이다. 가치야 개개인에 따라 중요하게 생각하는 것들이 다를 수 있지만, 지식은 꼭 알아야 할 것과 상대적으로 덜 중요한 지식에 대한 판단이 엇비슷하기 때문이다.

겹치는 내용이 많다고 걱정할 것은 없다. 1개나 2개는 겹칠 수 있어도 3개 모두 겹치는 경우는 극히 드물다. 설령 3개 모두 겹친다고 해도 각자 그것을 중요한 내용으로 선택한 이유와 근거는 다를 수 있으므로 '왜냐하면'과 '예컨대'로 설명하면 된다.

하지만 피라미드 토론의 백미는 서로 다른 의견을 설득을 통해 합의를 도출해내는 데 있다. 다행히 대부분은 100% 겹치는 일이 거의 없으므로 설득과 합의를 연습할 기회는 충분하다.

앞에서도 이야기했지만 피라미드 토론은 위로 올라갈수록 구성원 전체가 다 발언을 하기는 어려운 구조다. 나의 경우 구성원 전체가 이야기하기보다는 팀의 대표가 발언하는 방식을 적용했다. 일종의 패널 토론인 셈이다.

설득과 합의의 과정이 충분한 토론을 통해 합리적으로 이루어졌다면 팀의 대표들끼리 다음 단계 토론을 한다고 해도 불만이 없다. 또한 패널들도 각 팀을 대표해 발언하는 것이니만큼 개인적인 생각보다는 팀에서 합의한 내용을 설득력 있게 이야기하기 위해 노력할 것이다.

피라미드 토론은 1대 1 토론에서 시작해 전체 학생이 둘로 나뉠 때까지 계속된다. 그렇다 해도 한 팀이 8명을 넘지 않는 범위 안에서 하는 것이 좋다. 그래야 팀원들이 전부 참여할 수 있기 때문이다. 결국 최종 단계에서는 패널 두 명이 각 팀에서 합의된 3개의 내용으로 서로를 설득하고 최종 3개의 결론 및 합의점을 선정한다.

조금 더 시간을 단축하려면 그룹으로 나눠 합의한 결과를 정리해 그룹별로 발표할 수도 있다. 예컨대 전체 학생이 32명이라면 8명을 한 그룹으로 해 4개 그룹으로 나눈다. 그룹별로 피라미드 토론을 통해 합의를 본 후 각 그룹 대표 4명이 각각의 합의 내용을 발표하는 방법이다. 이 방법은 보다 짧은 시간에 협의를 도출해낼 수 있을 뿐만 아니라 토론 구성원 각각이 조금 더 발언할 기회를 가질 수 있다는 장점이 있다. 수업 시간이 허락하는 한도 내에서 두 가지 방법을 탄력적으로 활용하면 아이들의 수업 참여도도 높이면서 재미있는 수업을 할 수 있을 것이다.

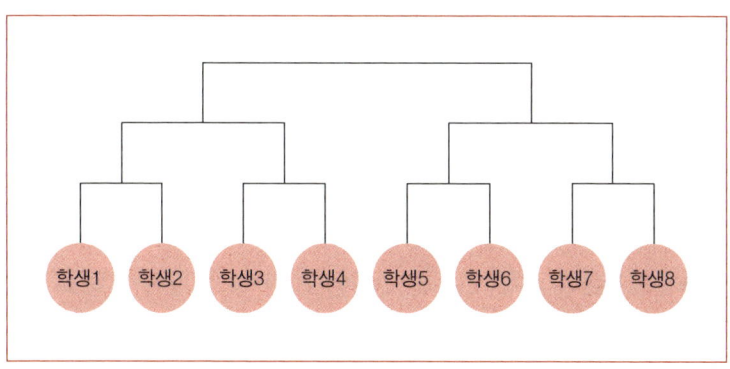

피라미드 토론 구조

가정에서도 피라미드 토론

앞서 설명했듯, 피라미드 토론은 학급에서 활용해야 효과적이지만, 가정에서도 활용할 수 있는 방법이 있다. 내가 아는 가족은 아빠, 엄마, 큰아들, 작은아들, 막내딸까지 모두 5명인데, 세 아이 모두 자기주장이 강해 가족회의 안건을 정하는 것조차 쉽지 않았다. 가족회의는 달에 한 번 하는데, 최소한 일주일 전에는 안건이 정해져야 심도 있는 가족회의를 할 수 있다. 또한 가족회의 안건은 너무 많거나 적은 것 모두 좋지 않다. 평균적으로 3~4개가 가장 적당하다. 그런데 활발하고 자기주장이 강한 세 아이는 각자 3~4개씩의 안건을 꺼내놓고 양보를 잘 안 해 늘 골머리를 앓았다. 한 달에 한 아이씩 돌아가면서 안건을 내놓는 방법도 써 봤고, 그달에 사회를 맡은 사람 재량으로 안건을 결정하기도 했지만 다 만족스럽지 않았다. 회의를 해도 가족들의 불만이나 갈등은 완전히 해소되지 않았다.

안건 결정을 둘러싼 갈등은 피라미드 토론을 하면서 상당 부분 해결됐다. 그달 사회를 볼 사람을 제외한 4명이 1대 1로 짝을 지어 토론을 한다. 1대 1로 짝을 짓는 방법은 가위바위보를 해 같은 모양을 낸 사람끼리 짝을 이루거나 서로 희망하는 사람을 선택하는 방법을 많이 사용했다.

1대 1 토론은 보통 10분간 진행한다. 각자 3개의 안건을 내놓고 토론을 통해 그중 3개를 최종 선택한다. 그러니까 2명이 6개의 안건에서 3개를 선택하는 셈이다. 1대 1 토론을 하는 가족 구성원은 저마다 왜 그 안건을 가족회의에 올려야 하는지 충분한 이유와 근거를 대면서 상대방을 설득해야 한다.

어떤 형태로든 강압적으로 무력을 사용하면 그 사람이 낸 안건은 자동 탈락이다. 예컨대 엄마가 아이들보다 더 나이가 많고, 평소 아이들을 위해 많은 신경을 쓴다는 점을 빌미로 "이번에는 엄마 말대로 하자. 엄마가 어련히 알아서 꼭 필요한 안건을 올렸을까"와 같이 엄마라는 힘을 행사한다면 반칙이다. 큰형이 둘째에게 "너 편하게 살려면 내 말 들어라"와 같이 말하면서 은근히 압력을 넣는 것도 당연히 부정행위다. 거꾸로 나이가 적고 상대적으로 약한 사람이 "이번에는 무조건 내 안건이 돼야 해"라며 우기거나 떼를 써도 안 된다. 어디까지나 논리와 근거로 상대방을 설득해야 한다. 그러려면 '왜냐하면'과 '예컨대'를 많이 사용해야 한다.

"이번 가족회의 안건으로 '일주일에 두 번 이상 가족 모두 식사 함께하기'를 제안합니다. 왜냐하면 서로 너무 바빠 한 집에 살면서도 얼굴 마주치기가 힘들어요. 주말에도 아빠는 골프나 다른 약속이 많아 가족이 모두 모인 적이 거의 없어요. 최소한 일주일에 두 번은 함께 식사를 할 수 있도록 규칙을 만들었으면 좋겠어요. 예를 들어 토요일, 일요일은 무조건 식사를 함께한다든지, 아니면 주중에 요일을 정해 한 번, 주말에 한 번 이런 식으로요."

각자 '왜냐하면'과 '예컨대'로 왜 자신이 그런 안건을 냈는지를 설명하면 다른 사람들을 설득하기가 수월하다. 우선 1대 1토론으로 6개의 안건 중 중요하다고 합의한 순서로 3개를 골랐다면 2대 2토론을 시작한다. 2명이 한 팀이 되어 나머지 한 팀과 1대 1토론을 할 때와 똑같은 방법으로 각 팀의 안건을 설득하고 최종적으로 가족회의에 올릴 안건 3개를 합의한다.

피라미드 토론 방식으로 안건을 결정한 뒤로부터 더 이상 안건을 둘러싼 불만은 불거지지 않았다. 그 가족은 무엇보다 피라미드 토론을 하면서 우선순위를 결정하고, 자기의 주장을 논리적으로 설득력 있게 전달하는 능력이 향상된 것이 큰 보람이라고 한다. 또한 일단 처음에는 의견이 달랐어도 토론을 통해 합의한 내용을 인정하고 그 다음 단계 토론에 갔을 때 한마음이 되어 팀의 의견을 말하는 연습을 한 것도 가족에게 큰 도움이 됐다고 한다.

이처럼 피라미드 토론은 인원이 최소 4명만 돼도 충분히 할 수 있다. 설득과 합의를 배울 수 있는 기회가 두 단계로 끝난다는 점이 아쉽지만 다른 관점에서 보면 인원이 적을 때의 장점도 많다. 피라미드 토론은 단계가 올라갈수록 모두가 골고루 발언하기가 어렵다. 그래서 최종 단계에 가까워질수록 그 팀의 대표자가 팀원을 대신해 팀의 의견을 이야기해야 하는 경우가 많다. 이에 비해 인원이 적을 때는 구성원 개개인이 발언할 수 있는 기회가 많아 조금 더 설득과 합의 과정을 현실감 있게 경험할 수 있다. 따라서 집에서도 가족회의를 할 때나 다른 합의가 필요할 때 피라미드 토론 방식을 활용하면 좋다.

02

반대 의견을 주고받으면 생각이 넓어진다

성공적인 회의는 토의에서 논쟁을 거쳐 토의로 나아가야 한다.

기업, 공공기관에서 직원을 뽑을 때 토의 면접을 보기 시작한 지는 이미 오래다. 기업뿐만 아니라 요즘에는 대학에서도 토의 면접을 통해 학생들의 인성이나 자질을 판단하는 경우가 많다.

1장에서 토의형 토론은 같은 편끼리 하는 토론이고, 논쟁형 토론은 다른 편과 하는 토론이라 설명했다. 논쟁형 토론이 상대방을 논리적인 말로 이겨야 하는 싸움이라면 '토의형 토론'은 함께 머리를 모아 더 좋은 아이디어를 내는 데 목적을 둔다. 기업이나 대학에서 논쟁보다 토의를 선호하는 이유도 여기에 있다. 기업이든 학교든 가장 필요로 하는 인재는 다른 사람들과 잘 어울리고 협동할 수 있는 사람이기 때문이다.

하지만 협동을 잘하는 것만으로는 좋은 평가를 얻기 어렵다. 보통 토의 면접은 5~7명이 함께 같은 주제를 놓고 토의를 하는 형태인데, 협동 못지않게 창의적인 아이디어를 내는 것도 중요하다. 다만 창의적인 아이디어가 충분히 다른 사람의 공감을 불러일으킬 수 있는 것이어야 한다. 한마디로 튀면서도 지지를 받을 수 있어야 한다는 얘기다.

튀어라! 그러나, 지지를 받아라! 튀면서도 지지를 받는 것은 그리 쉽지 않다. 튀는 것은 창조성, 지지를 받는다는 것은 공동체성을 의미하는데, 이 두 가지의 조화를 자연스럽게 익힐 수 있게 해주는 것이 '그룹토론'이다. 그룹토론은 학급의 각 모둠별 혹은 임의로 짝지어진 학생들끼리 진행하는 토의로서 '그룹 토의', '분임 토의'라고도 부를 수 있다. 그룹토론을 학습에 활용하면 학습 효과를 배가시킴과 동시에 토론 능력을 길러주는 일석이조의 효과를 기대할 수 있다.

적절한 그룹 구성이 성공 여부를 결정한다

그룹토론을 진행하기에 앞서 일단 그룹을 어떻게 구성할 것인지부터 생각해봐야 한다. 그룹에 적당한 인원은 5~6명이 분기점이다. 이 인원이면 사회자가 필요하지 않다. 하지만 한 그룹에 소속된 사람이 이것보다 많아지면 말을 많이 하는 사람과, 말을 하지 않는 무임 승차자, 잡담을 하는 사람이 나온다. 그렇기에 사회자가 필요해진다.

그룹은 구성 방법에 따라 크게 '통합 그룹'과 '구별 그룹'으로 구분할 수 있다. 통합 그룹은 남녀, 나이, 성별, 직업 등과 상관없이 구성 인자를 혼합해서 구성하는 방식을 말한다. 반면 구별 그룹은 남녀, 나이, 성별, 일 등을 기준으로 구성 인자를 나누어서 구성하는 방식을 의미한다. 보통 선생님들이 그룹토론 방식을 수업에 적용할 때 그룹을 구성하는 방법은 크게 두 가지다. 하나는 공부를 잘하는 학생과 중간인 학생, 못하는 학생들을 구분하지 않고 섞어서 그룹을 구성하는 것이고, 다른 하나는 비슷한 수준의 아이들끼리 묶어서 그룹을 구성하는 것이다. 전자를 '통합 그룹', 후자를 '구별 그룹' 혹은 '우열 그룹'이라고 한다. 통합 그룹과 구별 그룹은 각각 장단점이 있기 때문에 어떤 형태가 더 좋다고 단정 지을 수 없다. 상황에 따라 적절한 방식을 선택하면 된다.

통합 그룹은 구성원들을 어떤 기준에 의해 나누지 않고 섞은 형태여서 다양한 사람들의 다양한 생각을 나눌 수 있다는 점이 큰 장점이다. 예컨대 아이와 어른이 한 그룹이 되어 토의를 할 경우 전혀 예상하지 못했던 이야기를 나누면서 공감대를 넓힐 수 있다. 상대방의 의견을 존중하려는 열린 마음만 있다면 통합 그룹 구성 방식으로 토의의 내용이 더 풍성해지는 경우가 많다. 반면 구별 그룹은 비슷한 수준이나 성향의 사람들이 모인 형태이기 때문에 말도 잘 통하고 마음도 잘 맞을 수 있지만, 참신한 아이디어가 나오지 못할 우려도 있다.

주제에 따라 그룹을 구성하기도 한다. 그룹을 나누고 공통 주제로 토의를 하면 '공통 주제 그룹', 서로 다른 주제로 그룹 활동을 하면 '분임 주제 그룹'이라고 한다. 보통 공통 주제는 대주제나 일반적인 주제를 의미하고, 분임 주제는 전문 주제, 소주제를 말한다. 이것 역시 구성원에 따라 구성하는 것처럼 장단점이 있다. 일반적인 주제를 놓고 폭넓게 의견을 교환할 때는 공통 주제 그룹토론이 좋지만, 전문적인 주제를 깊이 있게 토의해야 할 때는 분임 주제 그룹토론이 유리하다.

구성 방법	구분	내용
구성원에 따른 구성	통합 구성	구분 없이 섞어서 구성
	구별 구성	공부 잘하는 사람 / 못하는 사람, 어른 / 아이, 지역별 등으로 나눠서 구성
주제에 따른 구성	분임 주제	전문 주제, 소주제 : 임무를 다르게 줌
	공통 주제	일반 주제, 대주제 : 임무를 공통으로 줌

그룹을 구성하는 방법

공통 주제 + 전문 주제 = 직소 방식

주제에 따른 구성은 공통 주제로 구분하거나 분임 전문 주제로 구분하는 방식을 혼합하기도 한다. 이를 직소 방식이라 하는데, 학교에서 수업을 할 때는 물론 직장에서 생산력을 향상시키는 데도 유용하게 활용할 수 있다. '직소Jigsaw'는 실톱이라는 의미로, 톱날처럼 두 가지 서로 다른 방식이 잘 맞아 돌아가는 것을 의미한다.

직소 방식을 구체적으로 살펴보면 다음과 같다. 먼저 그룹을 구성한다. 보통 그룹은 3~7명이 가장 적당하다. 이보다 적으면 한 사람에게 쏠리는 부담이 너무 크고, 반대로 이보다 많으면 부담감을 느끼지 못해 그룹토론에 최선을 다하지 않을 수 있다. 여기서는 18명을 6명씩 3개의 그룹으로 나누었다고 가정하자. 다가오는 기말고사를 대비해 그룹별로 함께 시험 준비를 해 최대한 성적을 끌어올리는 것이 목표다.

우선 각 그룹은 공통적으로 영어, 수학, 국어, 사회, 과학, 음악을 공부해야 한다. 각 구성원들은 책임지고 한 과목씩 맡아 철저하게 공부한 다음 다른 구성원들에게 알려주어야 한다. 여기까지가 공통주제 그룹토론 방식이다. 어떤 그룹이든 다 6개 시험 과목을 공부해야 한다는 공통 주제가 주어졌기 때문이다. 이렇게 학생들이 최초에 속한 집단을 '모집단'이라고 한다. 그룹 안에서 구성원들이 자기가 맡은 과목을 다른 구성원에게 알려주는 것만으로도 충분한 학습효과를 기대할 수 있다. 한 사람이 6과목을 모두 공부하려면 시간도 오래 걸리고 효율성도 떨어진다. 하지만 한 사람이 한 과목씩만 공부하고, 나머지 과목은 다른 구성원들에게 배우면 그만큼 짧은 시간에 많은 공부를 할 수 있다.

단, 이러한 그룹토론이 성공하려면 모든 구성원들의 책임이 전제되어야 한다. 예컨대 국어를 맡은 친구가 게을러서 공부를 확실히 하지 못했다고 가정하자. 그 그룹에 속한 다른 구성원들은 그 친구 때문에 국어 공부를 하지 못하는 불이익을 감수해야 한다.

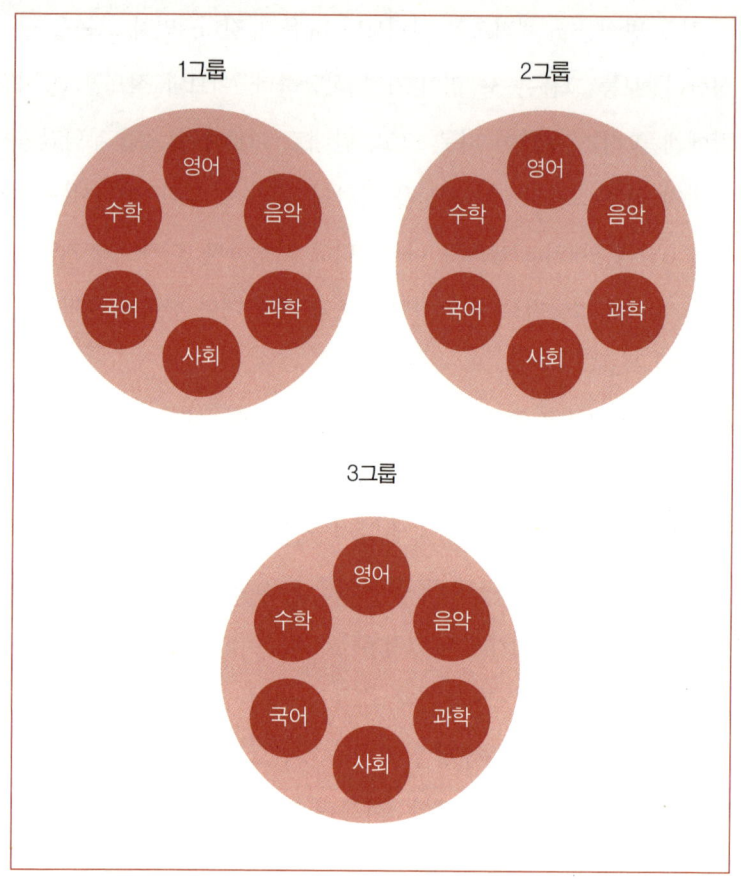

공통 주제 그룹토론

직소 방식은 공통 주제 그룹토론에 머물지 않고 각 그룹에서 같은 주제를 공부한 사람끼리 모여 전문 주제 그룹토론을 하는 것이다. 예를 들어, 3개 그룹 중 영어를 맡은 사람 3명이 모여 '전문 주제 그룹토론'을 한다. 동일한 주제를 전문적으로 공부한 학생들끼리 토의를 하면, 공통 주제 그룹토론을 할 때보다 훨씬 심층적이고 깊이 있는 내용을 교환할 수 있다. 그런 다음 각자 자신의 모집단으로 돌아와 전문 주제 그룹토론에서 배운 내용을 발표하는 것이 직소 방식이다.

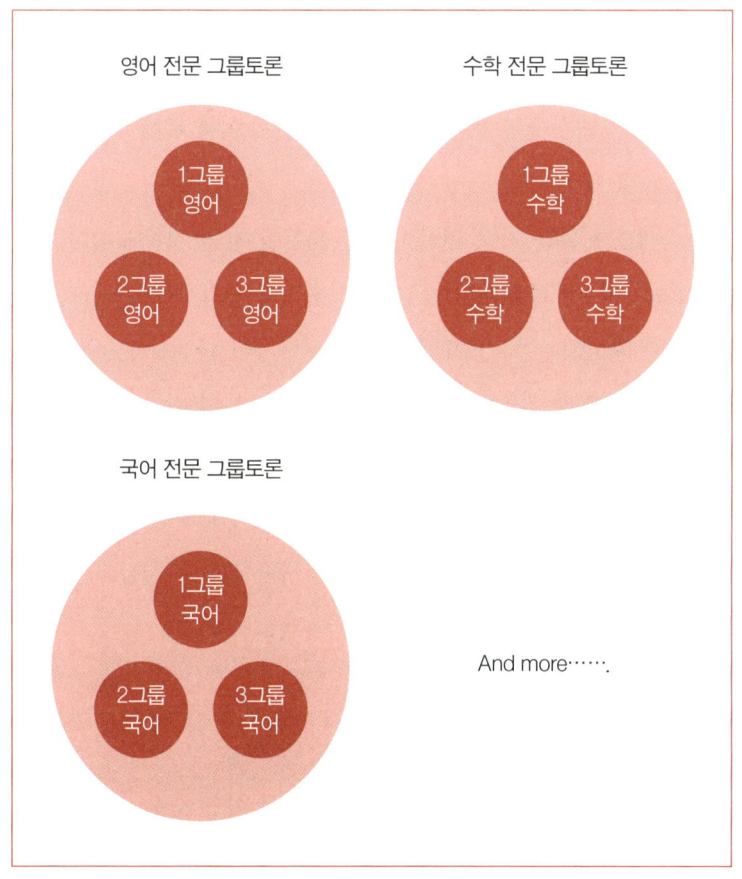

전문 주제 그룹토론

그룹 대표를 뽑는 방법: 1인 2표 투표 방식

그룹토론을 하려면 대표가 있어야 한다. 토의를 원활하게 진행하기 위해서도 그렇고, 보통 그룹토론이 끝나면 그룹별로 토의 내용을 발표하는 경우가 많은데, 이를 위해서도 대표가 필요하다.

대표를 뽑는 가장 편한 방법은 투표를 하는 것인데, 일반적인 1인 1표 투표보다는 1인 2표 투표가 좋다. 대통령 선거 때는 후보자가 자기 자신을 투표하는 것이 당연한데, 아이들 사이에서는 자기가 자기를 투표하면 친구들로부터 놀림을 당한다. 1인 2표를 행사하면 모두가 1표는 자신을 찍고, 다른 1표는 다른 사람을 찍으면 된다. 이렇게 하면 누가 누구를 썼는지 모르기 때문에 대표를 하고 싶은 아이들이 조금 더 마음 편하게 대표에 도전할 수 있다.

토의에서 논쟁을 거쳐 토의로

그룹토론은 같은 편끼리 하는 토론이다. 그런데 그룹별로 토의를 하다 보면 꼭 논쟁이 벌어져 언성을 높이는 팀이 있다. 진정한 토의를 잘 모르는 사람들은 왜 같은 편끼리 좋게 이야기해 합의를 볼 것이지 하라는 토의는 안 하고 싸움을 하느냐며 곱지 않은 눈길을 보낸다.

하지만 토의에서 최상의 합의점을 도출해내기 위해서는 토의 중간에 논쟁이 붙는 것이 바람직하다. 예컨대 '이번 수학여행에서 우리 그룹은 어떤 장기 자랑을 할 것인가'를 주제로 토의를 한다고 가정하자. 누군가 '아이돌 그룹처럼 멋진 춤과 노래를 결합한 장기 자랑을 하자'라는 의견을 냈을 때 모두가 좋은 생각이라며 동의하고 끝냈다면 성공적인 토의라 할 수 없다. 정말 좋은 생각이어서 흔쾌히 합의를 한 것이라도 최선이라 보기 어렵다. 누군가 반대 의견을 내 논쟁이 붙었다 다시 토의로 가야 최선의 합의점을 도출해낼 수 있다.

"아이돌 춤을 추고 노래를 하는 것은 우리 그룹뿐만 아니라 다른 그룹도 다 할 것 같습니다. 다른 그룹이 하지 않는 독특한 장기를 선보여야 유리하지 않을까요?"

누군가가 다른 생각을 내놓으면 그때부터 토의는 더 활기를 띤다.

"다른 팀이 아이돌 춤과 노래를 한다는 게 뭐가 문제가 되죠? 우리만의 개성만 있으면 아무런 상관이 없습니다."

"하지만 남들은 하지 않는 것, 예컨대 개그를 하면 그 자체로 신선해 더 많은 주목을 받을 것이라 생각합니다."

"개그는 정말 대본을 잘 짜지 않으면 큰 낭패를 볼 수 있어요. 아이돌 춤과 노래는 우리가 평소 많이 즐겨 보고, 듣던 것이라 위험 부담이 작습니다."

찬반토론 못지않게 논쟁이 뜨거워질 수 있지만 이런 논쟁이 토의를 더 풍성하게 만든다. 다만 토의를 할 때는 논쟁이 붙는 시점이 중요하다. 너무 초반에 논쟁이 붙으면 자칫 처음부터 토의로 넘어가지 못하고 논쟁만 하다 끝날 수 있다. 토의는 더 좋은 결론을 얻기 위한 논쟁이지 시시비비를 가릴 필요는 없다. 또한 초반에 논쟁이 붙으면 본질적인 문제보다는 지엽적인 문제를 둘러싼 논쟁을 하기 쉽다. 그런 논쟁은 시간만 낭비하는 비생산적인 논쟁이다.

반대로 논쟁이 너무 늦게 붙어도 좋지 않다. 토의 초반, 중반이 넘어갈 때까지 이견이 없으면 그것만큼 맥이 빠지는 일도 없다. 논쟁은 중반쯤 붙는 것이 가장 좋다. 결국 토의는 토의에서 시작해 중반쯤 논쟁으로 갔다가 마지막에 다시 토의로 끝나야 성공적인 토의라 할 수 있다.

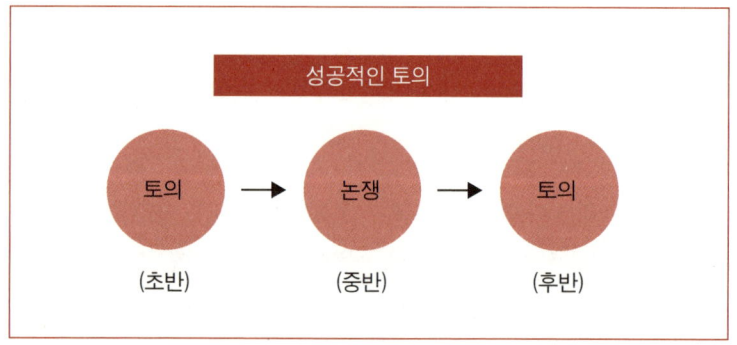

03

"나와 다르다고 해서 틀린 것은 아니잖아요"

다름은 틀림이 아니기에 부드럽게 말해야 한다.

아이들이 가장 재미있어 하는 토론 중 하나가 찬반토론이다. 사실 찬반토론이 토의보다 쉽다. 찬반토론은 사과와 배 중 어떤 과일을 먹을까를 결정하는 것과 같다. 반면 토의는 사과, 배, 포도, 토마토, 복숭아, 귤 등 다양한 과일 중에서 선택하는 것이나 마찬가지다. 여러 개 중에서 선택하는 것보다 양자택일하는 게 당연히 더 간단하고 쉽다.

하지만 찬반토론을 무조건 쉽게만 생각해서는 곤란하다. 찬반토론은 말 그대로 '찬성'과 '반대' 편으로 나뉘어 논쟁하는 것이다. 찬성과 반대, 두 가지 입장에서 벌이는 논쟁이어서 '양자 간 논쟁'이라고도 한다. 대부분의 아이들이 찬성이면 찬성, 반대면 반대 입장에서 어떻게든 상대방을 이기려고 드는데, 논쟁을 하는 데도 분명한 원칙이 있다. 논쟁이란 정확한 근거와 예시를 통해 자기의 주장을 논리적으로 펴나가는 것으로, 무조건 우기거나 목소리를 높이는 것과는 다르다.

논쟁을 하는 데도 기술이 필요하다. 논쟁의 주제를 정하는 것부터 자기 입장을 세우고, 서로 반대편 입장에서 질문을 던지고 반론을 하는 것까지 절차에 따라 논리적으로, 이성적으로 해야 한다. 따라서 찬반토론을 제대로 하면 사고력, 논리력, 설득력을 모두 키울 수 있다.

논제가 갖추어야 할 일곱 가지 조건

찬반토론을 하려면 우선 '논제'가 있어야 한다. 논제는 사실, 가치, 정책 의지 어느 것과 관련된 것이라도 괜찮다. 단, 어떤 논제이든 다음 일곱 가지 조건을 충족시켰을 때 비로소 논제로서의 가치를 지닌다. 찬반토론 논제를 아이들끼리 정하라고 하면 처음에는 잘하지 못한다. 하지만 논제가 갖추어야 할 조건을 설명하고 몇 번 연습을 하면 그다음부터는 스스로 찬반토론을 하고픈 논제를 잘 정하게 된다.

1. 현실 개혁적이어야 한다

재미 삼아 하는 찬반토론이라면 '오늘 저녁은 짜장면을 먹는다'와 같은 논제를 놓고 '좋다'와 '싫다'를 토론할 수 있을 것이다. 하지만 실제로 이런 논제로 찬반토론을 하는 경우는 거의 없다. 대부분의 찬반토론은 '사형 제도는 폐지되어야 한다', '야간 자율학습은 폐지되어야 한다', '금연을 위해 담배 가격을 올려야 한다'와 같이 현실을 바꾸는 내용을 담은 논제를 중심으로 진행되는 경우가 많다. 그럴 수밖에 없는 것이 '사형 제도는 유지해야 한다'와 같이 현실을 그대로 유지하자는 내용을 굳이 찬반토론에 붙일 일이 없다. 그냥 조용히 놔두면 될 일을 괜히 긁어 부스럼 만들 이유가 없기 때문이다.

2. 긍정문으로 되어 있어야 한다

논제는 긍정문으로 만들어져야 한다. 이는 '현실 개혁적이어야 한다'는 것과도 어느 정도 연관이 있다. '현실 개혁'이란 말은 현실을 긍정적으로, 좋은 방향으로 바꾼다는 말과 통한다. 따라서 논제를 긍정적으로, 희망적으로 표현하는 것이 맞다. 예컨대 '강제적인 야간 자율학습은 유지되어서는 안 된다'는 '강제적인 야간 자율학습은 폐지되어야 한다'와 같은 뜻이다. 하지만 부정문으로 표현했을 때 그 의미가 명확히 전달되지 않고, 의지도 약해 보인다.

> 야간 자율학습은 폐지되어야 한다. (O)
> 야간 자율학습은 유지되어서는 안 된다. (X)
> 야간 자율학습은 폐지되어서는 안 된다. (X)

3. 구체적인 표현이어야 한다

찬반토론을 하기 위한 논제는 구체적으로 표현해야 한다. 예를 들어 '야간 자율학습, 어떻게 할 것인가?'는 논제로서 적합하지 않다. 야간 자율학습을 하자는 것인지, 아니면 야간 자율학습에 반발하는 학생들이 많으니 폐지하자는 것인지 분명하지 않다. 논제가 성립되려면 '야간 자율학습은 폐지되어야 한다'처럼 구체적이어야 한다. 하지만 이 정도로는 부족하다. '야간 자율학습은 내년부터 폐지되어야 한다' 혹은 '야간 자율학습은 당장 폐지되어야 한다'와 같이 언제부터 폐지할 것인지를 구체적으로 표현해야 좋은 논제가 될 수 있다.

4. 가치 중립적이어야 한다

'가치'는 생각이나 느낌을 말한다. 논제가 성립되려면 생각이나 느낌이 들어가서는 안 된다. 예를 들어, '강제적인 야간 자율학습은 폐지되어야 한다'는 논제로 적합하지 않다. '강제적인'이라는 말에 이미 가치 판단이 들어가 있어 중립성이 없기 때문이다. '나쁜 사형 제도는 폐지되어야 한다'도 마찬가지다. '나쁜'이라는 표현에 이미 사형 제도에 대한 부정적인 가치 판단이 들어가 있기 때문에 논제로서 적합하지 않다.

5. 쟁점이 하나여야 한다

논제에 드러나는 쟁점이 여러 개여서는 안 된다. 예를 들어, '야간 자율학습은 폐지되거나 희망하는 학생들만 하도록 해야 한다'와 같이 쟁점이 2개면 찬반토론을 제대로 하기 어렵다. 이 쟁점, 저 쟁점을 왔다 갔다 하며 토론을 하느라 토론자들도 힘들고, 토론을 통해 결과를 도출해내기도 어렵다.

6. 여론이 비등한 논제여야 한다

찬반토론에 적합한 논제가 되려면 여론이 비등해야 한다. 보통 여론이 압도적인 논제는 굳이 찬반토론을 할 필요가 없다. 찬성과 반대 쪽 여론이 엇비슷해 일방적으로 한쪽 입장으로 결론을 내리면 다른 쪽 입장 사람들로부터 큰 비난을 받을 소지가 있는 논제를 주로 찬반토론에 붙인다.

그렇다면 '독도는 우리 땅이다'는 논제로 적합할까? 우리나라에서는 '독도는 우리 땅'이라고 생각하는 사람들이 많아 논제가 되기 어려워 보인다. 즉, 여론이 한쪽으로 대폭 기울어 논제로 부적합해 보이지만, 일본 사람들을 포함해 토론을 하는 것이라면 얘기는 달라진다. 서로 자기 땅이라고 주장하는 여론이 비등해 얼마든지 토론을 할 수 있다.

교육적으로도 '독도는 우리 땅이다'는 좋은 논제다. 한쪽은 한국 사람 입장에서, 다른 한쪽은 일본 사람 입장에서 토론해 보라고 하면 된다. 토론이 제대로 되려면 한국 사람 입장에서는 왜 독도가 우리 땅인지 입증할 수 있어야 하고, 일본 사람 입장에서는 왜 독도가 일본 땅인지를 입증할 수 있어야 한다. 무조건 독도가 우리 땅이라고 우기는 것은 토론이 아니다. 정확한 근거와 예시 없이 무조건 '독도는 우리 땅' 노래를 부르듯 우기면 상대방을 설득할 수 없다.

7. 토론 결과가 지대한 영향을 미쳐야 한다

좋은 논제는 토론을 한 사람들에게 토론 결과가 영향을 미칠 수 있어야 한다. 예를 들어, '교내에서 스마트폰 사용을 허용해야 한다'는 논제로 토론을 한다고 가정하자. 만약 기껏 토론을 열심히 했어도 토론 결과가 토론에 참여한 사람들에게 아무런 영향을 미치지 않는다면, 토론에 열정을 가지고 참여할 동기가 크게 떨어질 것이다. 반면, 토론 결과대로 결정하거나 토론을 잘하는 사람에게 성적을 잘 주겠다고 하면, 참여자들이 더 적극적으로 토론에 임할 것이다. 이처럼 토론 결과가 토론하는 사람들에게 영향을 미칠 수 있을 때, 토론은 더욱 활성화되고 찬반토론의 의미도 커진다.

논제의 종류는 일곱 가지

논제는 사실, 가치, 정책 의지에서 나온다. 사실과 가치는 각각 과거, 현재, 미래의 관점에서 세분화할 수 있다. 우선 사실과 관련한 논제는 과거사실(그랬다 vs 그렇지 않았다), 현재사실(그렇다 vs 그렇지 않다), 미래사실(그럴 것이다 vs 그렇지 않을 것이다) 등으로 나뉜다. 과거 사실이란 과거에 발생한 사실을 말한다. 현재사실이란 진행 중인 사실이거나 '지구는 돈다'와 같이 보편적인 사실을 의미한다. 미래 사실은 '내일 주가가 오를 것이다'와 같이 미래에 발생할 수 있는 사실을 말한다.

가치와 관련한 논제도 사실과 관련한 논제처럼 과거 가치(좋았다 vs 좋지 않았다), 현재 가치(좋다 vs 좋지 않다) 미래 가치(좋을 것이다 vs 좋지 않을 것이다) 등으로 나눌 수 있다. 마지막으로 정책 의지와 관련된 논제는 과거와 현재가 없다. 오직 미래 의지(해야 한다 vs 해서는 안 된다)만 있다. 결국 논제는 사실 관련 3개, 가치 관련 3개에 의지 관련 논제 1개를 더해 일곱 가지가 된다. 토론에서 모든 논제는 이 일곱 가지 논제 범주 안에 있다.

발언 순서는 찬성 측 발언으로 시작해 찬성 측 발언으로 끝나야 한다

찬반토론을 할 때는 발언 순서가 중요하다. 일반적으로 찬반토론은 찬성 쪽 발언으로 시작해 찬성 쪽 발언으로 끝난다. 보통 토론을 할 때 먼저 발언을 시작하거나 맨 마지막에 발언하면 토론을 유리하게 끌고 가는 데 도움이 된다.

그렇다면 왜 발언 순서를 찬성 쪽에 유리하게 만든 것일까? 이유가 있다. 앞에서 논제의 일곱 가지 조건 중 첫 번째 조건이 '현실 개혁적이어야 한다'라고 했다. 보통 대다수 사람들은 변화를 두려워한다. 현실을 뒤집기보다는 조금 문제가 있더라도 현재의 모습을 고수하는 경향이 있다. 따라서 개혁적 논제를 찬성하는 쪽이 아무래도 불리하다.

찬성 쪽이 불리한 이유는 또 있다. 찬성 쪽은 선택할 수 있는 입장이 하나지만, 반대 쪽은 선택의 폭이 더 넓다. 예를 들어 '사형 제도는 폐지해야 한다'라는 논제로 찬반토론을 한다고 가정해 보자. 찬성 쪽은 사형 제도를 폐지해야 이익을 보는 쪽이다. 여기서 말하는 '이익'은 정신적, 물질적 가치 모두를 포함한 포괄적인 의미에서의 이익임을 밝혀 둔다.

반면 '사형 제도를 폐지해서는 안 된다'는 입장의 반대 쪽은 조금 더 유연하다. 반대 쪽은 사형 제도를 폐지하면 손해를 볼 수도 있지만, 폐지하지 않아도 특별히 손해 볼 것도, 이익을 볼 것도 없다. 손해도 이익도 없으니 그냥 내버려두자는 입장일 수도 있다. 이처럼 반대 쪽은 선택할 수 있는 입장이 두 가지이므로 찬성 쪽이 불리하다고 보는 것이다.

논   제 : 사형 제도는 폐지해야 한다.
찬성 쪽 : ① 폐지해야 한다(폐지해야 이익이 있다).
반대 쪽 : ① 폐지해서는 안 된다(하면 손해가 있다).
　　　　② 폐지하지 않아도 된다(이익도 손해도 없다. 그냥 내버려둬라).

국회 찬반토론 순서

찬반토론의 대표적인 예 중 하나가 '국회 찬반토론'이다. 국회 찬반토론의 순서는 다음과 같다. 우선 법안을 제출한 제안자가 취지를 설명한다. 제안자가 취지를 설명한 후에는 질의응답 시간이 이어진다. 질의는 사실을 확인하는 간단한 질문으로, 제안자의 설명을 들으면서 의문이 나거나 간단히 확인하고 싶은 내용을 중심으로 질의한다. 법안의 문제점을 파헤치는 본격적인 질문은 질의응답이 끝난 후 시작된다.

제안자 측에 대한 질의응답이 마무리되면 반대 쪽부터 발언을 시작해 찬성 쪽과 번갈아 가면서 발언 기회를 갖는다. 하지만 맨 마지막은 찬성 쪽 발언으로 마무리된다.

---

① 제안자 취지 설명
② 제안자 측에 대한 질의응답
③ 반대 쪽 발언
④ 찬성 쪽 발언
⑤ 반대 쪽 발언
  :
마지막) 찬성 쪽 발언

찬반토론은 찬성 쪽 발언으로 시작해 찬성 쪽 발언으로 끝나야 한다는 관점에서 볼 때, 국회 찬반토론은 찬성 쪽 발언으로 시작하지 않았다고 오해할 수도 있다. 하지만 제안자가 찬성 쪽이니, 제안자의 취지 설명을 찬성 쪽 발언으로 시작한 것이나 마찬가지라 할 수 있다. 제안자 취지 설명까지 합치면 찬성 쪽에 발언권을 한 번 더 준 셈이다.

04

교육 과정과 연계하기 좋은 세다^{CEDA} 토론

질문을 던져 질문을 끌어내라. 그리고 질문에 질문으로 답하라.

솔직히 개인적으로는 불과 몇 년 전까지만 해도 찬반토론과 같은 논쟁형 토론을 별로 좋아하지 않았다. 내가 논쟁형 토론을 좋아하지 않은 이유는 크게 네 가지다. 첫째, 마음의 상처를 받는 학생이 생길 수 있다. 둘째, 토론에 이긴 경우 건방진 태도를 취할 수 있다. 셋째, 교육과정 내용과 연계하기 어렵다는 점이다. 즉, 논쟁형 토론의 논제는 주제가 한정되어 있어 수학, 물리, 화학, 생물 등의 과목에 적용하는 데 한계가 있다. 마지막으로, 교사의 토론 능력 향상에 별로 도움이 되지 않는다고 느꼈다. 이런 이유로 논쟁형 토론보다는 서로 책임감을 가지고 협동해 합의점을 도출해내는 토의형 토론을 더 선호했다.

주로 영미권에서는 세다 토론을, 독일 등 유럽 사회는 그룹 토론을 선호한다. 형사 재판에서 영미권은 배심제를, 독일 등 유럽은 참심제를 실시하는 것도 문화적으로 이와 관련성이 있다.

하지만 여러 경험 끝에 논쟁형 토론도 제대로 절차를 준수하고, 서로 질문을 주고받으며 서로의 논리를 검증한다면 재미있고 유쾌한 토론이 될 수 있음을 확인했다. 무조건 자기 입장만을 주장하고 상대방을 공격하는 것보다, 질문을 통해 상대방 논리의 취약점을 밝혀내고, 질문에 논리적으로 답함으로써 상대방을 설득하는 것이 중요하다.

이런 연습을 할 수 있는 좋은 토론 방식이 세다^{CEDA; Cross Examination Debate Association} 토론이다. 이 토론 방식은 교차검증토론이라고도 불리며, 논제에 대한 자료조사와 제기된 주장을 입증하는 것을 주목적으로 한다. 미국 대학들은 대학 간 아카데믹식 토론 대회를 많이 개최하는데, 그때 많이 쓰는 방식이 세다 토론이다. 우리나라도 학생들을 대상으로 한 각종 토론 대회에서 세다 방식을 많이 채택하고 있다.

세다 토론의 발언순서

세다 토론은 찬반토론의 한 방식으로, 찬성 쪽부터 발언해 찬성 쪽 발언으로 마무리하는 것이 일반적인 순서다. 세다 토론의 발언은 크게 입론, 교차조사, 반론 세 가지로 구분할 수 있다. 보통 세다 토론은 찬성 쪽과 반대 쪽 각각 2명씩 한 팀을 이루어 토론을 진행하는데, 이때 발언 순서를 정확히 따르는 것이 중요하다.

1라운드	2라운드	3라운드
찬성1 — 입론 반대2 — 교차조사 반대1 — 입론 찬성1 — 교차조사	찬성2 — 입론 반대1 — 교차조사 반대2 — 입론 찬성2 — 교차조사	반대1 — 반론 찬성1 — 반론 반대2 — 반론 찬성2 — 반론

세다 토론 방식의 발언 순서

찬성1부터 입론을 시작해 찬성2 반론으로 토론이 끝난다. 찬성 쪽 발언으로 시작해 찬성 쪽 발언으로 끝난다는 것은 일반적인 찬반 토론과 동일하지만, 세부적인 순서는 조금 차이가 있다. 보통은 '찬성→반대→찬성→반대'와 같이 찬반이 번갈아 가며 발언을 하지만, 세다 방식에서는 이 순서를 따르지 않는다. 위 그림의 1, 2 라운드처럼 찬성→반대→반대→찬성의 순서로 발언 기회를 주는 것이다. 또한, 위 그림에서 알 수 있듯이 토론자 개개인은 모두 입론 한 번, 교차조사 한 번, 반론 한 번 등 최소 세 번의 발언 기회를 갖는다.

발언 순서만 정해지는 것이 아니라 발언 시간도 제한이 있다. 발언 시간은 융통성 있게 조절할 수 있지만, 보통 차례별로 2~4분 정도의 제한 시간을 둔다. 토론을 잘하려면 발언 순서를 잘 지키는 것뿐만 아니라 발언 시간을 잘 지켜야 한다. 대통령 선거가 다가오면 그 어느 때보다도 TV에서 토론을 많이 볼 수 있다. 물론 대선 관련 토론은 찬반토론 형식은 아니지만, 제한 시간을 두고 공평하게 발언 기회를 주는 것은 동일하다. 그런데 방송에 나온 토론자들이 제한 시간을 효율적으로 쓰지 못해 발언을 깔끔하게 마무리 짓지 못하는 경우가 종종 있다. 논리가 맞고 안 맞고를 떠나 주어진 시간 안에 발언을 마치지 못했다는 것은 분명 감점 요인이다.

주어진 시간을 효과적으로 배분하는 것이 중요하다. 2~4분이면 시간이 너무 짧아 충분히 이야기를 못할 것이라 생각할 수도 있는데, 그렇지 않다. 어떤 이야기를 어떤 순서로 풀 것인가를 미리 정리하고 이야기를 한다면, 2~4분 안에 충분히 해야 할 이야기를 다 할 수 있다.

결국 준비의 문제다. 토론 주제를 명확히 이해하고, 풍부한 자료를 바탕으로 자신의 논리를 준비하고, 상대방이 제시할 수 있는 논리를 파악하고 반박할 수 있는 근거를 준비해 놓는다면, 주어진 시간 안에 깔끔하게 발언을 끝낼 수 있다. 반대로 준비가 미흡하면 질문을 해야 할 때 하지 못하고, 공격할 때 제대로 공격을 하지 않고 삼천포로 빠져 시간은 시간대로 쓰고 아무것도 증명해내지 못한다. 그만큼 세다 방식은 누가 더 준비를 많이 하느냐에 따라 승패가 갈리는 토론 방식이라 할 수 있다.

입론은 구체적이고 논리적이어야 한다

입론立論은 한자 의미 그대로 논지를 세운다는 말이다. 즉, 입론은 자신의 주장과 의견을 말하는 것이다. 입론은 건축물과 비교하면 전체적인 설계도와도 같다. 어떤 재료를 사용해 어떤 순서로, 어떤 모양의 건물을 지을 것인가를 그린 것이 '설계도'이다. 이 설계도가 부실하면 좋은 건물을 지을 수 없듯이, 토론을 시작할 때 입론을 잘하지 못하면 이후 토론을 잘 끌고 가기 어렵다.

입론을 잘하려면, 즉 주장을 잘하려면 먼저 주장과 의견을 명확히 정리하고 충분한 이유와 근거를 댄 뒤, 구체적 사례와 증거를 제시해야 한다. 이럴 때 사용할 수 있는 말들이 '요지는~', '왜냐하면', '예컨대', '그래서'이다. 따라서 평소 '왜냐하면'과 '예컨대'를 많이 사용해 말하는 연습을 했던 아이라면 입론도 어렵지 않게 할 수 있을 것이다.

입론은 구체적이고 논리적이어야 한다. '요지'는 결론에 해당한다. 요지를 제일 먼저 말함으로써 토론 주제와 관련된 사회 이슈라든가 사람들의 관심을 끌어 모을 수 있는 이야기를 제시하고, 자신의 입장이 찬성인지 반대인지를 명확하게 밝히는 것이 중요하다. 그런 다음 '왜냐하면'과 '예컨대'로 이유와 근거, 사례와 증거를 2~3개 정도 들면 자기의 주장에 설득력을 더할 수 있다. 마지막 '그래서~'로 자기의 입장을 정리해 한 번 더 강조해주면 훌륭한 입론을 할 수 있다.

또한, 입론은 구체적일수록 힘을 갖는다. 예컨대 토론 주제가 '사형제도는 폐지해야 한다'일 때 찬성 쪽 입론이라면, 단순히 찬성한다는 입장을 밝히는 데 그치지 말고, 어떤 방법으로 언제까지 폐지해야 하는지까지 분명하게 밝히는 것이 좋다.

교차조사(반대 신문)는 질의, 심문, 질문 모두 포함

세다 방식의 묘미는 교차조사에 있다고 해도 과언이 아니다. 교차조사는 찬성과 반대 쪽이 서로 번갈아 가며 조사한다는 것인데, 교차 질문, 반대 신문이라고도 불린다. 어떤 이름으로 불리든, 교차조사를 하려면 질문을 해야 한다. 질문은 크게 세 종류가 있다. 사실을 확인하는 질문을 '질의', 사실을 조사하기 위한 질문을 '심문', 사실뿐만 아니라 의견까지 묻고 추궁하는 것을 '질문'이라 한다.

  찬반토론을 할 때는 심문관의 자세가 필요하다. 심문관의 자세로 한다는 것은 질문하는 사람이 주도한다는 의미다. 마치 심문관처럼 사실도 확인하고 감추고자 하는 사실을 추궁하기도 하고, 의견까지 물어보면서 토론을 주도해야 한다. 이것이 바로 교차조사다.

  교차조사를 잘하려면 질의, 심문, 질문을 구분하고 적절한 때에 적절한 질문을 던져야 한다. 질의, 심문, 질문을 정확히 구분하고 활용하는 것만으로도 토론을 주도할 수 있다. 이를 위한 방법을 몇 가지 소개하면 다음과 같다.

질문은 많이 준비할수록 좋다

교차질문을 잘하려면 당연히 미리 질문을 준비해야 한다. 질문은 많이 준비할수록 좋다. 미리 토론 주제를 이해하고, 상대 쪽에서 나올 수 있는 논리와 질문을 예상해 역으로 공격할 수 있는 질문을 준비해야 토론을 잘할 수 있다.

교차조사 시간에는 주장하지 말고 질문에 집중한다

많은 사람이 교차조사를 해야 할 시간에 주장이나 연설을 많이 한다. 물론 질문을 하는 데 필요한 주장이나 설명을 할 수도 있지만, 사설이 너무 길어지면 역효과만 날 뿐이다. 날카로운 질문으로 상대방 논리의 취약점을 증명해야 하는데, 시간에 쫓겨 제대로 질문하지 못하면 상대방의 허점을 밝힐 기회가 그만큼 줄어든다. 질문은 요점만 간단히 하는 것이 좋다. 예컨대 교차조사 시간이 3분 정도 주어졌다면, 약 4~5개의 질문을 하는 것이 적절하다.

일괄 질문보다는 일문일답이 효과적이다

심문을 할 때는 3~4개의 질문을 일괄적으로 하는 것보다는 질문을 하나씩 끊어서 하고 대답을 듣는 것이 좋다. 법정 영화의 반대 신문이 좋은 예이다. 가해자나 증인에게 질문을 할 때, 검사나 변호사는 결코 한꺼번에 질문하지 않는다. 일괄 질문을 하면 대답 역시 한꺼번에 일괄적으로 하게 되면서 두루뭉술하게 되기 쉽다. 두루뭉술한 대답에서는 허점이 잘 보이지 않는다. 하나씩 분명하게 질문하고 대답을 들어야 상대방의 논리적 취약점이 드러날 수 있다.

대답이 길면 자르는 것도 중요하다

질문을 했는데 상대방의 대답이 길어지면, 그것을 적절히 자를 줄도 알아야 한다. 상대방의 말이 끝나지 않았는데 말을 자르는 것이 부담스러울 수 있지만, 찬반토론에서 상대방에게 휘둘리지 않고 토론을 주도하려면 어쩔 수 없다. 대답을 피하기 위해 일부러 쓸데없는 이야기로 시간을 끌거나 대답 대신 자기주장을 하는 경우도 종종 있기 때문이다. 상대방이 원하는 대답을 하지 않고 피하기만 할 때는 과감하게 "여기까지만 듣겠습니다. 다음 질문이 있어서요"라고 말한다. 그냥 "죄송하지만 시간이 없으니 거기까지만 듣겠습니다. 긴 설명은 나중에 듣겠습니다"라고 말하며 잘라도 된다.

질문을 할 때 아예 대답이 길어지는 것을 원천봉쇄할 수 있는 방법도 있다. 예컨대, 사실을 묻는 질의나 숨겨진 사실을 조사하는 심문을 할 때 "예, 아니오, 모르오라고 답해주세요"라고 말하면 된다. 사실뿐만 아니라 의견까지 묻는 질문을 할 때는 짧게 대답하기를 요구하기 어렵지만, 질의나 심문을 할 때는 얼마든지 가능하다.

쟁점을 분명히 하려면 사실, 가치 의지를 구분해야 한다

토론을 하다 보면 사실, 가치, 의지가 뒤섞이는 경우가 많다. 이를 구분하지 못하면 토론을 잘하기 어렵다. 따라서, 상대방이 사실, 가치, 의지를 구분하지 못하고 말을 하거나 대답을 할 때는 이 부분을 명확하게 지적하며 공격할 수 있다.

순서와 시간 관리 모두 사회자의 몫이다

세다 토론 방식은 그 어떤 토론 방식보다 절차와 규칙이 까다롭다. 정해진 순서와 시간을 준수하며 발언해야 한다. 입론 시간에는 입론을 말하고, 교차조사를 할 때는 적절한 질문을 하고, 답변을 듣고, 반론을 해야 할 때는 반론을 해야 한다. 그것도 주어진 시간 내에서 발언을 끝내야 하기 때문에 노련한 토론자들도 토론을 하다 보면 당황하는 경우가 종종 있다.

 토론자 입장에서는 발언 순서보다 발언 시간을 조절하기가 어렵다. 연설은 30분이면 30분, 1시간이면 1시간을 염두에 두고 미리 연설문을 작성하고 연습해 대략적으로나마 시간을 맞출 수 있지만, 토론은 다르다. 물론 토론도 사전에 어떤 이야기를 할 것인지를 준비해야 하지만, 토론은 쌍방향 소통이기 때문에 그때그때 상황에 따라 순발력 있게 발언해야 한다. 상대방이 언제, 어떤 말을 할지 모르는 상태에서 미리 발언 시간에 맞춰 발언할 내용을 준비하는 일은 불가능하다.

 그렇다면 어떻게 해야 할까? 시간을 관리할 일차적 책임은 토론자 자신에게 있다. 하지만 전체적으로 시간을 관리하는 일은 '사회자가 한다. 학생들이 시험을 볼 때, 시험 감독을 하는 선생님은 "10

분 남았어요", "5분 남았어요"와 같이 종료 시간을 5~10분 앞두고 시간을 알려준다. 시험 문제를 푸는 데 열중하다 보면 시간이 얼마나 지났는지 가늠하기 어렵다. 깜빡 시간을 체크하지 않고 문제만 풀다 미처 답안지에 체크를 못해 큰 낭패를 보는 학생들이 종종 있다. 이를 방지하기 위해 시험 감독 선생님이 한두 번 정도 시간을 알려주는 것이 관례로 자리 잡은 상태다.

학생들이 시험 볼 때 시간 관리를 하기가 어렵듯이 토론자들도 시간 관리를 하기가 쉽지 않다. 그래서 토론 사회자의 도움이 필요하다. 사회자는 시간을 재서 적절한 때에 발언 시간이 얼마나 남아 있는지를 알려주어야 한다. 시간을 알려주는 방법은 여러 가지다. "30초 남았습니다"라고 말을 할 수도 있고, 책상을 한 번 두드려주는 방식으로 알려줄 수도 있다. 어떤 방식이든 효과적으로 시간을 알려줄 수 있는 방법이면 된다.

정해진 시간이 되면 사회자가 정확하게 끝내는 것도 중요하다. 토론이 격렬해지면 토론자들이 이성을 잃고 시간이 다 됐는데도 계속 이야기를 하는 경우가 많은데, 이를 적절하게 끊어주지 않으면 토론이 잘 진행되지 않는다.

토론에서 사회자는 중립을 지키며 토론을 공정하게 진행하는 역할을 한다. 사회자의 역할을 잘 모르는 사람은 토론을 할 때 꼭 사회자가 필요한지 의문을 품을 수 있다. 어떤 방식의 토론이든 사회자는 꼭 필요하다. 사회자가 없으면 토론이 엉뚱한 방향으로 흘러가도 이를 바로잡을 길이 없다.

사회자는 토론 당사자들보다도 토론의 절차를 꿰뚫고 있어야 한다. 그래야 양쪽에 공정하게 발언 기회를 주고, 토론이 엉뚱한 방향으로 흐를 때 중심을 잡아 줄 수 있다. 다만, 세다 토론에서 사회자는 발언 시간과 발언 순서만 관리해야 한다.

'노무현 전 대통령의 검찰과의 대화'가 남긴 교훈

사회자 없이 진행되는 토론은 선장 없는 배와 같아 포류하기 일쑤다. 그 예시로 '노무현 전 대통령의 검찰과의 대화'를 들 수 있다. 노 전 대통령은 토론의 달인으로 유명하다. 워낙 토론에 자신이 있어서 사회자를 따로 두지 않고도 토론을 잘할 수 있다고 생각했는지, 아니면 사회자가 없어야 검찰과 조금 더 마음을 열고 격의 없이 대화할 수 있다고 판단했는지는 모르겠다. 어떤 의도에서 사회자를 두지 않았는지는 그리 중요하지 않다. 사회자 없이 토론한 결과는 기대 이하였다.

사회자가 없어 드러났던 가장 큰 문제점 중 하나는 발언 시간의 공정성이 무너졌다는 데 있다. 우선 노 전 대통령의 모두발언*은 너무 길었다. 검찰에겐 모두발언 기회가 없었는데, 노 전 대통령만 모두발언을 했다는 것부터 형평성을 잃었다.

검찰과의 대화는 검찰 쪽에서 한 번 질문하고 노 전 대통령이 대답하는 방식으로 진행됐는데, 이 방식 또한 공정하지 않다. 일 대 다 구도의 토론에서 숫자가 많은 쪽과 혼자인 쪽에 발언 기회를 똑같이 주면 결과적으로 혼자인 쪽에 더 많은 발언 기회를 준 것과 마찬가지다. 성공적 토론을 위해서 숫자가 많은 쪽에서 서너 명이 발언을 한 후 혼자인 쪽에서 발언을 한 번 하는 방식이 더 바람직하다.

가뜩이나 발언 기회도 공정하지 않은데, 노 전 대통령은 발언 시간도 검찰에 비해 훨씬 길었다. 검찰의 짧은 발언이 끝나면 대통령이 길게 대답하는 패턴이 반복되면서 토론은 공정하기보다는 강압적인 느낌이 들었던 것이 사실이다. 양쪽 모두 감정이 격해져 토론에 걸맞지 않는 단어나 표현을 사용한 것도 다 사회자 부재가 빚어낸 부작용이다.

---

* 토론, 회의 혹은 연설 등을 할 때 첫머리에 하는 말.

검찰과의 대화를 이렇게 진행했더라면 어땠을까? 우선 검사들의 발언을 대통령은 메모하며 듣기만 한다. 반복되는 질문이 나올 경우 "아까 그 말은 이미 나오지 않았나요? 새로운 말이 없나요?"라고 발언을 했으면 검사들도 별로 할 말이 없었을 것이다. 검사들의 발언이 끝날 때까지 대통령은 추가로 말하지 않는다. 이후 강금실 장관이 발언을 한 뒤 대통령이 정리하는 발언을 한다.

이렇게 진행이 되었더라면 성공적인 소통이 되지 않았을까? 정말 아쉬운 부분이었다.

05

원탁에서는 아이와 어른이 평등하다

발언의 공정성은 시간과 횟수와 순서의 공정성을 의미한다.

토론의 방식 중 빼놓을 수 없는 것 중 하나가 원탁토론이다. 원탁토론은 내가 토론 운동을 하면서 많이 사용했던 방식이기도 하다. 토론 운동에 관심을 갖기 시작한 것은 1993년이다. 그때만 해도 토론 운동이라기보다는 역사 문화를 함께 연구하고 토론하는 모임에 가까웠다. 그러다 1996년, 고등학생들을 대상으로 '전국 고등학생 논술토론광장'을 개최했는데, 이것이 본격적인 토론 운동의 시발점이나 다름없다. '전국 고등학생 논술토론광장'은 3회째 접어들면서 이름을 '원탁토론 광장'으로 바꿨다. 이때부터 '전국 고등학생 원탁토론 광장', '중학생 원탁토론 광장', '초등학생 원탁토론 광장' 등 수많은 토론을 기획, 주최, 진행했다. 그리고 이는 지금 'UGP 포럼'이라는 이름으로 불리게 되었다.

여러 토론 방식 중 '원탁토론'을 토론 운동의 중심으로 삼은 데는 그럴 만한 충분한 이유가 있다. 토론은 서로 다름을 인정하고 같음을 지향하는 과정이다. 사람마다 생각이 다를 수 있음을 받아들이고, 토론을 통해 서로의 차이를 좁혀 나가면 해결하지 못할 갈등이 없다. 서로 다름을 인정하려면 먼저 '인간은 누구나 존엄하고 평등하다'는 생각이 바탕에 깔려 있어야 한다. 이런 생각을 가장 많이, 적극적으로 반영한 토론 방식이 '원탁토론'이다. 그리고 이를 확장시킨 과정 전반이 UGP 포럼이다. UGP 포럼은 우선 U자$^{U-form}$로 자리 배치를 하여 강의를 듣고 질의응답을 한다. 그래서 이를 'U폼 강의 포럼'이라고 한다. 이후, 여러 그룹^{Group}을 만들어 그룹으로 토론을 한다. 이것을 '그룹 디스커션 포럼'이라고 한다. 그다음 각 그룹의 대표, 즉 패널^{Panel}들이 반달형으로 앉아 토론을 진행한다. 이것을 '패널 디스커션 포럼'이라고 한다. 모두가 공평하게, 골고루 토론에 임할 수 있는 방식으로, 우선 UGP 포럼의 기반이 되는 원탁토론의 개념에 대해서 짚고 넘어가자.

평등은 자리 배치에서부터 시작된다

원탁토론은 원탁, 즉 둥근 테이블에 둘러앉아 토론을 하는 것이다.

테이블의 형태가 원탁이라는 것은 특별한 의미를 지니며, 토론의 분위기를 달라지게 할 수 있다.

본래 공적인 토론 자리에는 정해진 자리가 있다. 이왕이면 아이도 이것을 경험하게 해보자. 토론의 자리 배치는 이렇게 이루어진다는 것만 알아도, 나중에 아이에게 도움이 될 것이다.

앞에서도 간략하게 설명했지만, 오늘날 보수 우파는 의장의 오른쪽, 진보 좌파는 왼쪽에 앉는다. 이는 프랑스 혁명 시절 왕당파가 의장의 오른쪽, 공화파가 의장의 왼쪽에 앉은 데서부터 유래한 방식으로, 간략하게 설명하자면 다음과 같다.

1. 의장(혹은 사회자)은 가운데에 앉는다. 의장의 오른쪽이 상석이고 왼쪽이 아랫자리다. 따라서 의장의 오른쪽에 앉는 사람이 왼쪽에 앉는 사람보다 더 중요한 사람이다. 그 다음 중요한 사람은 왼쪽에 앉고, 그 다음 중요한 사람은 다시 오른쪽에 앉는다.

2. 의장에게 가까운 쪽에 앉는 사람이 먼 쪽에 앉는 사람보다 더 중요한 사람이다.

그렇다면 5명의 사람이 앉는다고 가정할 때, 일반적으로 토론장에서는 그 사람의 중요도에 따라 자리를 이렇게 배치할 것이다. 사진 촬영을 할 때도 마찬가지다.

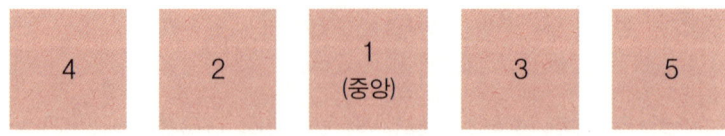

사람들은 종종 누가 상석에 앉는지에 대해 신경을 많이 쓰며, 상석에 앉는 것이 분위기를 유리하게 끌고 나갈 수 있다고 믿는다. 이러한 관행은 국제회의와 같이 중요한 모임에서도 마찬가지이며, 상석을 확보하기 위한 노력은 협상과 회담의 결과에 영향을 미칠 수 있다.

1968년 파리에서 열린 베트남 평화회담에서 좌석 배치를 둘러싼 의견 조율이 8개월간 이루어졌다는 사실은 상석의 중요성을 잘 보여준다. 양측이 상석을 양보하지 않았고, 결국 원탁을 사용하여 모든 참석자가 동등한 위치에서 회담을 진행할 수 있었다.

사각 테이블에는 분명한 상석이 있어, 사회자와의 거리와 위치에 따라 상석이 결정된다. 반면 원탁에는 상석이 존재하지 않아, 모든 참석자가 동일한 거리와 높이에서 토론에 참여할 수 있다. 이는 토론자들이 대등한 위치에서 화기애애한 분위기 속에서 자유롭게 토론할 수 있도록 보장한다.

지금은 식탁이 대부분 사각이지만 내가 어렸을 때만 해도 둥근 밥상이 흔했다. 둥근 밥상에 온 가족이 오순도순 둘러앉아 밥을 먹는 장면은 생각만 해도 흐뭇하다. 일단 서로 얼굴을 가깝게 마주하고 정겹게 식사를 할 수 있다. 어느 자리에서든 반찬이 손에 닿아 맛있는 반찬을 자기 쪽으로 끌어당기는 치열한 신경전을 벌일 필요도 없다. 대화를 하기도 편하다. 사각 밥상이라면 양쪽 끝에 앉은 사람들은 거리가 멀어 대화를 하기가 어렵지만 둥근 밥상에서는 어느 누구와도 편하게 이야기를 나눌 수 있다.

둥근 밥상이 밥상 앞에서의 평등을 이끌어낸 것처럼, 둥근 테이블도 토론 참석자들이 모두 대등한 위치에서 자유롭게 토론할 수 있도록 만들어 준다. 따라서 아이들과 토론할 때도 원탁토론을 추천할 만하다. 가족회의를 하거나 독서토론, 체험토론, 밥상머리 토론 등 어떤 토론을 하든 둥근 테이블에 둘러앉아 토론을 할 것을 권한다. 같은 거리, 같은 눈높이에서 토론을 하는 것만으로도 토론의 분위기가 한층 편하고 자유롭게 변함을 실감할 수 있을 것이다.

원탁토론을 통해 자리 배치의 중요성을 확인한 후 한때 교실의 자리 배치를 바꾸기 위해 교육운동을 벌인 적이 있다. 대부분의 교실의 자리 배치는 '프런틀 폼frontal form'이다. 이는 교사를 앞에 두고 일자로 줄을 맞춰 앉는 형태다. 형태 자체가 획일적이고 일방적이다. 이런 자리 배치에서는 교사와 학생들이 자유롭게 소통하기 어렵다. 물론 교사와 학생들이 쌍방향 소통을 하기 위해 노력하면 조금 더 원활한 소통을 할 수도 있겠지만, 자리 배치 자체의 한계를 극복하기는 쉽지 않다. 그래서 교실의 자리 배치를 U폼으로 바꾸자고 주장했다.

U폼은 교사를 가운데 두고 U자 모양을 그리며 앉는 형태를 말한다. U폼은 원탁과 동일한 효과를 내는 자리 배치다. 원탁토론을 할 때처럼 동그란 탁자에 모여 수업을 할 수 있으면 더할 나위 없이 좋겠지만, 가끔은 칠판에 판서도 해야 하는 수업의 특성상 원탁 자리 배치는 어렵다. 원탁의 장점을 살리면서 수업의 특성을 소화할 수 있는 최선의 자리 배치가 U폼이라는 판단 아래, U폼 자리 배치를 주장했던 것이다.

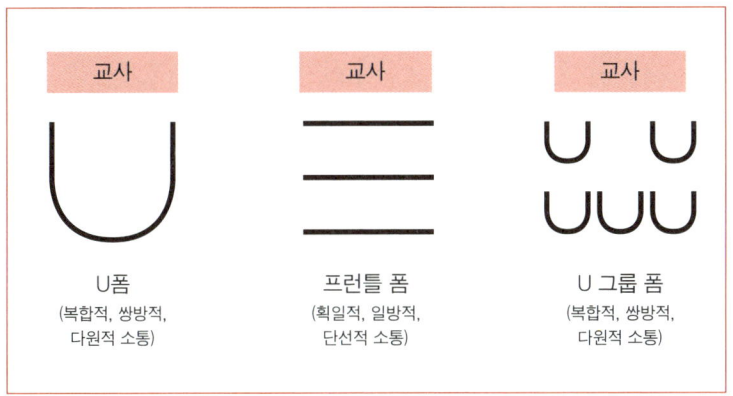

U폼과 프런틀 폼 비교

　U폼에 기반을 두고 있는 원탁토론은 형식에서부터 평등과 공정성을 추구하는 토론이다. 평등과 공정성이 보장되어야 비로소 자유토론도 가능하다. 형식이 갖춰지지 않은 상태에서 자유로운 토론은 사실상 불가능하다. 사장님이나 상사가 부하직원들과 사각 테이블에서 회의를 할 때 자유롭게 의견을 말하라고 해도 모두 쉽게 입을 열지 못하는 것도 자리 배치 자체가 위압적이기 때문이다. 그런 의미에서 원탁토론은 아이들과 함께 진정한 평등과 공정성이 무엇인지를 생각해 볼 수 있게 만드는 토론 형식이다.

논쟁형 원탁토론은 찬반토론과 비슷하다

원탁토론은 기본적으로 6~10명의 소규모 집단이 동등한 위치에서 자유롭게 토론하는 방식이다. 여기서 '자유롭다'라는 말에 지나치게 신경 쓸 필요는 없다. 원탁토론의 절차는 찬반토론이나 세다 토론처럼 엄격하지는 않다. 하지만 말하고 싶을 때 시간과 횟수에 상관없이 얼마든지 자유롭게 이야기할 수 있다는 것은 아니다. 원탁토론을 하는 데도 지켜야 할 규칙이 있다. 발언 순서는 특별히 정해져 있지 않지만, 발언 횟수와 시간은 모든 토론자에게 똑같이 적용된다.

   토론 운동에서 원탁토론을 하는 방법은 시간이 흐르며 조금씩 달라졌다. 초기에는 찬반토론 방식의 원탁토론을 많이 했는데, 기본적인 진행 방법은 다음과 같다. 찬반토론 방식의 원탁토론은 보통 3~4회차로 진행되고, 매 회차마다 주어진 시간 안에서 한 번만 발언할 수 있다.

30초간의 자기소개 시간은 옵션

   평소 잘 아는 사람끼리 토론을 할 때는 굳이 자기소개 시간을 갖지 않아도 괜찮다. 하지만 처음 만난 사람과 토론을 할 때는 간단하게라도 자기소개를 한 다음 토론을 시작하는 것이 좋다. 편한 사람들끼리는 얼굴을 가까이 마주하면 이야기도 편하게 할 수 있지만, 사이가 어색하면 원탁에 둘러앉아 가깝게 얼굴을 마주하는 것 자체가 스트레스일 수도 있다. 이름과 나이, 취미와 특징 정도만 이야기를 해도 분위기가 한결 부드러워진다.

1차 발언(3분) : 입론

1차 발언은 입론에 해당한다. 각자 주어진 시간 안에서 자신의 의견과 입장을 분명하게 밝히는 단계다. 주장을 이야기하는 데 그치지 말고 근거와 예를 함께 말하면 더욱 설득력이 있다. "OOO 토론자입니다. 저는 ~라고 생각합니다. 왜냐하면 첫째로 ~고, 둘째로 ~이기 때문입니다. 그래서 ~입니다. 이상입니다." 1차 발언 때는 서로 돌아가며 자신의 입장을 밝히는 데만 주력하고, 다른 토론자의 생각을 반박하지 않는다. 정해진 발언 순서는 없기 때문에 먼저 발언하고 싶은 사람이 자유롭게 발언을 시작하면 된다. 만약 토론자들이 서로 발언을 기피할 경우에는 먼저 발언한 사람이 다음 발언자를 지명하거나 사회자가 지명한다. 이때도 왜 지명했는지를 설명하는 것이 바람직하다.

2차 발언(2분) : 반박과 질문

1차 발언이 끝나면 반박과 질문을 할 수 있다. 반박이나 질문은 꼭 한 사람이 아니라 여러 사람에게 해도 된다. 다만, 이럴 경우 정해진 시간은 준수해야 한다. 1차와 3차 발언이 의무적인데 비해, 2차 발언은 희망하는 사람만 해도 된다. 굳이 반박하거나 질문할 사항이 없다면 억지로 할 필요는 없다.

반박이나 질문은 자신의 의견과 가장 상반되는 주장을 한 토론자를 대상으로 하는 경우가 많다. 반박을 할 때는 두괄식으로 요지를 먼저 말하고, 그 이유와 근거를 밝혀주는 것이 좋다. 예를 들어 "1차 발언에서 OOO 토론자께서 이런 주장을 하셨는데, 저는 그 주장의 근거에 이런 문제점이 있다고 봅니다. 이유는 ~입니다"와 같이 말할 수 있다.

질문을 할 때는 "OOO 토론자는 이런 주장을 했는데, 주장한 내용 중 ~문제는 어떻게 해결할 수 있는지 묻고 싶습니다. 이상입니다"와 같이 의문스러운 부분을 짚고 넘어가거나 보충 설명을 요구할 수 있다.

원탁토론을 할 때는 반대신문이나 즉문즉답은 피하는 것이 좋다. 전체적인 소통을 방해할 우려가 있기 때문이다. 꼭 반대신문을 해야 할 때는 자신에게 주어진 발언 시간 내에서만 할 수 있으며, 질문자가 답변자의 발언을 더 이상 듣고 싶지 않을 때는 중지시킬 수 있다. 하지만 특별한 경우를 제외하고는 토론자들이 돌아가면서 반박과 질문을 한 뒤, 각자 생각을 정리해 3차 발언에서 자기 견해를 밝힌다.

3차 발언(2분) : 답변과 재반론

3차 발언에서는 2차 발언에서 토론자들이 제기한 반박에 대해 재반론하고, 질문에 답하는 단계이다. 재반론을 할 때는 보다 구체적인 이유와 근거, 사례와 증거를 말해야 효과적이다. 예를 들어 "OOO 토론자께서 반박하신 근거에는 ~문제점이 있다고 생각합니다. 제 생각의 논거를 뒷받침하는 증거로는 ~가 있습니다. 이상입니다"와 같이 말할 수 있다.

정리 발언(1분)

마지막으로 자신의 입장을 최종적으로 정리해 이야기하는 단계다. 발언 시간이 짧기 때문에, 1차 발언의 내용을 조금 더 핵심만 간추려 효과적으로 이야기하는 것이 좋다. 토론을 하면서 느낀 소감을 이야기할 수도 있다.

토의형 원탁토론은 토의 → 논쟁 → 토의로 진행된다

찬반토론(논쟁형 토론)은 구체적인 논제를 가지고 찬반을 말하는 토론이다. 반면 토의형 원탁토론은 거시적 의제에서 출발하더라도 그 과정에서 토의가 심화되는 토론이다.

토의와 논쟁을 구분하려면 의제와 논제의 차이부터 알아야 한다. 토의의 주제는 의제, 논쟁의 주제는 논제로 부른다. 논제는 금방 찬반을 말할 수 있는 것임에 반해 의제는 보다 거시적이다. 예컨대 '학교 폭력 사실은 생활기록부에 기재해야 한다'는 찬성과 반대를 금방 말할 수 있는 주제이므로 논제에 속한다. 하지만 '학교 폭력, 어떻게 줄일 것인가'와 같이 찬반을 가르지 않고 다양한 의견을 이야기할 수 있는 주제는 의제다.

'학교 폭력, 어떻게 줄일 것인가'라는 의제를 가지고 토의를 하다 보면 자연스럽게 '학교 폭력 사실을 생활기록부에 기재해야 한다'는 논제가 나올 수 있다. 그러면 그때부터 찬반이 갈려 논쟁을 벌이다 쟁점을 정리하고 다시 토의로 가는 것이 원탁토론이며, 이것이야말로 진정한 원탁토론이다. 진정한 원탁토론을 진행하는 방식은 찬반토론식 원탁토론과는 다르다. 다음과 같이 크게 모두발언, 2~7차 발언, 마무리 발언 순으로 진행된다. 이 방식으로 모든 회의를 진행하면 시간도 단축하면서 만족할 만한 회의를 할 수 있을 것이다.

1차 모두발언, 모두 한 번씩 발언

모두발언은 토론 참가자 모두가 빠짐없이 한 번씩 해야 한다. 돌아가면서 자신이 갖고 있는 기본적인 생각을 말하는데, 이때는 다른 사람이 끼어들어서는 안 된다. 경청하면서 메모만 해야 한다.

공정하게 발언 순서를 정하는 방법

원탁토론은 무엇보다 공정해야 한다. 발언 순서, 발언 횟

> 수, 발언 시간 모두 공정해야 진정한 원탁토론의 가치가 빛난다. 그렇다면 어떻게 해야 발언 순서를 공정하게 정할 수 있을까? 다음과 같은 방법으로 정하면 무리가 없다.
> 1. '누가 먼저 발어하시겠어요?' 먼저 누가 발언할지 지원자를 찾는다.
> 2. 지원자가 없으면 가위바위보로 최초 발언자를 정한다.
> 3. 최초 발언이 끝난 후 '다음으로 누가 발언하시겠어요?'라고 묻는다. 또 자원자가 없다면 먼저 발언한 사람이 다음 발언자를 지목한다.

한 차수에는 한 번만 발언하는 것이 원칙

모두발언이 끝나면 2차, 3차, 4차 등의 발언이 시작된다. 이때의 발언은 비교적 자유롭다. 모두가 예외 없이 한 번씩 발언해야 하는 모두발언과는 달리 특별히 할 말이 없으면 발언하지 않아도 된다. 또한 다른 사람이 발언하는 도중 적당히 끼어들 수도 있고, 질문을 하거나 답변을 할 수도 있다. 발언을 하다 보면 논쟁이 붙기도 한다.

특별한 순서 없이 말하고 싶은 사람이 발언하다 보면 적극적인 사람만 계속 발언해 발언의 공정성이 지켜지지 않을까 걱정할 수 있다. 하지만 원탁토론을 할 때는 '한 차수에는 한 번만 발언해야 한다'라는 원칙을 지켜야 한다. 이 원칙을 지키면 적극적인 사람은 물론 소극적인 사람에게도 골고루 발언 기회를 주어 모두를 충족시킬 수 있다.

예컨대 A, B, C, D 네 명의 발언자가 1차 발언 후 2차 발언을 한다고 가정하자. 네 명이 공정하게 발언 기회를 갖기 위해서는 사회자가 중간에서 역할을 잘해야 한다. A가 먼저 발언하고 B가 말한 다음에 다시 A가 발언하려고 할 수 있다. 그러나 한 차수에는 한 번만 발언하는 것이 원칙이므로 2차에서 A는 더 이상 발언할 수 없다. 이때 사회자의 역할이 중요하다.

"2차 발언 더 하실 분 없습니까? A가 3차 발언을 하려고 합니다."

발언을 안 한 사람들에게 먼저 기회를 주고, 없으면 다음 차수로 넘겨 발언하려 했던 A에게 기회를 주어야 한다.

"자, 그럼 차수를 바꿀까요? C와 D 두 분이 발언을 못 하셨는데, 2차 발언을 종결하고 3차 발언으로 들어가겠습니다."

이렇게 하면 공정성을 지키면서 발언에 소극적인 사람들에게도 충분한 기회를 주고, 적극적인 사람도 만족시킬 수 있다.

마무리 발언, 모두 한 번씩 발언

마무리 발언은 모두발언과 마찬가지로 한 사람도 빠짐없이 돌아가면서 한 번씩 말해야 한다. 이때도 끼어들지 말고 듣기만 해야 한다.

　마무리 발언을 하는 데도 요령이 있다. 모두발언도 그렇지만 마무리 발언도 남들이 하지 않은 자기만의 생각을 정리해 발언하는 것이 중요하다. 이미 다른 사람이 다 말한 내용을 반복해서 이야기하면 아무래도 맥이 빠진다. 따라서 마무리 발언을 할 때는 ①다른 말 ②빠진 말 ③보다 깊은 말 ④이제까지 나왔던 말을 비교해 보는 말 ⑤이제까지 나왔던 말을 관계를 짓는 말, ⑥이제까지 나왔던 말 중 가장 중요한 말 ⑦전혀 새로운 말을 하면 된다. 이는 3장에서 아이들이 입을 닫고 말을 하지 않을 때 입을 열게 하는 방법에서도 소개했다. 상황은 조금 다르지만 다른 사람이 한 말과 겹치지 않고 자기만의 생각을 이야기하는 데는 이 일곱 가지를 고려해 말하는 것이 최선이다.

찬반토론에서보다 원탁토론에서 사회자 역할 더 중요

찬반토론을 할 때도 사회자의 역할이 중요하지만, 원탁토론을 할 때는 사회자의 역할이 몇 배는 더 중요하다. 원칙적으로 원탁토론도 찬반토론과 마찬가지로 발언 순서와 발언 횟수, 발언 시간이 정해져 있지만 찬반토론보다는 덜 엄격하다. 발언 순서도 어떤 정해진 순서가 있는 것이 아니라 상황에 따라 융통성 있게 순서를 정하고, 발언 횟수와 발언 시간도 조금씩 자유롭게 조절할 수 있는 여지가 있다.

그래서 더욱 사회자가 공정하게 발언 순서, 발언 횟수, 발언 시간을 조절하지 않으면 공정성을 잃기 쉽다. 특히 토론을 할 때 적극적인 토론자가 발언을 많이, 길게 할 때는 적절하게 제지하고 잘라주지 않으면 공정한 토론이 될 수 없다.

다른 토론자들보다 말을 지나치게 많이 하는 토론자를 제지하는 데는 고도의 기술이 필요하다. 토론하는 중에 논쟁이 붙어 열을 올릴 때는 더욱 제어하기가 쉽지 않다. 아무리 자제해 줄 것을 당부해도 잘 먹히지 않는다. 이럴 때 효과적으로 토론자의 말을 제어하는 방법이 있다. 이는 오랫동안 토론을 진행하면서 스스로 터득한 나만의 노하우이기도 하다.

2006~2007년 약 2년 동안 중앙일보에서 주최한 〈논쟁과 대안〉이라는 좌담 토론을 진행한 적이 있다. '아파트 반값'을 주제로 4명의 패널이 참여한 토론이었다. 토론은 약 2시간 동안 진행됐는데, 토론이 끝난 후 기자가 녹취했던 토론 내용을 정리한 기사를 데스크에 가져가자 데스크가 물었다고 한다.

"오늘 ○○○ 의원이 말이 많았을 텐데, 토론이 제대로 됐나?"

"강치원 교수가 잘 자르던데요."

아마 그 의원이 워낙 달변가라 한 번 말을 시작하면 토론 사회자가 쉽게 말을 끊지 못한다는 것이 많이 알려졌던 모양이다. 아무리 말을 잘하는 사람이라도 다음과 같은 방법을 사용하면 쉽게 말을 자를 수 있다.

나는 토론을 진행할 때 꼭 메모를 한다. 발언자 이름과 발언 내용만 메모하는 것이 아니라 발언 시작 시간과 종료 시간까지 꼼꼼하게 메모한다. 메모를 하고 발언이 끝나면 몇 분 동안 발언했는지 발언 시간을 알려준다.

"의원님, 지금 6분 말씀하셨고요, 박사님은 3분 말씀하셨습니다."

이렇게 발언 시간에 대해 서너 번만 상기시켜주면 토론자 스스로 발언 시간을 조절하려고 한다. 굳이 발언 시간을 준수해 달라고 강요하지 않아도 자율 통제가 가능하다.

발언 횟수의 공정성을 지키는 방법은 앞에서 소개했다. 이미 한 의원이 발언을 했고, 다른 토론자들이 미처 발언하기도 전에 같은 의원이 또 발언을 하려고 하면 한마디만 하면 된다.

"한 차수에는 한 번만 발언하도록 합시다."

이렇게 발언 시간을 체크하고, 한 차수에서 한 번만 발언해야 함을 상기시키는 방법으로 해당 의원을 제어하면서 공정한 토론을 진행할 수 있었다.

발언 시간과 발언 횟수의 공정성을 지키면서 토론을 진행하다 보면 자연스럽게 논제가 모아진다. 토론을 잘하는 사람들이 모여 토론을 하면 굳이 사회자가 논제를 모아주는 역할을 하지 않아도 저절로 논제가 부각돼 토의가 논쟁으로 발전한다. 단, 토론에 서툰 사람들이 원탁토론을 할 때는 논제가 잘 모아지지 않을 때도 있는데, 이런 경우에는 적절히 사회자가 논제를 짚어줄 필요가 있다. 그렇다고 논제를 의도적으로 몰고 가서는 안 된다. 이 또한 공정성에 위배된다. 사회자가 주도적으로 논제를 몰고 가면 토론자들은 완전히 동의

하지 않으면서도 동의하는 것처럼 고개를 끄덕이며 마음속에 있는 이야기를 하지 않으려 하기 때문이다. 사회자가 토론에서 나온 이야기의 포인트와 단어를 간단히 짚어주기만 해도 충분히 논제가 좁혀질 수 있다.

U폼+그룹토론+대표 공개토론=UGP 포럼

U폼 강의 포럼을 기반으로 하는 원탁토론은 기본적으로 5명 이상 10명 내외의 소규모 토론에 적합한 방식이다. 인원을 최대한 늘려도 12명까지다. 그 이상 인원이 많아지면 토론이 산만하고 길어져 지루할 수 있다.

참여인이 5명 이하여도 원탁토론이 완전히 불가능한 것은 아니다. 하지만 원탁토론이 가능한 최소 인원을 5~6명으로 잡은 데는 이유가 있다. 4명 이하가 토론을 하면 절차가 복잡하지 않다. 굳이 발언 순서, 발언 횟수, 발언 시간을 신경 쓰지 않아도 공정하게 토론이 잘 된다. 그러나 5~6명이 되면 상황이 복잡해진다. 인원이 많아지면서 한 사람이 말을 많이 하거나 말을 안 하는 사람이 나오기도 하고, 잡담하는 사람이 생기기도 한다. 그래서 발언 시간, 발언 횟수, 발언 순서의 공정성이 필요해진다.

이처럼 원탁토론은 5~6명 이상, 최대 12명까지 수용할 수 있는 토론이지만 방법을 조금 바꾸면 인원이 아무리 많아져도 원탁토론이

가능하다. 바로 그룹토론*과 대표 공개토론**을 결합하는 것인데, 이것이 1996년부터 시작한 '원탁토론 광장'이다. 이는 현재 UGP 포럼이 되었다. 이 방식이면 인원이 많아도 얼마든지 토론을 할 수 있어 최근에는 정책을 결정할 때도 원탁토론을 통해 의견을 수렴하는 지방자치단체들이 많아지는 추세다.

100명, 200명 혹은 그 이상의 사람들이 원탁토론을 할 수 있는 방법은 간단하다. 우선 전체 인원을 원탁토론에 적합한 10명 내외의 인원으로 쪼개 그룹을 만든다. 전체 인원이 100명이면 10개, 200명이면 20개의 그룹이 구성될 것이다. 그런 다음 그룹별로 원탁토론을 한다. 원탁토론을 하는 방법은 앞에서 소개한 진행 방식을 따르면 된다.

그룹별 원탁토론이 끝나면 대표를 뽑는다. 대표들은 전문 심사위원과 청중들 앞에서 공개적으로 토론해야 한다. 이를 대표 공개토론이라 한다. 그룹토론은 최대 12명까지도 괜찮지만 대표 공개토론은 6~8명 정도가 적당하다. 그룹토론을 할 때는 인원이 좀 많아도 지켜보는 사람이 없어 토론이 잘된다. 반면 대표 공개토론은 청중이 지켜보는 앞에서 토론을 하는 것이어서 진행 속도가 더딘 편이다. 청중을 의식해 오버해 발언을 하기도 하고, 자기 과시를 해 논의가 잘 모아지지 않는다. 따라서 그룹 대표 인원이 너무 많으면 토론 진행이

---

* 그룹토론은 다른 말로 분임토론이라 한다. 이때의 토론은 광의의 토론을 의미한다.
** 대표 공개토론은 패널토론이라고 한다. '패널'이란 대표단이란 의미이다. 대표단에 속한 개인은 패널리스트라 부른다. 패널리스트가 모여서 패널이 된다.

더 늦어지고 논의도 잘 안 되기 때문에 6~8명 정도로 제한하는 것이 바람직하다.

그렇다면 그룹이 20개일 때는 어떻게 해야 할까? 그룹별로 대표를 하나씩 뽑는다면 20명의 대표가 나온다. 이런 경우에는 20명의 대표 중에서 또다시 6~8명을 뽑는 것이 좋다. 대표들 중 대표를 뽑는 방법은 여러 가지다. 한 사람이 두 명씩 투표하는 1인 2표 투표 방식으로 뽑을 수도 있고, 모든 사람이 손가락을 들고 희망하는 사람을 찍어 뽑을 수도 있다. 아니면 자체적으로 회의를 해서 남녀를 할당한다든지, 연령별로 할당하는 등 적절한 기준을 만들어 놓고 뽑아도 괜찮다.

시간이 많을 때는 1인 2표 방식이, 시간이 부족할 때는 손가락으로 찍어 대표를 뽑는 방식이 좋다. 하지만 손가락으로 찍는 방식은 상당히 민감해, 토론 주제가 첨예하거나 이해관계가 복잡할 때는 1인 2표 방식으로 대표를 선출하는 것이 더 적절하다.

대표 공개토론을 하는 방법은 다양하다. 그룹토론의 과정과 결과를 간단히 소개할 수도 있고, 곧바로 토론 주제에 대한 의견과 입장을 이야기할 수도 있다. 대표 개인의 생각이 아닌 그룹에서 토론한 내용을 바탕으로 그룹의 의견과 입장을 이야기하는 것이 기본이지만, 대표 개인의 생각도 이야기해야 한다.

그룹별 원탁토론과 대표 공개토론을 반복할수록 아이들의 토론 실력은 향상될 수밖에 없다. 대표로 뽑히지 못해 대표 공개토론을 하지 못해도 괜찮다. 대표들이 토론하는 모습을 지켜보며 평가하는 것도 큰 공부다. 직접 토론에 참여할 때는 보이지 않던 것들이 청중 입장에서 보면 더 많이 보인다. 누가 더 논리적으로, 흥분하지 않고 설득력 있게 이야기하는지를 판단해 보는 것도 흥미로운 일이다.

대표로 뽑힌 사람들은 함께 토론하는 다른 대표들만 설득해서는 안 된다. 그들을 평가할 전문 심사위원과 청중들을 설득할 수 있도록 노력해야 한다. 튀어라! 그러나 지지를 받아라!

UGP 포럼과 액션러닝, 어떤 차이가 있을까?

'UGP 포럼'과 '액션러닝'을 착각하는 사람들이 종종 있다. 얼핏 보기에는 두 가지가 비슷한 방식으로 진행되는 것 같지만 근본적으로 다르다. UGP 포럼은 U폼 강의 포럼과 그룹토론을 한 후에 그룹의 대표들이 패널토론을 하는 방식이다. 따라서 패널토론을 진행할 수 있는 사회자의 역량이 중요하다.

반면, 액션러닝은 그룹 활동을 통해 문제 해결을 한 다음에 그 내용을 그룹의 대표가 한 사람씩 나와서 전체 앞에서 발표하는 방식이다. 그룹의 대표들이 한 사람씩 나와서 발표하는 방식이어서 자기 그룹의 내용의 발표에만 신경 쓰느라 다른 그룹의 내용을 경청하지 않는다. 발표가 일방적으로 진행되기에 발표 시간이 지루할 수 있다.

토론을 평가하는 잣대는 무엇?

    대선 토론에 참여한 대통령 후보들이 TV 토론을 한 다음에는 곧바로 누가 더 토론을 잘했는지에 대한 평가들이 인터넷과 언론을 뜨겁게 달구곤 한다. 대체 어떤 기준으로 토론을 잘했다, 못했다를 평가하는 것일까?

    토론을 평가하는 항목은 크게 여섯 가지다.

① 전문성: 주제에 대해 얼마나 많이 알고 있는가.
② 논리성: 그 지식들이 체계를 잘 갖추고 있는가.

③ 인성: 토론을 통해 드러난 인성이 어떠한가.

④ 창조성: 남이 하지 못한 새로운 말을 하고 있는가. 이미 남이 한 말이라도 그것을 새로운 관점에서 새로운 의미로 하고 있는가.

⑤ 공동체성: 다른 사람의 지지를 받을 수 있는가. 지지는 두 가지다. 사회적 지지는 동시대에 살고 있는 사람들의 지지를, 역사적 지지는 후손들의 역사적 평가를 의미한다.

⑥ 실천성: 얼마나 실천하고 있는가. 실천성은 사회적 실천성과 역사적 실천성 두 가지가 있다. 사회적 실천성은 혼자만 하는 것이 아니라 다른 사람들의 실천성을 끌어내는 것을 의미한다. 역사적 실천성은 한 번으로 끝내는 것이 아니라 적어도 두 번, 세 번을 실천하는 것을 의미한다. 한 번 하고 끝내는 것은 실천성이 아니다.

요약 및 정리

피라미드 토론

먼저 두 명씩 짝을 이루어 1대 1로 토론을 벌인 후 다시 2대 2, 4대 4로 확장시켜 나아가는 방식이다. 피라미드 토론을 하면 수업 시간에 교사가 강의만 하는 것보다 훨씬 유익하다. 수업 진도가 오히려 잘 나가고, 더 깊이 나간다. 과정을 간단히 정리하자면 다음과 같다.

1) 각자 수업 내용 중 가장 중요한 단어를 3개씩 쓴다.
2) 단어마다 "왜냐하면, 예컨대" 형식으로 그 이유와 근거, 사례와 증거를 쓴다.
3) 1대 1로 짝을 지어 6개의 단어를 3개로 줄이면서 토론한다.
4) 2대 2로 짝을 지어 6개의 단어를 3개로 줄인다.
5) 4대 4로 짝을 지어 6개의 단어를 3개로 줄인다.

그룹토론

그룹 구성방식은 ①이질 집단으로 섞어서 짜는 통합 구성과 ②동질 집단끼리 짜는 구별 구성(예컨대 우열 그룹) 등이 있다. 그룹토론에서 다루는 주제가 그룹마다 다르면 ③전문 주제 분임이라고 하고, 서로 같으면 ④공통 주제 그룹이라 한다.

직소 방식은 두 가지 활동을 함께 하는 것이다. 공통 주제 그룹 활동 후에 각 그룹의 구성원들이 전문 주제를 위해 따로 모인다(전문 집단). 전문 집단 분임 활동을 마친 후 다시 모집단(공통 주제 그룹)으로 돌아간다.

논제

찬반토론에서 다루는 주제. 논제의 일곱 가지 조건은 ①개혁적, ②긍정문, ③구체성, ④가치 중립, ⑤하나의 쟁점, ⑥여론이 비등한 주제, ⑦토론 결과의 지대한 영향 등이 있다.

모든 논제는 사실(과거, 현재, 미래), 가치(과거, 현재, 미래), 정책 의지(미래) 등 일곱 가지 범주 안에 있다.

1) 사실 토론은 법정에서, 2) 가치 토론은 종교와 이념에서, 3) 정책 의지 토론은 국회 등에서 그 모범을 볼 수 있다.

세다CEDA 토론

찬반토론의 하나다. 1) 입론, 2) 교차조사(반대 신문, 교차질문), 3) 반론 등으로 이루어진다. 입론은 자신의 논지를 세우기 위해 ①주장과 의견, ②이유와 근거, ③사례와 증거, ④개념과 배경 등을 담는다. 교차조사는 상대 측에 던지는 반대 신문인데, 질의, 심문, 질문을 모두 포함한다. 교차조사에 대한 상대의 대답이 길 때는 끊을 수 있어야 한다. "이 질문에는 예, 아니오, 모르오 라고 답해주시겠어요?" 혹은 "거기까지만 듣겠습니다. 제가 다음 질문 있습니다."라고 말한다. 그래서 교차조사를 잘 하려면 질문을 많이 준비해야 한다. 반론은 정리 발언으로서 상대측의 공격에 대한 방어(반증), 혹은 상대측에 대한 공격(반박)이다.

원탁토론

보통 6~10명이 개인적으로 벌이는 다자 간 토론이다. 일반적으로 2명이

나 3명이 팀을 이루어 양자 간 논쟁을 벌이는 찬반토론과는 다르다. 원탁 토론은 논쟁형(찬반토론 방식)과 토의형으로 나뉜다.

1) 논쟁형 원탁토론에서 보통 1차 발언은 입론, 2차 발언은 반박과 질문, 3차 발언은 답변과 재반박, 4차 발언은 정리 발언으로 진행한다.

2) 토의형 원탁토론이야말로 진정한 원탁토론이다. 1차 모두발언은 모든 사람이 한 번씩 발언한다. 2차, 3차, 4차, 5차… 등으로 발언이 계속 이어질 수 있는데, 소극적 발언자는 발언을 안 할 수도 있다. 한 차수에는 한 번 발언함이 원칙이다. 몇차가 되었든 마무리 발언은 모든 사람이 한 마디씩 한다. 토의형 원탁토론은 "토의에서 논쟁을 거쳐 토의"로 나아가는 방식이기에 진행이 어려운 편이다. 그래서 어떤 토론보다 사회자의 역할이 중요하다. 하지만 교육적 가치는 대단하다.

UGP 포럼(원탁토론 광장)

UGP 포럼은 U폼 강의 포럼, 그룹 디스커션 포럼, 패널 디스커션 포럼(대표 공개토론) 등으로 이루어진다.

그룹 디스커션 포럼(대표 공개토론) 후 그룹의 대표를 뽑는다. 이때 그룹의 대표는 6~8명이 적당하다. 뽑힌 대표들은 전체 인원이 보는 반달형 단상 앞에서 패널 디스커션 포럼(대표 공개토론)을 한다.

UGP 포럼(U폼 강의 포럼과 그룹 디스커션 포럼, 패널 디스커션 포럼)은 토론의 최고봉이라고 할 수 있다. 교육적으로 사람의 영성, 인성, 감성, 지성을 키우는 최선의 방법이며 정치적으로도 사회의 갈등을 조정하는 최상의 절차이다. 또한, 역사적으로 발전과 진보를 위한 최고의 실천이기도 하다.

에필로그

모든 교육은 '5+3의 법칙' 속에 있다

지금까지 내 아이를 토론의 달인으로 만드는 방법을 소개했다. 책 한 권에 걸쳐 장황하게 설명했지만 결국 이 모든 내용은 '5+3의 법칙'으로 요약된다. '5+3'이란 토론을 잘하기 위해 꼭 염두에 두어야 할 법칙으로, 앞의 '5'는 토론을 할 때 가장 기본적으로 지켜야 할 사항을, 뒤의 '3'은 토론 능력을 조금 더 발전시켜 토론의 달인이 되기 위해 갖추어야 할 조건을 의미한다.

토론을 잘하기 위해 지켜야 할 기본 법칙은 다음 다섯 가지로 압축할 수 있다.

첫째, 함께 토론하는 사람들의 이름을 기억하고 관심을 갖는다.
둘째, 경청과 메모를 잘한다.
셋째, 질문과 대답을 잘한다.
넷째, 포인트와 스토리를 살려 말해야 한다.
다섯째, 눈빛과 목소리를 뚜렷하게 해야 한다.

이 다섯 가지 기본 법칙은 이미 2장에서 충분히 설명했다. 물론 토론 능력은 하루아침에 길러지는 것이 아니기 때문에 이 다섯 가지 법칙을 충족시키기 위해서는 부단한 노력이 필요하다. 하지만 토론을 잘하기 위해 지켜야 할 다섯 가지를 알고 있다는 것만으로도 반은 토론의 달인이 된 것이나 마찬가지다. 우선 부모가 먼저 이 다섯 가지를 숙지하고 꼭 토론을 연습할 때가 아니더라도 일상생활 속에서 대화를 할 때 이를 지키려고 한다면 자연스럽게 아이의 토론 능력이 향상될 것이다.

다섯 가지 기본 법칙만으로도 토론을 잘할 수 있지만, 진정한 토론의 달인이 되려면 이것만으로는 부족하다. 다음 세 가지 법칙을 충족시켰을 때 비로소 토론의 달인으로 성장할 수 있다.

첫째, 다양한 형식과 절차와 방법에 익숙해야 한다.
둘째, 내용의 전문성을 확보해야 한다.
셋째, 철학과 비전을 갖추어야 한다.

토론의 다양한 형식과 절차를 익히는 데는 왕도가 없다. 3장과 4장에서 다양한 토론 방법과 그에 따른 형식과 절차를 자세히 설명했지만, 직접 해 보지 않으면 익히기 어렵다. 간단한 토론 방식은 시간 날 때마다 함께해 보면서 자연스럽게 익히고, 복잡한 토론 방식은 미리 아이와 함께 절차와 방법을 살펴보고 준비한 다음 진행하는 것이 좋다.

전문성을 확보하는 일은 더욱 인내와 노력이 필요하다. 이때도 부모의 역할이 절대적으로 필요하다. 전문성은 단순히 책을 많이 읽고 경험을 많이 하는 것만으로 키워지지 않는다. 아이가 생각을 확장할 수 있도록 적절한 질문을 하거나 자극을 주는 것이 중요하다.

마지막으로 아이가 철학과 비전을 가질 수 있도록 도와줘야 한다. 토론은 있는 사실을 그대로 이야기하거나 지식을 자랑하기 위한 것이 아니라, 어떤 주제에 대한 자신의 생각을 논리적으로 이야기하는 것이다. 삶의 철학과 비전 없이 자신의 생각을 명확하게 밝힌다는 것은 불가능하다.

'철학과 비전'이라고 하면 거창해 보일 수 있지만, 복잡하게 생각할 필요가 없다. 철학은 어떤 상황에서도 흔들림 없는 삶의 원리를 의미하며, 인생은 망망대해를 떠다니는 돛단배와 같다. 그래서 우리의 인생은 끊임없이 흔들린다. 그럼에도 목표가 분명한 사람은 시시때때로 파도에 흔들리고 뒤집힐 위험을 겪으면서도 조금씩 앞으로 간다. 이때의 목표가 바로 철학과 비전이다.

어린아이에게도 나름의 철학과 비전이 있다. 하지만 아이의 철학과 비전을 조금 더 올바른 방향으로 발전시키는 것은 부모의 몫이다. 철학과 비전은 다른 사람의 강요로는 만들 수 없으며, 아이가 스스로 옳고 그른 것을 판단하고 삶을 살아가는 데 필요한 흔들림 없는 삶의 원리를 찾을 수 있도록 도와주어야 한다.

'5+3의 법칙'은 토론에만 적용되는 것은 아니다. 이는 아이가 다른 사람과 더불어 살 때 꼭 지켜야 할 법칙이다. 이 법칙을 숙지하고 실천하려는 노력을 통해 아이는 토론의 달인은 물론, 어떤 상황에서도 충분한 소통을 통해 문제를 해결하고 사람들의 마음을 움직일 수 있는 글로벌 리더로 성장할 수 있다.

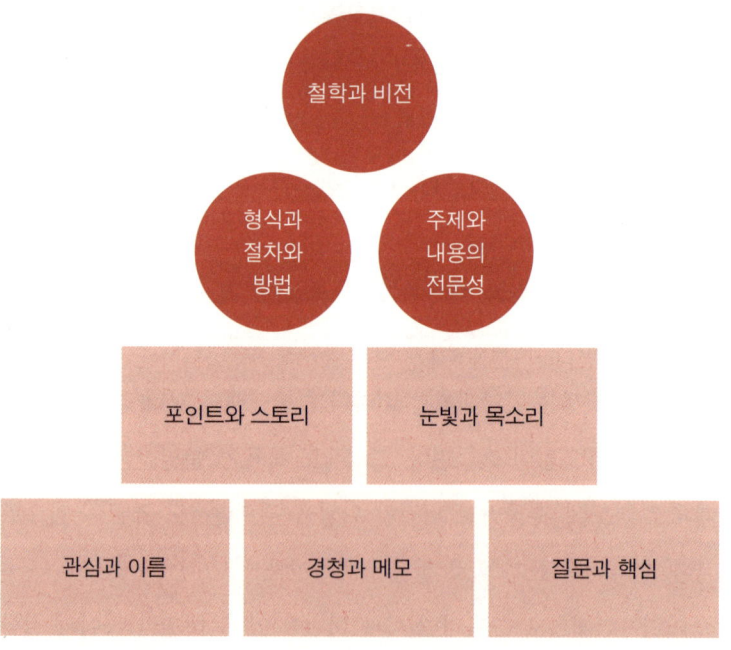

HARVARD
SECRETS

HARVARD
SECRETS